扬州考古发现与研究

2020 年（总第 1 辑）

扬州市文物考古研究所　编

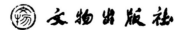
文物出版社

图书在版编目（CIP）数据

扬州考古发现与研究 . 2020 年：总第 1 辑 / 扬州市
文物考古研究所编 . -- 北京：文物出版社，2020. 12

ISBN 978 - 7 - 5010 - 6893 - 7

Ⅰ. ①扬…　Ⅱ. ①扬…　Ⅲ. ①考古发现 - 扬州 - 文集
Ⅳ. ①K872. 533 - 53

中国版本图书馆 CIP 数据核字（2020）第 232331 号

扬州考古发现与研究

2020 年（总第 1 辑）

编　　者：扬州市文物考古研究所

责任编辑：窦旭耀
封面设计：王文娴
责任印制：张　丽

出版发行：文物出版社
社　　址：北京市东直门内北小街 2 号楼
邮　　编：100007
网　　址：http：//www. wenwu. com
邮　　箱：web@ wenwu. com
经　　销：新华书店
印　　刷：北京京都六环印刷厂
开　　本：880mm×1230mm　1/16
印　　张：11
版　　次：2020 年 12 月第 1 版
印　　次：2020 年 12 月第 1 次印刷
书　　号：ISBN 978 - 7 - 5010 - 6893 - 7
定　　价：160. 00 元

目　　录

其他研究

江苏宝应县双琚南荒子遗址勘探与试掘

扬州市文物考古研究所　宝应博物馆

内容摘要：夏集镇双琚南荒子遗址位于宝应、高邮、兴化三县（市）交汇地带，遗址形状为一个不规则的方形台地，四面环水（凤凰沟）。为配合宝应县第三次全国文物普查工作，搞清楚南荒子遗址的时代、地层堆积及文化性质，对其进行了考古勘探和小范围的发掘。通过发掘，明确该遗址的时代为西周到春秋时期，并通过与江苏省内相邻遗址的比较，认为其具有同时期江淮地区独有的文化特征，又具有江南地区的一些文化特征，是西周以来能体现长江两岸文化交流的一处较为重要的古遗址，对研究西周以来里下河地区的文化归属具有十分重要的考古学意义。

关键词：南荒子遗址　勘探　发掘　遗物

双琚南荒子遗址位于宝应县东南夏集镇，地处宝应县东南角，东北接兴化、东南靠高邮临泽镇，处于京杭大运河里运河段以东的湖泊沼泽地带。从双琚大河北经潼河至广洋湖和射阳湖，往南经子婴河可至高邮湖，向北可通洪泽湖，向南经三阳河通长江，区间河道遍布，自古水路交通发达（图一）。遗址中部地理坐标为北纬33°05′10″，东经119°37′48″，海拔2～4米。整个遗址的平面分布如图二所示，面积约5万平方米，呈不规则四边形，四面环水，南北最长260米，东西最宽240米。为配合全国

第三次文物普查工作，搞清楚双琚南荒子遗址的时代、地层堆积及文化性质，2009年4～5月，扬州市文物考古研究所、宝应博物馆联合对双琚南荒子遗址进行了考古勘探、试掘，现把本次考古工作情况简报如下。

一　考古勘探

对夏集双琚南荒子遗址进行考古勘探，主要为了弄清遗址的地层堆积、遗迹分布等相关问题，并以此为基础进行选点试掘。首先对双琚南荒子遗址建立一个虚拟布方坐标系统，考古勘探按照布方系统进行，每个探方实行独立的探孔系统。以其西南角为起点，以50米×50米为空间单位，共布设42个勘探单元。并在各勘探单元内以10米为孔距进行勘探，除周边环河及北面现代墓葬区外，其他区域均经过了勘探。

通过对遗址的勘探了解到，T0304、T0403、T0404、T0504等中西部区域地势明显较高，文化层堆积较厚，一般文化堆积厚度约2.15米，少数厚度达2.7米。但是由于现代墓冢密布，庄稼茂盛，勘探有较大的难度，未发现典型遗迹现象。其他区域为农田，均未发现典型遗迹。

另外局部地区的地层还存在土质和土色上的变化，例如：T0402－A02B01探孔：第1层为耕土层，

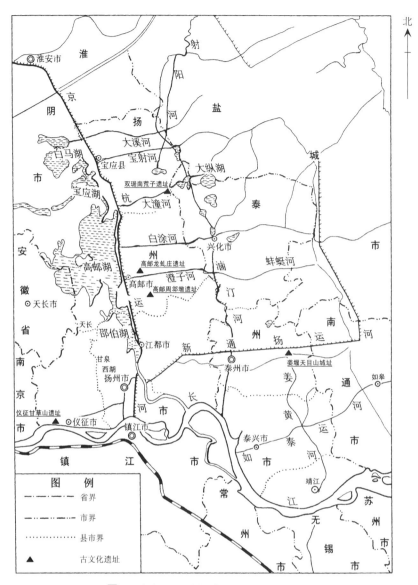

图一　扬州地区及周边古文化遗址分布示意图

深 0~0.7 米；第 2 层为黑土层，深 0.7~1.35 米；第 3 层为灰黄土层，深 1.35~1.6 米；第 4 层为黑黏土层，深 1.6~2.1 米；第 5 层为青灰土层，深 2.1~2.55 米。T0404-A04B01 探孔：第 1 层为耕土层，厚 0~0.9 米；第 2 层为黑土层，深 0.9~1.7 米，第 3 层为草木灰层，深 1.7~1.85 米；第 4 层为黑黏土层，深 1.85~2.15 米；第 5 层为青灰土层，深 2.15~2.7 米。以下是纯净的青灰色沙土层，即生土层。这两个探孔地层堆积的变化，反映遗址内部堆积也存在着一些差异。

在遗址中心区域以外的边缘区域，文化层相对较薄，地表以下 1.65 米左右出现生土层。

二　地层堆积

（一）探沟位置：

在 T0505-A01B01~A02B01 南侧布设 10 米×3 米探沟，编号 09T0405TG1（以下简称 TG1）。

（二）地层堆积

TG1 位于南荒子遗址的中部偏北区域，地表种植小麦等农作物，以 TG1 探沟北壁为例介绍地层堆积（图三）。

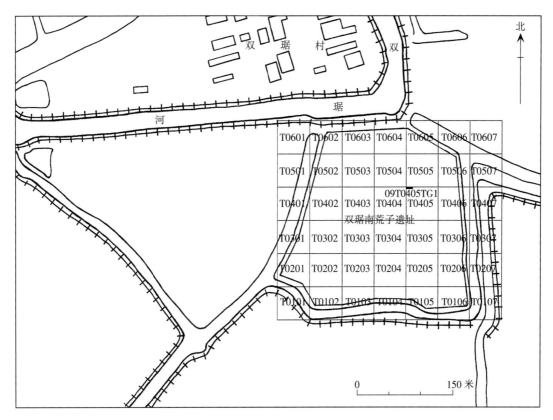

图二 双琚南荒子遗址平面图

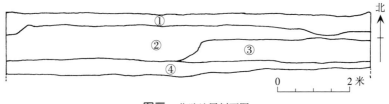

图三 北壁地层剖面图

第1层：灰黑色土，土质疏松。厚0.3～0.4米。为耕土层。

第2层：黑色土，深0.3～1.2、厚0.2～0.6米。在探沟东部夹杂有少量青黄色黏土，包含物中有动物的牙齿和骨骼残存以及陶片等。陶片纹饰较多，绳纹为主，还有少量的弦纹、网格纹、席纹等，类型有罐、鬲、釜、鼎、盆、网坠等，另外还有一些硬陶片、原始瓷片和少量的红烧土块、筒瓦、板瓦残片。

第3层：黑土夹草木灰堆积层，深0.7～0.8、厚0～0.8米。在探沟西部未见分布，可能为当时的地面堆积。包含物有陶片、骨头等，陶片的器物类型有罐、鬲、釜、鼎、盆、网坠等，纹饰以绳纹为主，有原始瓷残片和较多的红烧土块（当为建筑所用），还有较多动物牙齿和骨骼残存。

第4层：灰黑色土。深1.2～1.5、厚0.2～0.5米。包含物中有大量的陶片和硬陶片，较多动物骸骨，陶片的器物类型没有大的变化，有罐、鬲、釜、鼎、盆、网坠等，同时还发现较多的红烧土块。

三 出土遗物

出土遗物以陶器为主，还有少量的原始瓷和鹿角制品。可复原的器物较少。

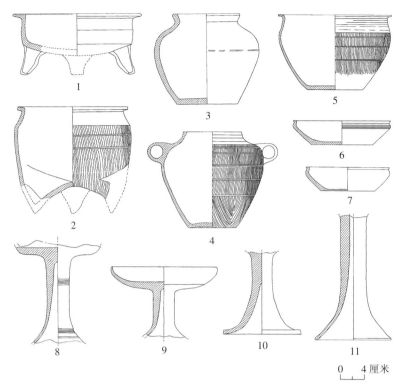

图四　TG1 出土陶器

1. 鼎（TG1③：10）　2. 鬲（TG1③：9）　3～5. 罐（TG1③：3、TG1③：7、TG1③：8）　6、7. 盆（TG1④：1、TG1④：2）

8～11. 豆（TG1②：5、TG1④：7、TG1④：9、TG1④：8）

（一）陶器

在此探沟内出土了丰富的陶片，以泥质陶为主，夹砂陶次之，大部分为灰陶或红陶，鲜见黑陶；纹饰以绳纹为主，占总数的 75% 以上，多为竖向分段绳纹，每段之间划一道弦纹分段隔开，层次分明；另外还有部分几何印纹陶和原始瓷。器物类型有鼎、鬲、釜、罐、盆、甑、豆、钵、网坠等。

1. 陶鼎　残片较多，有红陶和灰陶，多为夹砂陶。根据足部特征可分两型：

A 型：扁足。TG1③：10，夹砂陶，色灰白。平底浅腹，扁足外撇。口径 21.6、高 9.4 厘米（图四，1）。

B 型：柱状高足，皆仅存残片。

2. 鬲　有红陶、灰陶两种，有夹砂陶也有泥质陶。根据足部特征可分两型：

A 型：袋足。TG1③：9，夹砂灰陶，方唇折沿，侈口，束颈，袋状足，裆以下大部缺失。口径 17.8、残高 14.4 厘米（图四，2）。

B 型：柱状实足。发现足部残片较多，但无一能复原。

3. 釜　皆为夹砂陶，以灰陶为主，有少许红陶。器形皆为宽折沿、圜底，素面。折沿宽 5～8、厚 0.8～1.2 厘米，方唇或圆唇，腹壁至底均较薄，有的只有 0.2 厘米，在内壁中部至近底处有几道拉坯形成的弧凸状轮旋痕。这些釜制作粗糙，数量多，在早晚地层中数量都不少。

4. 罐　有红陶、灰陶两种，皆为泥质陶，器形均为卷沿束颈，颈以下多为绳纹与弦纹复合纹饰，其他纹饰有水波纹、席纹等。根据领部特征和有无双系可分为两型：

A 型：高领。TG1③：3，泥质灰陶，束颈溜肩，鼓腹平底。上腹部有两道断断续续的划纹。口径 10.8、底径 10、高 14.3 厘米（图四，3）。

B 型：矮领。TG1③：8，折沿束颈，折沿宽 1.5 厘米，颈部有轮制过程中留下的浅细旋纹，颈部以下为竖向分段弦纹，层次分明，近底部磨光。通体高23.6、复原口径37、复原底径18厘米（图四，5）。

C型：双系罐。TG1③：7，泥质灰陶，方唇直口，底微内凹，耸肩，系孔为直径2.1厘米的圆形。外壁通体施绳纹，口径9.6、底径7.6、高15.2厘米（图四，4）。

D型：高领双系罐。TG1③：11，仅发现1件残片，圆唇直口，平肩双系，肩以下缺失，肩部施两道双凸弦纹，两道弦纹间有两圈间隔均匀的漩涡纹围绕一周（图五）。

5. 盆 全部为泥质灰陶，分为两种类型。

A型：可复原者2件。

TG1④：1，圆唇，微折沿，斜直腹，平底，上腹部有几道刻划的细弦纹。口径33.6、底径20、高7.5厘米（图四，6）。

TG1④：2，圆唇，微折沿，斜直腹，平底，素面。口径27.2、底径17.6、高7.4厘米（图四，7）。

B型：青灰色，胎较前一种硬，宽折沿，折沿宽5厘米左右，有方唇也有圆唇，上腹施凹凸不平的弦纹，下接细绳纹一直延伸至底，无一能复原。

6. 甑 仅在第2层发现一件灰陶甑底，底径24厘米，底近边沿一周有间隔均匀的直径为2厘米的圆孔，中央一个这样的孔，孔距不规整。

7. 豆 以灰陶为主，鲜见黑陶，无一完整。器形规整，多磨光素面，少有刻划弦纹，两件豆盘内壁底有放射状暗纹，都是残件，主要有几件长柄豆豆柄相对完整，豆柄细长，线条流畅，豆盘较浅，形制相近。

TG1②：5，豆盘和豆底均残缺不全，柄上方近豆盘处和下方近豆底处各有三道刻划的凹弦纹，做工精细。残高15厘米（图四，8）。

TG1④：7，豆盘浅，薄圆唇敛口，豆柄中空，豆底残失，磨光素面。豆盘直径17.4厘米，残高11厘米（图四，9）。

TG1④：8，黑陶豆柄，喇叭底，柄细长而中空，线条流畅，柄一面略现灰白，应是长期使用握磨留下的痕迹，磨光素面。高19.6厘米（图四，11）。

TG1④：9，灰陶豆柄，厚重的喇叭底，磨光素

图五 陶罐（TG1③：11）

面。高13厘米（图四，10）。

8. 钵 3件，均为泥质灰陶，造型相同。

TG1②：6，尖圆唇敞口，折腹，平底，外壁折腹处有道凸棱，磨光素面。口径15.8、底径5.7、高7.1厘米（图六，1）。

TG1②：7，圆唇敞口，鼓腹，平底，做工粗糙。口径14、底径7、高6.1厘米（图六，2）。

TG1②：8，圆唇直口，折腹，平底。口径10.2、底径6、高3.5厘米（图六，3）。

9. 网坠 共出土6件，形制大体相同，为椭圆柱状，横向有两道扣绳子的凹槽环绕一周，纵向两面各有对应的一道扣绳子的凹槽，烧制温度不高，色泽不均（图六，7~12）。

（二）原始瓷器

原始瓷盅 全部为轮制，造型相同。尖唇敞口，斜直腹，假饼足，底火石红色，未施釉，胎体厚重，内壁见凹凸不平的弦纹，釉面薄而均匀，但是釉色暗淡无光，呈青灰色。TG1③：1，口径11.2、底径5.6、高5.6厘米（图六，4）；TG1③：2，口径11.7、底径6.4、高6.2厘米（图六，5）；TG1③：6，口径10.2、底径5.6、高5.6厘米（图六，6）。

（三）角器

共2件。

TG1④：3，鹿角挂钩，利用角的分支作为钩体，钩部长6厘米，另一头有方便系绳子的削痕，一头系绳子，一头挂东西，长14.5厘米（图七，1）。

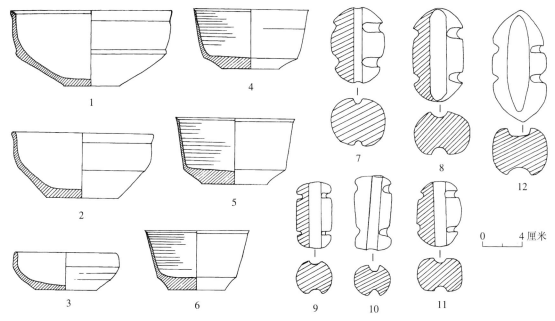

图六 TG1 出土遗物
1 ~ 3. 钵（TG1②：6、TG1②：7、TG1②：8）　4 ~ 6. 原始瓷盅（TG1③：1、TG1③：2、TG1③：6）
7 ~ 12. 网坠（TG1②：1、TG1②：4、TG1②：3、TG1③：4、TG1③：5、TG1④：10）

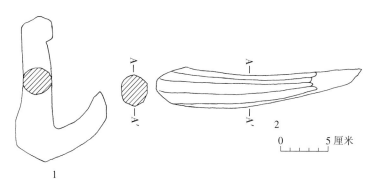

图七 TG1 出土角器
1. TG1④：3　2. TG1④：4

　　TG1④：4，角质尖器，角尖缺失，削制，在角的一面有明显刮削面，通体长 21.4 厘米（图七，2）。

　　（四）建筑材料：红烧土块以及砖瓦类。

　　红烧土块　共出土红烧土块五十余块，重量在 10 公斤左右，多数都有直径 1 厘米左右的圆形芦竹印痕，很明显是屋顶或者墙体的建筑遗存（图八）。

　　砖瓦残件　在第 2 层发现砖瓦残片，砖残块一共 4 块，其中红砖 1 块，灰砖 3 块，厚 2.5 ~ 4 厘米。瓦分板瓦和筒瓦两种，其中板瓦 1 件：TG1②：11，色灰白，泥质素面，残长 9、残宽（弦）12、厚 2 厘

米。筒瓦残片 6 件，全部为青灰色，较坚硬。其中 5 片有沟状绳纹，一片素面，为瓦榫头残片。其中一片较大，TG1②：10，残长 15、厚 0.6 厘米，瓦榫头长 3.3 厘米（图九）。

四　结语

　　由于双琚南荒子遗址发掘面积较小，出土器物的数量较少，只能参照扬州地区及相邻地区的遗址对其进行初步分析。

　　第 2 层从出土的陶片来看，特别是砖瓦的出现，

图八　红烧土块

图九　筒瓦（TG1②：10）

可初步定于战国秦汉时期，而第3层、第4层较早，堆积也较丰富，从鬲、罐、豆、盆的器物组合来看，与泰州市姜堰天目山城址大体相当，出土器物形制也很相似，两件素面陶盆TG1④：1和TG1④：2与天目山A型素面陶盆T4623⑥：34、T4522⑤：33、T4424④：13几乎同出一辙，绳纹盆也极为相似。出土的陶罐也很相似，类别上都有印纹硬陶、泥质素面陶、泥质绳纹陶等，在类型上，同样有高领罐和矮领罐之分，TG1③：3与天目山C型罐T4524⑥：11在形制上非常类似[1]。

另外在遗址分布范围及其环境上，天目山城址为老姜溱河环绕，而南荒子周围为凤凰沟环绕（勘测中发现相应的文化堆积在凤凰沟外没有延伸），在分布面积上相差不大，东西最宽240米，南北最长260米，天目山城址东西长约220米，南北宽约200米，二者很近似。

从这些共性上不难看出二者在时代和文化性质上可能有一定的关联。其次是原始瓷盅的出现，这是在江南土墩墓中较常见的随葬品之一，在溧阳庙山土墩墓[2]、句容果浮山果园土墩墓[3]都有发现，而且随葬的一些鼎、罐等器物在江南土墩墓中也有发现，特别是在溧阳庙山土墩墓M4出土的几件陶器，M4：14、M4：3、M4：1夹砂陶鼎与TG1③：10相一致，遗址所出土的高领双系罐陶片所体现的特征与M2：5也很相似；再者，在遗址中出土了不少陶豆，各地层都有发现，豆柄普遍细长，豆盘浅，做

工精细，造型优美，这同天目山、仪征甘草山出土的陶豆截然不同，从做工上看南荒子遗址更讲究些。TG1：7灰陶豆与太湖地区周代文化三期的典型器豆[4]相当，而且这种类似的长柄浅盘的豆在江南夏商周时期的遗址中较多出现，如丹徒团山遗址、江宁点将台遗址、镇江马迹山遗址等，而这些遗址所体现的文化特征正好是早期吴文化的源头，因此原始瓷盅和这些豆的出现也体现西周以来江南文化（吴文化）开始跨过长江向北传播。

综上所述，南荒子第3层、第4层的时代上限与天目山城址相当，下限与溧阳庙山土墩墓相当，应属西周到春秋时期，并且遗址表现出同时期江淮地区独有的文化特征，又有江南地区的一些文化特征，是能体现西周以来长江两岸文化交流碰撞的一个重要遗址。

南荒子遗址四面环水，地处高邮湖东北，且经子婴河与之相通，经高邮湖北上可到洪泽湖，南下可到长江北岸，且距离相差无几，河道交通便利，而时代又正好在西周到春秋时期，这样特殊的地理位置，特别的时代，独特的地理环境（湖泊沼泽，海拔低，易受地域限制，遗址必然零散分布，规模不太大，迁徙可能性大），又有如此丰富的文化内涵，结合江淮地区时代相近的高邮周邶墩第三类文化遗存[5]、姜堰天目山城址、仪征甘草山遗址[6]，还有盱眙六郎墩等，它们在器物组合上具有相似性，部分器物特征类似，可以说它们的发现体现出

江淮之间整个周代环高邮湖、宝应湖的特别的地域文化。我们知道在新石器时代晚期，良渚文化突然衰落，由龙山文化而来的岳石文化经过这一线跨过江淮曾达到江南（在点将台、马迹山、城头山等遗址都发现了岳石文化的踪迹）。到了西周时期，江南吴文化不断崛起，不断向江北甚至中原渗透，而这些文化的交流路线也正分布于今天的淮河下游地区。由于这些文化流动的双向性和反复性，还有流动中对本土文化不同程度的破坏，造成了这一地区商周时期文化性质复杂化，传统观念笼统地将这些文化与文献记载中本不牢靠的干国联系在一起是欠妥的。要真正搞清楚商周时期扬州地区的文化归属，需要大量考古工作和研究观念上的转变，以期找到其文化的真正源头。南荒子遗址的发现对研究西周以来整个里下河地区的文化归属具有重要参考价值。

附记：参加考古勘探和发掘的有李久海、束家平、刘刚；参加整理工作的有张贵宏、薛炳宏。在发掘过程中南京博物院考古研究所研究员邹厚本曾到遗址现场指导工作，在此表示衷心感谢！

执笔：薛炳宏　刘　刚　倪学萍

印志华　张贵宏

［1］南京博物院、泰州市博物馆、姜堰市文物管理文物会：《江苏姜堰天目山西周城址发掘报告》，《考古学报》2009 年第 1 期。

［2］镇江博物馆编：《印记与重塑：镇江博物馆考古报告集（2001～2009）》，江苏大学出版社，2010 年。

［3］南京博物院编：《重构与解读——江苏六十年考古成就》，南京大学出版社，2009 年。

［4］邹厚本主编：《江苏考古五十年》，南京大学出版社，2000 年。

［5］南京博物院、扬州博物馆、高邮文管会：《江苏高邮周邶墩遗址发掘报告》，《考古学报》1997 年第 4 期。

［6］江苏省驻仪征化纤公司文物工作队：《仪征胥浦甘草山遗址的发掘》，《东南文化》1986 年第 1 期。

扬州西湖经圩村西汉孔中意墓发掘与研究

扬州市文物考古研究所

内容摘要： 2012 年 4 月，扬州市文物考古研究所在扬州市西湖镇经圩村发掘一批西汉墓葬，其中 M3 保存完整且出土"孔中意""臣中意"双面印，为研究扬州地区西汉时期墓葬葬俗提供了十分有益的资料；同时在整理这座墓葬时回顾扬州地区汉代墓葬研究中的一些概念与认识。

关键词： 扬州　汉墓　孔中意

2012 年 4 月，在建设扬州市邗江区西湖镇蜀冈玫瑰园小区过程中发现古墓葬，扬州市文物考古研究所对其进行了抢救性发掘。墓葬群位于经圩村赵家庄，称为赵家庄墓葬群，共发现古墓葬 17 座。其中汉代墓葬 6 座，形制相近，均为土坑竖穴、一棺一椁的单人葬，棺椁等葬具均因埋藏较浅而不存，仅见灰白色板灰痕迹。随葬器物较少，侧厢内均发现成组的鼎、盒、壶、瓿等釉陶器，不见泥质灰陶或红陶器。从墓葬形制与随葬器物组合判定这批汉代墓葬的下葬时代相近，其中 3 号墓（M3）未被盗扰，保存完整，出土印文为"孔中意"的双面铜印，具有代表性，现做简报如下。

一　墓葬位置与环境

墓葬群位于扬州市邗江区西湖镇经圩村赵家庄，东临邗江中路、南临经圩二路、西临司徒南路、北侧为台扬路。墓葬群地处蜀冈丘陵南麓，距离沿山河仅 200 米，东距汉广陵城 2 公里。地块北侧原有一座名为俞家山的土丘，墓葬群位于土丘南侧平缓的坡地之上。因早年被砖瓦厂取土，土丘已不存，并形成了大片的深坑洼地。墓群以东 1 公里的郭家山南坡，二十世纪八十年代初，扬州博物馆考古部曾发掘过一批西汉早期墓葬[1]（图一）。

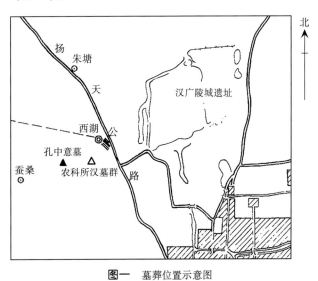

图一　墓葬位置示意图

二　墓葬形制

M3 上表已经被取土破坏，开口层位不清，墓坑

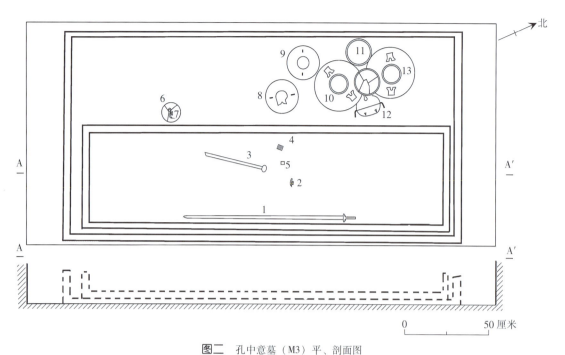

图二 孔中意墓（M3）平、剖面图
1. 铁剑 2. 铜带钩 3. 铁刀 4. 铜钱 5. 印章 6. 铜镜 7. 铜带钩 8、9. 壶 10、13. 瓿 11. 盒 12. 鼎

向下打破生土，残存墓圹。墓圹平面呈方形，长
2.68、宽 1.26 米，呈南北向。墓壁光滑直立，墓底
形制与上部相同，平底。墓坑填土为黄黏土夹杂灰
白色粉状土，土质坚实致密。

棺椁已经朽烂不存，仅见灰白色粉状千层底式
淤泥。根据墓坑内残存的灰白色泥痕判断，该墓为
一椁一棺带侧厢，侧厢位于棺室西侧。木椁朽痕范
围长 220、宽 110、残高 25 厘米，椁厚 5 厘米，底部
灰白色淤泥层厚 3 厘米。棺的朽痕范围紧邻椁朽痕
的东、南、北三面，长 205、宽 60 厘米，棺朽痕范
围内尚存红、褐两层漆皮，表明棺内原髹红漆，外
髹褐漆。棺内人骨已经朽烂不存，根据棺内随葬品
分布状况判断，头向 20°（图二、三）。

三　随葬器物

棺内随葬铁剑、铁刀、铜钱、带钩、印章等，侧
厢放置釉陶器、铜镜、带钩等，共计 13 件（套）。主
要分为釉陶器与金属器两类。另外，侧厢有漆器朽痕。

（一）釉陶器

釉陶器全部出土于侧厢北侧，成堆放置，共 6

图三 孔中意墓（M3）发掘后全景

件。其中壶、瓿各一对，相邻放置，鼎、盒各一件。

壶 2 件。器形、大小相同。方唇，口外侈，束
颈，圆肩，斜弧腹，矮圈足略外撇。肩部对称置桥
形环耳。M3：8，肩部被两道凹弦纹分为上下两区，
分别刻划两道波折纹。器耳位于肩部下半部，中间
施一道竖向凹线，两侧对称分布 6 道凸棱，上下两
端饰凸起"几"纹，纹饰两侧上卷，两个纹饰呈上
下对称状。外侧自口沿到肩部施青釉，内侧自口沿

到颈部施青釉，其他部位无釉，釉面粗糙，有流釉现象。器身内有多处烧造时产生气泡的鼓包。口径11.7、底径11、通高28厘米，最大径在肩下部，直径22厘米（图四，1；图五）。

瓿　2件。器形、大小相同。方唇，口微侈，溜肩，鼓腹，平底内凹。肩部对称贴两个兽面耳，两耳顶端高于口沿。腹部两道弦纹之间饰波折纹。M3：10，器耳为兽面上竖两耳各饰以4道竖向凸棱，中部兽面刻划出双眼、鼻子、嘴巴等部位，下部为竖向凸棱纹。外侧自口沿到肩部施青釉，内侧无釉。釉面粗糙，厚薄不均，有流釉现象。口径10.5、底径15、通高21厘米，最大径在肩下部，直径30厘米（图四，2；图六）。

鼎　1件。M3：12，由器盖、器身两部分组成。器盖顶部略平，盖身为斜直外伸，方唇，顶部边缘饰三个乳钉纽。器身子口内敛，两个梯形附耳，斜直腹，平底，3矮蹄足。器盖内侧轮制旋纹明显，有3个烧造产生的鼓包。外侧施青釉，釉面粗糙，有流釉痕迹，内侧无釉。器耳为倒梯形，顶端外撇，中间为竖向孔，上端为倒三角形凸棱，中饰两点，两侧为曲折纹凸棱，底端饰两点。蹄足上端刻划数道凹槽。盖径17、高6、器身内口径14.8、合盖通高19厘米（图四3；图七）。

盒　1件。M3：11，由器盖、器身两部分组成。器盖为覆钵形，顶端为圆形捉手，方唇。器盖外侧施釉，釉面粗糙。器盖内外均有轮制弦纹，内侧见烧造时产生的鼓包。器身为内敛子母口，斜直腹，平底。内外侧均有轮制弦纹，内侧见烧造时产生的鼓包。盖径17.6、高6、器身内口径14.5、合盖通高17.5厘米（图四，4；图八）。

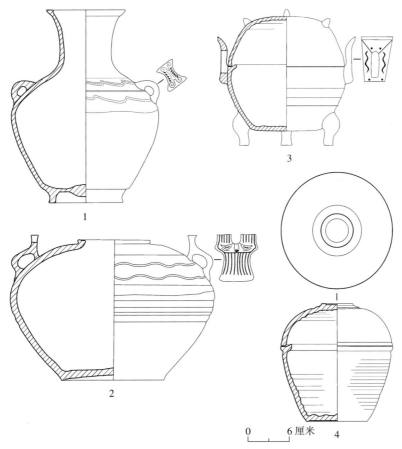

图四　出土釉陶器

1. 壶（M3：8）　2. 瓿（M3：10）　3. 鼎（M3：12）　4. 盒（M3：11）

图五　壶（M3：8）

1

2

图六　瓿与瓿耳
1. 瓿（M3：10）　2. 瓿耳

1

2

图七　鼎与鼎耳
1. 鼎（M3：12）　2. 鼎耳

图八　盒（M3：11）

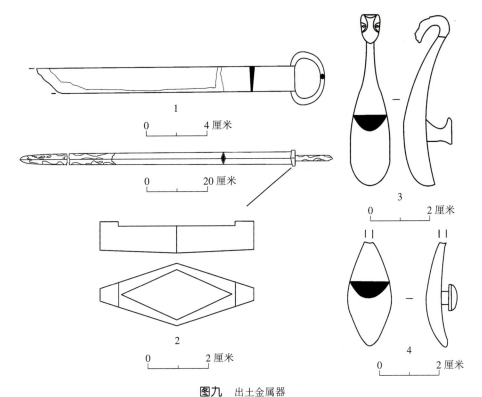

图九 出土金属器
1. 铁刀（M3：3）　2. 铁剑（M3：1）　3、4. 铜带钩（M3：7，M3：2）

（二）金属器

金属器有棺内随葬的剑、刀、印章、铜钱、带钩等随身器物，侧厢随葬铜镜、带钩。侧厢内的带钩、铜镜原放于漆奁之内，漆奁已经朽烂，仅见少量痕迹。

铁剑　1件。M3：1，已残，锈蚀严重。剑身中起脊，断面呈菱形，剑身修长，前端略窄呈弧形；剑柄呈条状，较短。剑身大部尚存褐色漆剑鞘，剑柄与剑身之间为铜剑格。通体残长102厘米，铜剑格一端突出，另一端有下凹方形槽。剑格宽5、厚2厘米（图九，2；图一〇）。

铁刀　1件。M3：3，背部较厚，刀身断面呈楔形，柄末端入环首内，环首呈椭圆形，断面呈圆形。刀身尚存褐色漆鞘，残长38厘米（图九，1；图一〇）。

铜印章　1枚。M3：5，印章为方形，双面印。一面阴刻隶书"孔中意"，其中"孔"字居一侧，"中意"二字竖向居一侧；另一面刻"臣中意"，

图一〇　铁刀（M3：3）、铁剑（M3：1）出土情况

"臣"字为阳刻居一侧，"中意"二字竖向阴刻居一侧。印边长1.2、厚0.6厘米（图一一）。

铜带钩　2件。两件形制相同，一件头部已残。标本M3：7，琵琶形，钩首兽形，颈部较细，钩尾面鼓、外出沿、背平。背部置一圆扣形纽，素面。长

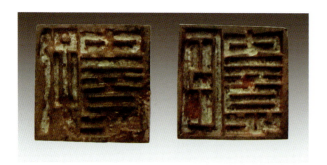

图一一　铜印章（M3：5）

6、尾宽1.5、纽径1.5 厘米（图九，3；图一二）。

铜镜　1 枚。M3：6，圆形，三弦纽，圆形纽座，纽座外两周双线圆圈纹带，主题纹饰为相互缠绕的蟠螭纹。宽素缘，低卷边。直径 12 厘米（图一三）。

铜钱　十余枚，锈蚀严重，成串放置。均为"半两"铜钱。M3：4，钱径2.4、穿0.8 厘米（图一四）。

（三）漆器

漆器均已朽烂，仅见朽痕，根据朽痕判断有漆盘、漆奁等。

图一二　铜带钩（M3：7）

图一三　铜镜（M3：6）

图一四　铜钱（M3：4）

图一五　漆盘朽痕

漆盘　已经朽烂，仅见朽痕，盘内底为褐色底髹朱色卷云纹，内壁髹朱红色漆，盘沿为褐色。口径 32 厘米（图一五）。

漆奁　根据铜镜出土时四周的褐色漆皮残片判断，铜镜与带钩原放置于一个比铜镜略大的褐色漆奁之中。现已朽烂不清。

四　关于墓葬的相关认识

孔中意墓虽然木质棺椁结构已朽，但是根据灰白色的朽痕仍能判断这座墓葬的棺椁结构为一棺一椁。根据历年的考古发掘与研究，扬州地区自战国晚期到东汉早期一直延续土坑竖穴木椁墓[2]葬俗。扬州地区以往的工作中将这类不见木质棺椁的墓葬称为土坑墓，如 20 世纪80 年代发现的农科所汉代墓葬群，曾发现 4 座此类墓葬，均不见木质棺椁，但尚能区分木质朽痕，发掘者将其定名为土坑墓，以区别于那些棺木保存较好的木椁墓。从这座墓葬以及以往被称为土坑墓的墓葬的情况判断，下葬时这些墓葬亦使用棺椁等木质葬具，只是因为埋藏环境、棺椁自身的状况等方面的综合原因，导致这类墓葬的木质棺椁朽烂。因此在此类墓葬定名时，不能依据棺椁的保存状况而提出木椁墓、土坑墓的说法，从性质上判断，这类墓葬也属于土坑竖穴木椁墓。

孔中意墓没有明确纪年，孔中意其人也不见于历史文献，但可从墓葬结构与随葬器物组合等情况来判断其时代。首先从墓葬形制来看，孔中意墓为扬州地区常见的土坑竖穴木椁墓，棺椁结构为一棺一椁一侧厢。这类墓葬形制在扬州地区以往发现的西汉早期至东汉早期墓葬都有发现。其次从随葬器物组合判断，墓内随葬鼎、盒、壶、瓿等原始瓷器，不见泥质陶器。这类原始瓷器物组合与刘毋智墓[3]、大云山九号墓[4]相似，但是不及后两座墓葬随葬器物种类丰富。鼎的形制与刘毋智墓Ⅱ式鼎、大云山九号墓鼎相近，仅鼎盖乳钉状装饰不同。盒的盒盖与大云山九号汉墓盒盖相同，而盒身则与胡场五号汉墓[5]盒的盒身形制相近。壶的形制与刘毋智墓壶相近，但是不见器盖。瓿与刘毋智墓Ⅱ式瓿、大云山九号墓瓿相近，但耳部纹饰略有区别，亦不见器盖。根据墓葬随葬原始瓷形制，孔中意墓的下葬时代较刘毋智墓、大云山九号墓稍晚，但早于胡场五号墓。大云山九号墓下葬时代均在公元前130年之前，胡场五号墓下葬于公元前70年，两者之间跨度近六十年。墓葬中随葬的蟠螭纹铜镜为西汉早期较为常见的类型，其形制与刘毋智墓及大云山九号墓出土蟠螭纹镜相似，但较为简略。最后，墓内出土铜钱为半两钱，而西汉武帝元狩五年（公元前118年）开始发行五铢钱。五铢钱出现后，半两仍然可能在扬州地区延续使用一段时间，但时间不会太久。结合以上情况判定，孔中意墓的下葬时代上限为公元前130年左右，下限为汉武帝元狩五年（公元前118年）后不久。

棺内随葬的剑、刀、带钩、印章等物品均为实用器，这反映了古人"事死如事生"的丧葬习俗。男子佩剑的习俗源于周代，到西汉时期进一步发展。汉代男子佩剑习俗兴盛，学习剑术也成为当时的一种风尚，史书中曾记载司马相如、东方朔等西汉名士都擅长击剑。扬州地区以往发掘的墓葬中也多见随葬刀、剑的现象。墓主人左侧放置铁剑、右侧放置环首刀的现象也符合《春秋繁露》中"左剑右刀"的记载。孔中意墓中随葬的刀剑均为铁身、漆鞘，这反映出汉代冶铁业及漆器制造业的巨大进步。在战国至西汉早期的墓葬中多随葬粗大的青铜剑具，而到了这一时期，细长的铁剑代替了青铜剑，鞘也采用这种轻便、精美的漆器制作而成。墓葬中随葬的双面印章在扬州地区以往发掘的墓葬中较为少见。印章是汉代人们社会活动的信物，古人将印章按在泥上作为实物和木制牍函封缄的凭证，在以往发掘的刘毋智墓、胡场汉墓群等均发现有大量的封泥。印章铭文"臣中意"是汉代广泛使用于私印的一种形式。孔中意墓的葬具为一棺一椁，这种形制与刘毋智墓、胡场五号墓等相似，但是其与刘毋智墓、胡场五号墓的棺椁结构又略有不同。这座墓葬墓坑较小，从棺椁的朽痕来看，棺椁用料较为单薄。即使考虑葬具在不同时代演变的差异，孔中意墓的等级也低于与其时代相近的刘毋智墓、胡场五号墓。根据简报介绍，刘毋智可能为吴王刘濞的亲属或者家臣，胡场五号墓的墓主人王奉世可能为广陵国的士或者士一级的官吏。西汉早期和中期，棺椁制度沿袭着周代以来的礼制。《礼记·檀弓上》："天子之棺四重"。郑玄注："诸公三重，诸侯再重，大夫一重，士不重。"孔中意墓按照《礼记》的记载属于士一级，结合墓内随葬器物组合为"一鼎一盒"，且其他器物较少，棺内随葬的铜质剑格的铁剑、刀以及双面印章。以上情况表明，这座墓葬的墓主人孔中意等级较低，身份不高，初步判定墓主人孔中意是一位有一定社会、经济地位的较低等级的士。

孔中意墓作为扬州地区一座时代较早、等级较低的墓葬，能够随葬成组的釉陶器、铁器等物品，充分反映了当时扬州地区经济社会发展水平较高。扬州曾为吴王刘濞的国都，据《史记》记载："吴有豫章郡铜山，即招致天下亡命者盗铸钱，东煮海水为盐，以故无赋，国用饶足。"[6] 再加上吴王刘濞因其太子命丧刘启之手而称病不朝多年，吴国的经济水平远远高于其他地区。作为诸侯国国都的扬州经济状况自然十分发达，虽因"七王之乱"遭受短暂破坏，但是很快又成为汉景帝之子江都王刘非的封地。因扬州毗邻六合铁矿、马鞍山当涂县铜矿等各种矿产、自然资源，加之便利的水上交通条件和吴王刘濞数十年的苦心经营，当时的广陵国手工业已经十分发达，已经能够自行生产各类器物。大部分学者认为扬州当时已经是铜器、玉器、铁器、漆器等高端器物的生产制造中心[7]。孔中意墓随葬的铜镜、铁器、漆器等器物应该都是扬州地区本地生产的，而关于其随葬的陶器产地则分歧较多。在以往的考古简报与研究中并未提及这方面内容，但是近年有学者提出浙江产[8]、宜兴产[9]、本地产[10] 三种观点。浙江产的观点以杨哲峰为代表，他从类型学的角度对比长江流域墓葬出土的釉陶器与浙江地区西汉窑址出土器物，通过对器物种类和形制的比较，他认为浙江产的江东类型釉陶器和硬陶器传播范围北至徐州、西达四川盆地。宜兴产的观点以贺云翔为代表，他在《"宜兴窑"初论》和《广陵文化圈》中提到扬州及周边地区的釉陶器从瓷土等方面判断均为宜兴所产。本地产的观点以徐俊祥为代表，他认为扬州地区出土的釉陶器数量众多，且这类器物极易破损，不可能是远距离大批量运输而来，应该是本地烧造。以上观点以第三种最不可能，烧造釉陶器需要合适的瓷土，而扬州地区为黄黏土分布的蜀冈丘陵地带，并没有适合烧造釉陶器的原料。陶瓷器往往属于靠近原料产地的手工业，因此说扬州地区出土的釉陶器为本地产是不太可能的。其谈到釉陶器不易长途运输的问题，扬州城在汉代东临长江入海口，南侧水网密布，吴王刘濞曾开凿运盐河等多条水利设施，而且早在春秋时期吴王夫差为北伐就曾在扬州开通邗沟，表明在春秋时期大批的人员、物资已经能够从苏南通过水路达到扬州。汉代商品贸易已经十分发达，因此釉陶器这类广泛使用的墓葬用具是能够从南方通过水路运达扬州地区的。因为浙江地区汉代烧造釉陶器的地方较多，杨哲峰用江东类型来代替，江东类型所包括的产地也可能包括毗邻浙江的宜兴一带的窑口产品。从扬州地区出土的釉陶器组合和形制看，与浙江产的江东类型陶器是一致的，因此扬州地区出土的釉陶器应当属于浙江或者其毗邻地区所产的江东类型陶器，并不一定完全产自宜兴地区。产自浙江等南方地区江东类型陶器经过水路运达扬州等地，向北还可经过密集的水网运到徐州等地，向西则可以通过长江水系运到长江中游地区及四川盆地。

以孔中意墓为代表的赵家庄墓群仅仅是扬州地区发现的数量众多的汉墓一部分。在以往的考古发掘中，曾发现大量、成片的此类墓葬，这或许与当时扬州地区社会稳定、经济发展有关。"七王之乱"以后扬州地区成为江都国国都，社会稳定发展。从整个汉朝发展状况看，迎来了国富民强的"文景之治"时期。这个时期的中央统治者面对长年累月的战乱，推崇黄老治术，轻徭薄赋、与民休养、对外少征战，同时在生活方面提倡节俭、薄葬。因此这一时期人口增加、百姓逐渐富足，从而发现的这一时期的墓葬数量就较多，特别是一些等级较低的"士"和地主等也能够购置土地、棺椁、随葬品进行安葬。赵家庄墓群发现的 6 座墓葬排布规律，有的墓葬相邻，应当属于异穴夫妇合葬墓。赵家庄墓群东侧为农科所汉墓群，发现的 9 座西汉早期墓葬，均排布规律，位于郭家山的南坡之上。这些墓葬数量众多、分布密集，但是出现叠压、打破的关系的情况极少，墓葬分布区域多是汉广陵城外围的蜀冈丘陵高起的山丘阳坡。这种现象反映出扬州地区汉墓选址具有一定的规划性，也反映了汉代埋葬于阳坡的风水观念。这种现象在近年发掘的胡场西汉晚期墓葬群[11]也能得到印证。

发掘：秦宗林　吴宝春

整理：罗录会　秦宗林
执笔：秦宗林

[1]　扬州博物馆：《扬州地区农科所汉代墓群清理简报》，
　　　《文博通讯》1983 年第 5 期。

[2]　周俊：《扬州地区汉代木椁墓初探》，《东南文化》
　　　2004 年第 5 期。

[3]　扬州市文物考古研究所：《江苏扬州西汉刘毋智墓发
　　　掘简报》，《文物》2010 年第 3 期。

[4]　南京博物院：《江苏盱眙大云山江都王陵 M9、M10 发
　　　掘简报》，《东南文化》2013 年第 1 期。

[5]　扬州博物馆：《江苏邗江胡场五号汉墓》，《文物》
　　　1981 年第 11 期。

[6]　《史记·吴王濞列传》第 2822 页，中华书局，2013 年。

[7]　相关学说主要出自扬州博物馆编写的相关图录，如：
　　　a. 扬州博物馆编：《汉广陵国玉器》序言，文物出版
　　　社，2003 年；b. 徐忠文、周长源主编：《汉广陵国铜
　　　镜》序言，文物出版社，2013 年；c. 扬州博物馆编：
　　　《汉广陵国漆器》序言，文物出版社，2004 年。另外，
　　　一些研究性文章也多有提及，在此不再一一列举。

[8]　杨哲峰：《文化变迁中的器型与质地——关于江东地
　　　区战国秦汉之际墓葬所见陶瓷器组合的初步考察》，
　　　《文物》2012 年第 4 期。

[9]　贺云翱：《"宜兴窑"初论》，《东南文化》2015 年第
　　　4 期。

[10]　徐俊祥：《汉代扬州区域文明发展》第 134 页，社科
　　　文献出版社，2013 年。

[11]　扬州市文物考古研究所：《江苏宿扬高速公路发现汉
　　　墓群》，《中国文物报》2016 年 6 月 3 日。

扬州梅岭公馆唐至明清运河
故道的发现与研究

扬州市文物考古研究所

内容摘要：2015 年，扬州市文物考古研究所对古运河西侧的梅岭公馆建筑工地进行抢救性发掘时，发现了唐至明清时期运河西沿遗址。结合以往扬州城的发掘工作，该遗址为确立唐至明清时期城墙东侧运河的范围和沿革提供了参照。同时发现大量青花瓷片，丰富了明清时期该区域居民生活的物质史资料。该遗址的发掘为研究扬州城、大运河、历史时期扬州社会文化生活提供了丰富的材料。

关键词：运河故道　扬州城　青花瓷

2015 年 1 月至 2 月，扬州市文物考古研究所在扬州市邗江区梅岭公馆小区建设工地对一段南北向运河故道进行抢救性清理发掘，取得了许多重大收获。在历时 40 余天的发掘当中，考古所工作人员严格按照《田野考古操作规程》，由上而下，由晚到早进行科学、系统的发掘，并运用地层学及类型学相关知识对出土文物分类整理，获得了一批详尽的科学材料。

一　遗址基本信息和发掘情况

梅岭公馆运河故道遗址位于扬州市区东北，其东靠高桥路，南倚马太巷，西临航道管理处宿舍、广播局宿舍、环卫处宿舍，北近漕河路，在现扬州古运河西岸约 50 米，漕河南岸约 500 米。遗址坐标北纬 32°14′，东经 119°16′，海拔 10.5 米（图一、二）。经勘探，得知运河故道为南北走向，贯穿整个梅岭公馆建设区。依据文化内涵的丰富程度，最终确定发掘区域，编号为 2015YMGT1～T4。发掘总面积 400 平方米。探方为正北方向，自上而下逐层发掘。清理出灰坑 4 座，河道 1 条，沟 1 条，并出土大量石器、陶器、砖瓦、瓷器等遗物（图三）。

二　地层堆积

经发掘，地层堆积层次分明，各探方分布相同。第 1 层为现代建筑基础；第 2 层为明清时期建筑堆积；运河河道开口于第 2 层下，叠压第 3 层；第 3、4 层为河相沉积沙土。现以 T1～T4 探方南壁（图四）为例介绍如下。

第 1 层：灰褐色土，土质较硬。分布于整个探方。掺杂有大量红色砖瓦，应为现代建筑基础，厚 0.25～1.25 米。为表土层。

第 2 层：黑色土，土质较硬。分布于整个探方。包含有灰色瓦片、灰色砖块、建筑构件、青花瓷片等，厚 0.2～1.1 米。为明清文化层。

第 3 层：黄褐色沙土，土质疏松。被 H3 打破，分布于探方东南部。仅发现少量青瓷片和建筑残渣，厚 0.1～0.6 米。为唐宋文化层。

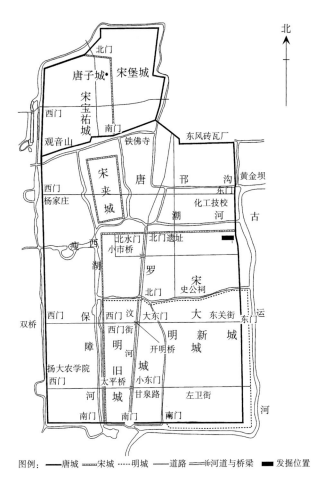

图例：——唐城 ▩▩▩宋城 ⋯⋯明城 ——道路 ▧▧河道与桥梁 ■发掘位置

图一 梅岭公馆遗址在古代扬州城的位置

第4层：灰褐色沙土，土质松软。分布于探方东南部。沙土中包含有黑色淤泥，未发现其他包含物，厚0.1~0.6米。为河湖相沉积层。

三 遗迹

（一）河道

河道位于1号探方东部，呈南北向分布，运河河道范围向东部延伸。开口于第2层下，打破第3层和生土。开口距地表0.5米，长9、宽3.65~6.35、深2.3米。河道呈坡状堆积，向东倾斜，坡度约45°。坡壁面较光滑，在河道底部发现3块长0.4、宽0.2~0.3米的石条，推测可能为护坡石堤建材。河道内填土可分两层，2015YMGHD①填土呈灰褐色，土质疏松，较纯净，厚0.1~0.75米，未发现遗物。HD②填土为红褐色黏土，土质较硬，包含大量白色螺壳，厚0.1~1.55米，在其中发现了铭文砖、石条等。发掘出的河道应为运河故道西岸（图五）。

（二）灰坑

2015YMGH1，平面呈不规则半圆形，位于T1西北部，T2东北部，向北延伸，因发掘面积限制未扩方。开口于第2层下，打破第4层和生土。坑口距地表1.3米，长9.42、宽4、深1.4米。坑壁较陡，坑

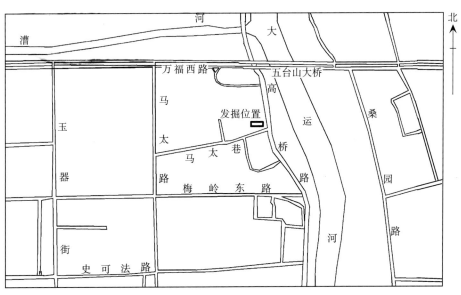

图二 梅岭公馆遗址位置示意图

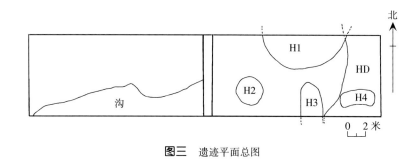

图三　遗迹平面总图

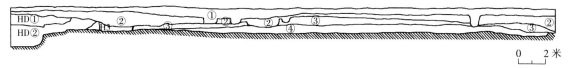

图四　2015YMG 南壁剖面图

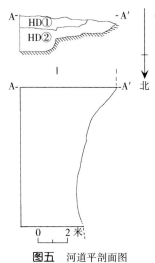

图五　河道平剖面图

底较平，填土为黑褐色土，土质较硬，包含有大量灰色砖瓦。出土器物主要有龙纹绿釉滴水、石球及青花瓷碗、杯、盘等，数量庞大。

2015YMGH2，平面近似圆形，位于T2南部。开口于第2层下，打破第4层。坑口距地表1.2米，东西长3.3、南北宽3.1、深0.6米，北部有一生土二层台，东西长2.25、宽0.7米，距开口0.3米，距坑底0.25米。坑壁较直，坑底较平，填土为黑褐色沙土，土质松软。出土器物主要有石臼、灰色砖块、青花瓷片等。

2015YMGH3，平面呈不规则形，位于T1西南角，向T2东壁延伸，开口第2层下，打破第3层。坑口东高西低，距地表1～1.35米，已发掘的范围

开口长3.9、宽2.5、深0.4米。坑壁较直，坑底较平，填土为深蓝褐色沙土，土质松软。出土器物主要有青花瓷片。

2015YMGH4，平面呈南部内收的椭圆形，位于T1东部，开口第2层下，打破河道。坑口距地表1.4米，东西长3.85、南北宽1.7、深0.5米。坑壁较直，坑底较平，填土为蓝褐色黏土，土质较硬，土中包含有大量白色螺壳。未发现出土器物（图六）。

四　遗物

遗物除河道中出土的铭文砖外，主要以第2层和4个灰坑中出土的明清时期遗物为主，种类包括石器、陶器、砖瓦和瓷器等。在地表还采集到11枚经过修制的石球。

1. 出土瓷器在器形、釉色、底款等方面表现出鲜明的特征。

首先，器物类型丰富。本次发掘共出土瓷器1619件，器物类型包括碗盘、杯、盖碗、壶、罐、盏托、水盂、鼻烟壶、花盆、瓶、印泥盒、器座和器盖等14类。其中碗、盘、杯三类数量最多，合计1576件，占瓷器总数97%以上，其余11类占总数不足3%（表一）。

其次，瓷器釉色多样，以青花瓷为主。本次发掘出土瓷器釉色包括彩釉、酱釉、白瓷、青瓷、霁蓝釉、青花和黑釉等7类，在总计1619件瓷器中，

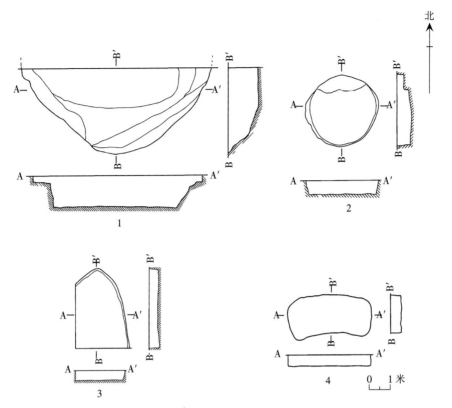

北

图六 H1~H4 平剖面图
1. H1　2. H2　3. H3　4. H4

青花瓷数量达 1443 件，占总数 89% 以上；其余 6 类釉瓷色的瓷器，总计 173 件，占总数不足 11%（表二）。

再次，在出土的瓷器中还发现有多种底款，经统计有年代款、寄托款、画押款等多种类型，底款的研究对于探讨扬州地区瓷器生产制造、使用、流转、风格变迁有着重要意义。

2. 出土文物不仅数量众多且有多件精品。

本次发掘出土的 1619 件瓷器，其中近百件瓷器得到修复。以霁蓝釉碗、青花冰梅纹印泥盒、青花万寿纹小碟、青花及第图人物故事纹碟、釉上描金彩花卉纹盘、青花凤穿牡丹纹将军罐等最具代表性，举例如下。

豆青釉青花五福纹盖碗 2015YMGT1②：1，残，内碗底心青花绘四只蝙蝠，环绕一变体"福"字，寓意"五福"，器外壁施豆青釉，器底书"大清嘉庆年制"三竖行篆书款。底径 5.8 厘米（图七）。

图七　豆青釉青花五福纹盖碗（2015YMGT1②：1）

青花开光折枝花果纹盘 2015YMGT1②：5，圆唇而尖，侈口，弧腹，圈足，内外壁均绘卷葵纹开光，开光内绘折枝花卉、灵芝等花果纹，青花发色纯正，釉面烧成度极好。高 5 厘米（图八）。

青花缠枝菊纹碗 2015YMGH1：5，残，圆唇，侈口，弧腹，圈足，外口沿处有青花双圈弦纹，腹部

表一　器形统计表

遗迹单位	釉色	总数	碗	盘	杯	盖碗（盖杯）	壶	盖托	水盂	罐	鼻烟壶	花盆	瓶	印泥盒	器座	器盖
H1	彩釉	4	3	1												
	酱釉	19	16				1								1	1
	白瓷	25	24						1							
	青瓷	96	87	3	5								1			
	霁蓝釉	7	7													
	青花瓷	1214	962	165	78					1	1	3		4		
H3	白瓷	15	14			1										
	青瓷	3	2	1												
	青花瓷	122	99		23											
②层	黑釉	3	1				1	1								
	青瓷	2	2													
	白瓷	2	2													
	青花瓷	107	78	12	14	1				1			1	1		
总数		1619	1297	182	120	2	2	1	1	2	1	3	2	5	1	1
比例		100%	80.1%	11.2%	7.4%	0.1%	0.1%	0.1%	0.1%	0.1%	0.1%	0.2%	0.1%	0.3%	0.1%	0.1%

表二　釉色统计表

H1

釉色	总数	碗	盘	杯	盖碗（盖杯）	壶	盖托	水盂	罐	鼻烟壶	花盆	瓶	印泥盒	器座	器盖
彩釉	4	3	1												
酱釉	19	16				1								1	1
白瓷	25	24						1							
青瓷	96	87	3	5								1			
霁蓝釉	7	7													
青花瓷	1214	962	165	78					1	1	3		4		

H3

釉色	总数	碗	盘	杯	盖碗（盖杯）
白瓷	15	14			1
青瓷	3	2	1		
青花瓷	122	99		23	

②层

釉色	总数	碗	盘	杯	盖碗（盖杯）	壶	盖托	罐	瓶	印泥盒
黑釉	3	1				1	1			
青瓷	2	2								
白瓷	2	2								
青花瓷	107	78	12	14	1			1	1	1

釉色	总数	比例
彩釉	4	0.2%
酱釉	19	1.2%
白瓷	42	2.6%
青瓷	101	6.2%
霁蓝釉	7	0.4%
青花瓷	1443	89.1%
黑釉	3	0.2%
合计	1619	100%

图八　青花开光折枝花果纹盘（2015YMGT1②：5）

图一一　青花寿纹盖碗（2015YMGH1：18）

图九　青花缠枝菊纹碗（2015YMGH1：5）

图一二　青花冰梅纹印泥盒（2015YMGH1：19）

图一〇　霁蓝釉碗（2015YMGH1：17）

为缠枝菊纹，圈足上亦有双圈弦纹。烧成温度适中，釉面结晶较好，青花发色纯正。口径17.5、高8、底径7.5厘米（图九）。

霁蓝釉碗 2015YMGH1：17，残，圆唇，侈口，弧腹，圈足，外壁釉下施霁蓝彩，内壁施白釉，霁

蓝釉厚薄较均匀，积釉处有黑色结晶，黑蓝相间的色彩平添了几分美感。口径17.5、高7.9、底径8.5厘米（图一〇）。

青花寿纹盖碗 2015YMGH1：18，残，圆唇而尖，敞口，弧腹，圈足较高，外口沿处有青花双圈弦纹，腹部饰缠枝花卉连缀的寿纹，圈足上亦有双圈弦纹。外底心有画押双圈款。该盖碗青花画法严谨，器形规整，釉色纯正，颇具艺术造诣。口径9.9、高4.8、底径3.7厘米（图一一）。

青花冰梅纹印泥盒 2015YMGH1：19，残，仅存底部，方唇，子母口，直腹，卧足，外腹部施冰梅纹。口径10.7、高4.1、底径10.7厘米（图一二）。

青花万寿纹小碟 2015YMGH1：21，残，圆唇，敞口，弧腹，圈足，外口沿处有青花双圈弦纹，内外腹部各饰两排梵文寿纹，内底心亦有一梵文"寿"

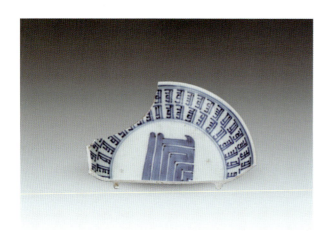

图一三 青花万寿纹小碟（2015YMZH1：21）

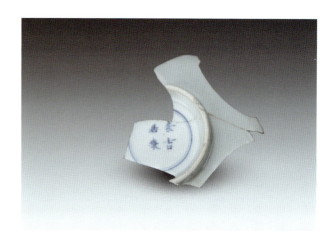

图一四 青花及第图人物故事纹碟（2015YMGH1：22）

字，外底心双圈内书"大清雍正年制"三行楷书款，其中"雍"及"年"两字部分缺失。口径10.7、高2.6、底径7厘米（图一三）。

青花及第图人物故事纹碟2015YMGH1：22，残，仅剩碟子底部部分，圈足，内壁碗心绘一书生骑马的情景，完整的画面应是状元及第骑马游街盛况，外底心双圈内书"安吉居制"楷书款，底款笔法严谨而有法度。此器器形规整，胎土细腻，青花绘画书画意味十足，实乃不可多得之艺术精品。壁厚0.4厘米（图一四）。

蓝釉鼻烟壶2015YMGH1：29，口沿略残，其他部位完整，直颈，弧腹，器呈扁壶式，外撇式足，平底，器身施蓝釉，腹部釉下模印阳文连珠纹，腹部正中心处模印阳文宝相花纹。高4.7、宽3.3厘米

图一五 蓝釉鼻烟壶（2015YMGH1：29）

（图一五）。

釉上描金彩花卉纹盘2015YMGH1：46，残，圆唇，侈口，微弧腹，圈足，盘内壁以胭脂红彩绘折

图一六　釉上描金彩花卉纹盘（2015YMGH1：46）

图一八　绿釉五爪龙纹陶滴水（2015YMGH1：44）

图一七　白釉模印龙纹盖碗（2015YMGH1：35）

图一九　青花开光折枝花果纹杯（2015YMGH1：50）

枝牡丹，以金彩描绘叶子，红花金叶呈现一片富丽堂皇的富贵之气。盘外壁光素无纹饰，约略可见快轮修胎形成的弦纹，外底心双圈弦纹内青花书画押款。口径34.8、高6、底径21.6厘米（图一六）。

白釉模印龙纹盖碗 2015YMGH1：35，残，仅剩部分口沿，圆唇，撇口，弧腹，口沿处施酱釉，器身施白釉，外壁光素无纹饰，内腹壁模印阳文海水龙纹。该器胎土细腻，模印龙纹威严而有气度，釉色发色纯正，实乃不可多得之艺术珍品（图一七）。

绿釉五爪龙纹陶滴水 2015YMGH1：44，残，为古建筑檐头构件，器身施绿釉，釉下模印阳文戏珠五爪龙纹。高7.3、宽10、厚4.6厘米（图一八）。

青花开光折枝花果纹杯 2015YMGH1：50，残，圆唇而尖，葵口，弧腹，圈足，内外壁均绘卷葵纹开光，开光内绘折枝花卉、灵芝等花果纹，青花发

色纯正，釉面烧成度极好。外底心双圈内书"大明宣德年制"双竖行楷书款，"德"及"年"因瓷片缺失而缺失。口径11.8、高6、底径5.2厘米（图一九）。

绿釉高足灯 2015YMGH1：56，残，烛台已缺失，腹部呈圆管状，外撇式圈足，圈足下以三个乳突接地，器为瓷器仿青铜烛台之作。残高19.3、底径7.8厘米（图二〇）。

青花凤穿牡丹纹将军罐 2015YMGH1：57，残，方唇而尖，直颈，弧腹，束胫，卧足，外壁口沿处绘如意纹，腹部绘凤穿牡丹纹，底足内青花双圈弦纹，胎土细腻，青花发色纯正，釉面玻化程度好。高24.8、底径16.6厘米（图二一）。

青花蜜蜂葡萄纹盘 2015YMGH3：1，残，圆唇，敞口，弧腹，圈足，外壁口沿及足处均会有双圈弦

图二〇　绿釉高足灯（2015YMGH1：56）

图二二　青花蜜蜂葡萄纹盘（2015YMGH3：1）

图二一　青花凤穿牡丹纹将军罐（2015YMGH1：57）

图二三　"宣城"铭文砖（2015YMGHD：1）

纹，外腹部及内碗心绘蜜蜂葡萄图，其中葡萄叶采用没骨法绘制（图二二）。

"宣城"铭文砖 2015YMGHD：1，灰砖。残长 15.3、宽 14.2、厚 5 厘米（图二三）。

五　结语

梅岭公馆遗址位于古运河、漕河交汇处，地势平坦、交通便利，是扬州唐代以来的经济繁盛之地。经长期发掘、勘探，探明唐、宋、明时期的城墙[1]在该遗址附近皆有分布。此次发掘区位于唐代扬州城墙西侧、宋大城北门遗址东部、明代城墙以北。发现了古运河的西岸，为研究运河与扬州城墙位置变迁提供了重要依据。

唐代至明代，扬州运河经历了开通、多次停用和疏浚的过程。

《新唐书》卷五十三《食货志》载："初，扬州疏太子港、陈登塘凡三十四陂，以益漕河，辄复堰塞。淮南节度使杜亚乃浚渠蜀冈，疏句城湖、爱敬陂，起堤贯城，以通大舟。河益庳，水下走淮，夏则舟不得前。节度使李吉甫筑平津堰，以泄有余防不足，漕流遂通。然漕流益少，江、淮米至渭桥者，二十万斛。"[2]

《唐会要》卷八十七《漕运》载："宝历二年（公元 826 年）正月，监铁使王播奏扬州城内旧漕河水浅，舟船止滞，转输不及期程。今从阊门外古七里港开河，向东曲屈，至禅智寺桥通旧官河，长十九里。"[3]

《宋史》卷九十六《河渠志》载："天禧二年（公元 1018 年），江淮发运使贾宗言，诸路岁漕自真、阳入淮、汴，历堰者五，粮载烦于剥卸，民力罢能牵挽，官私船舰，由此速坏。今议开扬州古河，绕城南接运渠；毁龙舟、新兴、茱萸三堰，凿近堰漕路，以均水势。岁省官费十数万，功利甚厚。诏屯田郎中梁楚、阁门祗候李居中按视，以为当然。明年役既成，而水注新河，与三堰平，漕船无阻，公私大便。"[4]

清乾隆《淮安府志》卷六《运河》载："洪武十四年（1381 年）浚扬州官河，自扬子桥至黄泥滩。十七年（公元 1384 年），修筑江都县深港灞，浚河道五百六十七丈。二十年（公元 1387 年），命主事杨德礼往高邮督有司修筑并湖堤岸。"[5]

结合本次发掘可以确认河道开口于第 2 层下，其时代不晚于明清；开口第 2 层下的河道内出土的"宣城"铭文砖及其他建筑残留等，表明其最早的年代可能为唐。本次运河故道的发现在运河扬州段尚属首次，确认了扬州运河西岸在今大运河以西 50 米，故道南北向分布，与今运河平行。掌握了运河河床剖面的第一手资料。通过和以往发掘的对比，梅岭公馆遗址的发现可以为确立唐至明清时期城墙东侧运河的范围和使用时间段提供参照。

本次发掘还出土了大量的明清陶瓷遗物，种类有瓷器、紫砂陶、建筑构件等，不同于以往发掘对于明清陶瓷遗物的忽视，本次发掘对于出土的明清陶瓷遗存进行了系统的收集，并用考古学的方法进行了科学的整理分析。

陶瓷部分的结论可以归纳为以下三点。一是年代下限，出土的明确的纪年款式有"大清雍正年制""大清乾隆年制"及"大清嘉庆年制"，出土的瓷器也主要符合这个时期的时代特征，因此我们认为灰坑的最晚形成时间是清嘉庆时期；二是瓷器的窑口，

出土的瓷器在种类上以青花为主，包含部分白瓷和青瓷等，符合景德镇窑的窑口特征，证明在清代雍正、乾隆、嘉庆时期景德镇瓷器是该区域居民购买的首选；三是丰富了明清时期该区域居民生活的物质史资料，出土的瓷器器形种类众多，瓷器类的有碗、杯、盖碗、鼻烟壶、印泥盒、花盆、将军罐，紫砂陶类有铫、茶叶罐及杯等，器形不仅涉及日常饮食所需的碗等，还涉及茶事的盖碗、杯、铫、茶叶罐等，至于鼻烟壶、印泥盒、"大清雍正年制"官款瓷器及观赏类的将军罐等器形更能反映该区域居民生活精致的一面。

在扬州运河不同时期的历史变迁中，此处多次成为河道，并积累了深厚的文化遗存。通过对该遗址进行抢救性发掘，获得了唐至明清时期较为丰富的文化遗存，为进一步认识该地区古代文化分布和序列提供了新的材料。

发掘：张　敏　魏　旭
绘图：张　敏　魏　旭
执笔：林海南　魏　旭

[1]　中国社会科学院考古研究所、南京博物院、扬州市文物考古研究所：《扬州城：1987～1998 年考古发掘报告》第 13 页，文物出版社，2010 年。

[2]　《新唐书·食货志》第 1370 页，中华书局，1975 年。

[3]　朱偰：《中国运河史料选编》第 24 页，中华书局，1962 年。

[4]　《宋史·河渠志》第 2380 页，中华书局，1977 年。

[5]　《中国运河史料选编》第 72 页，中华书局，1962 年。

扬州中信泰富·嘉境晚唐五代
墓葬发掘简报

内容摘要： 2014 年，扬州市文物考古研究所对中信泰富·嘉境墓葬群进行发掘。通过和纪年墓比较，推断其时代为晚唐五代时期。墓葬整体排布极有规律，是一处平民公共墓地；墓地墓向的分化显示埋葬人群的不同。此次发掘为扬州晚唐五代时期墓葬研究提供了新的资料。

关键词： 扬州　晚唐五代　公共墓地　墓向

中信泰富·嘉境墓葬区位于扬州市广陵区城北乡，西临江都北路、东靠三星路、南倚新湖路，坐标北纬 32°25′48″，东经 119°27′36″，西距罗城东北角 1 公里（图一）。此处原为坡状高地，北高南低，被当地人称为"元宝墩"。扬州市文物考古研究所曾在嘉境西侧佳家花园和东侧三星村发掘过数百座唐五代时期墓葬。

2014 年 6 月，为配合中信泰富瘦西湖扬州房地产有限公司中信泰富·嘉境开发项目，扬州市文物

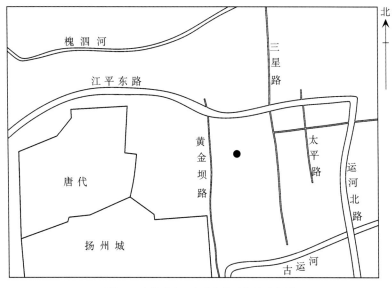

图一　中信泰富·嘉靖墓葬区位置示意图

考古研究所对 861 地块进行前期考古勘探，发现多座墓葬。2014 年 10 月至 12 月，扬州市文物考古研究所在中信泰富·嘉境进行考古发掘，共发掘晚唐至五代墓葬 380 座，汉墓 7 座。现将晚唐至五代墓葬的发掘情况介绍如下，并尝试讨论相关问题。

一 墓葬形制

此次发掘共清理晚唐五代墓葬 380 座，其中砖室墓 6 座，竖穴土坑墓 374 座。

（一）砖室墓

砖室墓按照结构分为十字形砖室墓和腰鼓形砖室墓两类。

1. 腰鼓形砖室墓

M212 长斜坡墓道单室砖室墓，由墓道和墓室组成，方向 234°。墓道位于墓葬西侧，平面呈东宽西窄的梯形，壁面平整。西高东低，呈斜坡状，坡度 14°。墓道内填黄褐色五花土，土质疏松，未经过夯打。长 1.8 米，东侧宽 1.26 米，西侧宽 1 米。墓室位于墓道东侧，砌筑于土圹内，土圹口底同大，壁面笔直。长 4.42、宽 1.8～2.7 米，因墓葬顶部被破坏，残存深度 0.56 米。墓室砖壁紧贴土圹，东西两侧平直，南北两侧圆弧，近似腰鼓形。内长 3.5、内宽 2.42 米。墓室底部用砖平铺，其上平铺 12 层，之上砌砖遭到破坏，构建方法不可知。封门位于墓室

西端，砌筑于凹槽中。南北长 2 米，东西宽 0.4 米。由于顶部被破坏，封门东侧只存一丁一顺，封门西侧残存两层平砖。墓砖规格为长 27.5、宽 12.5、厚 2.8 厘米。M212 中出土残碎陶片，未见完整随葬品（图二）。

2. 十字形砖室墓

M240 十字形砖室墓，由墓道、封门、墓室组成，墓向 255°。墓道位于墓葬西侧，平面呈长方形，壁面平整。墓道底部为斜坡状，坡度 12°。墓道内填黄褐色五花土，土质疏松，未经夯打。长 1.4、宽 1.14、深 0.3～0.6 米。封门位于墓道东侧，西距墓道末端 0.12 米，用砖平铺 12 层，宽 1.58 米，残高 0.42 米。封门后设置壶门一道，其结构为底部用砖横向平铺一层，其上用"一丁"，于砖体凿三个等距圆形洞。壶门高 0.2、厚 0.12 米。墓室位于封门东侧，砌筑于土圹内。土圹口底同大，四壁笔直，内填黄褐色五花土，长 3.72、宽 3.04 米，因顶部被破坏，残深 0.36 米。墓室紧贴土圹，平面呈十字形，东西两侧砖壁平直，南北两侧砖壁略鼓、向外凸出。墓室内长 3.5、宽 0.94～2.66 米。墓室砖壁现存平砖三层。墓室底部有两处疑似棺木朽痕，朽痕为梯形。南侧朽痕长 2.38、宽 0.44～0.84 米，北侧朽痕长 2.4、宽 0.68～1.08 米。M240 中未见随葬品（图三）。

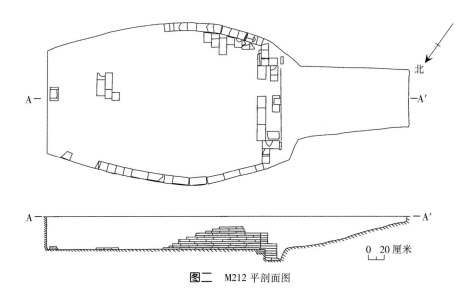

图二 M212 平剖面图

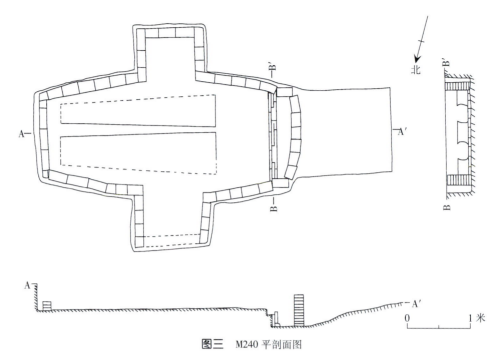

图三　M240 平剖面图

（二）竖穴土坑墓

竖穴土坑墓分为一墓一棺和一墓两棺两类。

1. 一墓一棺

M259　竖穴土坑墓，墓向 145°。墓矿平面呈长梯形，口底同大，长 2.56、宽 0.6～0.78 米，深 0.45 米。墓圹四壁笔直光滑，内填黄褐色五花土。墓底放置一具木棺，杉木质，棺盖及前挡板已损坏，棺长 2.1、宽 0.4～0.62、残高 0.16 米，棺前合长 0.2 米。棺侧板、底板均厚 2 厘米。墓葬中放置随葬品 5 件（套），其中四系罐 1 件、开元通宝 5 枚、粉盒 1 件、水盂 1 件、铜钗 1 件（图四）。

2. 一墓两棺

M258　竖穴土坑墓，墓向 233°。墓圹开口形状不规则，东侧向外突出呈"凸"字形。墓圹西侧主体部分开口近长方形，长 2.84、宽 1～1.18、深 1.3 米。墓圹四壁笔直光滑，内填黄褐色五花土。墓底西侧与北侧各有凸棱一道，高 0.15、宽 0.18 米，土坑东侧凸出部开口近长方形，东端呈圆弧状，长 1.33、宽 0.88、深 0.68 米。墓葬中出土木器 1 件。未见葬具，但据其形态，墓葬中埋葬 2 人（图五）。

图四　M259（由西北向东南摄）

M265　竖穴土坑墓，墓向 216°。墓口形状近曲尺形，由东西两部分构成，西部北端凸出。墓口东部长 2.47 米，北端宽 0.6、南端宽 0.56 米，深 0.2 米。墓口西部长 2.52 米，北端宽 0.68、南端宽 0.64 米，墓深 0.45 米。墓圹四壁笔直光滑，内填黄褐色五花土，土质较疏松。墓中未见完整随葬品。

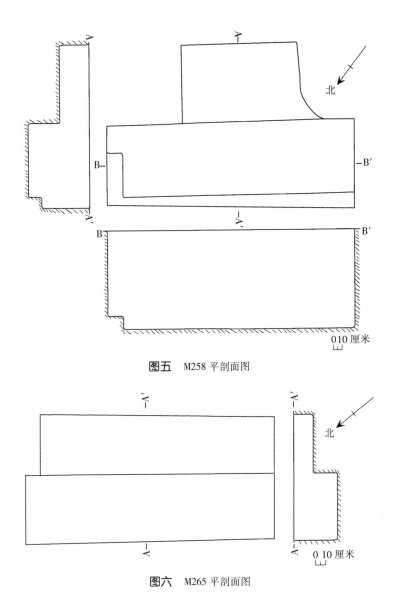

图五 M258 平剖面图

0 10 厘米

图六 M265 平剖面图

墓葬中葬具未保存，但依据墓葬形态，在墓葬东西两侧各埋葬一人（图六）。

二 随葬器物

（一）瓷器

四系罐 M347：1，直口，鼓肩，肩部饰四竖泥条系，两两相对，下腹斜直收，平底，夹砂灰陶胎，质地粗疏，外部从口沿施釉至肩部，釉层较薄，素面无纹。口径9.6、底径9.8、高28.2厘米（图七，9）。

青釉碗 根据器底和腹部的不同可分为两型。

A 型 饼足，斜腹。M299：1，圆唇，微敞口，斜腹，平底。器内满施青黄釉，器外施釉不及底。口径13.8、底径6.4、高6.0厘米（图七，7）。

B 型 圈足，鼓腹。M302：1，尖圆唇，敞口，弧腹，圈足。口沿部分残。器内外满施青黄釉。器内底及内壁饰草叶纹。口径19.2、底径6.8、高8.6厘米（图七，5）。

水盂 按肩部、腹部和底部不同可分两型。

A 型 M307：2，敛口，鼓肩，斜腹，平底。器外壁施青黄釉，釉不及底，釉层几近完全脱落。近底部施红色染料。口径3.4、底径4.8、高4.7厘米（图七，1）。

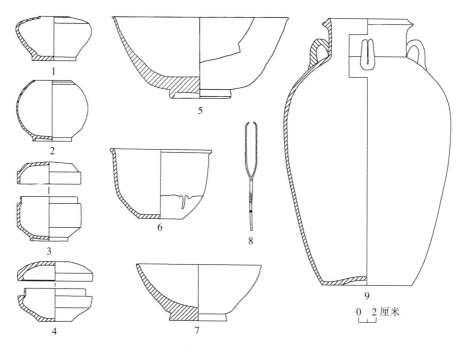

图七 出土随葬品

1、2. 瓷水盂（M307∶2、M259∶4）　3、4. 瓷粉盒（M247∶2、M259∶3）　5. 青釉碗（M302∶1）

6. 酱釉盅（M366∶2）　7. 青釉碗（M299∶1）　8. 铜镊（M247∶4）　9. 四系罐（M347∶1）

B 型　M259∶4，敛口，溜肩，鼓腹，圈足底。器内外满施黄釉。肩部装饰弦纹二道。口径 4、底径 4.2、高 6.5 厘米（图七，2）。

粉盒　可分为两型。

A 型　M247∶2，由盒盖和盒身组成，子母口。盒盖外壁从顶部中心向边缘倾斜，盒缘竖直。盒身外壁竖直，腹部斜直内收，圈足底。粉盒内壁呈平滑圆弧状。内外壁皆施白釉，素面无纹饰，口沿部分露胎。器身有三道扉棱。口径 6.2、底径 4.2、高 6.5 厘米（图七，3）。

B 型　M259∶3，由盒盖和盒身组成，子母口。顶部平，至盖缘呈圆弧形，盖内壁内收。盒身内壁平滑，外壁下部斜直，收分明显，平底。粉盒外壁施青釉，施釉不及底，釉层脱落严重。盖缘饰一道弦纹。盖口径 8、底径 3.8、盒高 5.5 厘米（图七，4）。

酱釉盅　M366∶2，圆唇，敞口，弧腹，平底。器内壁满施釉，器外壁施釉不及底，釉质不均，有流釉现象。器内壁有多道环形制作痕迹。口径 11.2、

底径 5、高 7.4 厘米（图七，6）。

（二）铜器

铜镜　M323∶1，圆形，镜背有圆纽，纽外饰左右双鸾，足踏仙枝，翩翩起舞，夹纽相对。纽上下分别为花枝、瑞草。镜缘为八出葵花形。镜背面部分锈蚀。直径 15.1 厘米（图八）。

图八 铜镜（M323∶1）

铜钱　M259∶2，开元通宝，楷书，有内外郭，直径 2.5 厘米。

铜镊　M247：4，前半段单股，截面正方形。后半段分为双股，并在末端内折，双股扁平。器身刻划网格状纹饰。长 12.7、宽 1.4、厚 0.4 厘米（图七，8）。

（三）银器

钗　M259：5，钗已严重腐蚀，残毁为三段。钗呈圆锥形，顶端较粗，到尖部逐渐变细。

三　相关问题研究

（一）墓葬年代

本次发掘的墓葬，虽然未出土纪年文字，但墓葬形制及出土器物皆具有时代特点，为其年代的推定提供了依据。

M212 是腰鼓形砖室墓，M240 是十字形砖室墓，这两种是扬州地区唐代典型墓葬[1]。M212 与镇江唐墓 M5 形制基本一致，根据出土墓志，镇江唐墓的时代为唐代中期和晚期[2]。此外，中信泰富·嘉境墓葬区与镇江唐墓出土随葬品多件形制相似：嘉境 M366：2 酱釉盏与镇江唐墓 M3：20 器形基本相同；嘉境 M307：2 水盂与镇江唐墓 M12：7 器形相似；嘉境 M259：4 水盂与镇江唐墓 M7：2 器形基本相同[3]。又中信泰富·嘉境墓葬区出土钱币绝大多数为开元通宝。另外，根据以往所做工作，在嘉境墓葬区周边曾发掘多座晚唐五代时期墓葬。综上，嘉境墓葬区墓葬的时代推断为晚唐至五代时期。

（二）随葬器物特点

本次发掘的晚唐五代墓葬，出土随葬器物数量普遍较少，常见随葬 1 至 2 件随葬品，相当数量墓葬未见随葬品。据统计，嘉境墓葬区 380 座晚唐五代墓共出土随葬品 487 件。M259、M347、M369 等少数几座墓葬随葬品数量达到 5 件以上，其器物组合分别为：四系罐、粉盒、水盂、铜钱、钗；四系罐、粉盒、铜镜、铜钱、镊子；罐、碗、水盂、铜镜、铜钱、钗。可见，三组器物的基本组合为罐和铜钱，瓷器以日用品为主，铜器和银器皆为实用器。属于扬州地区唐代墓葬分期中第一期的镇墓兽、文吏、武士、人面鸟身俑、男女侍女俑、家禽、家畜和属

于第二期的生肖俑、骆驼俑、胡人牵马俑等，在嘉境墓葬区无一例发现。墓葬中随葬品数量减少及器物风格生活化反映了唐王朝走向衰落的情形。

（三）墓葬性质

嘉境墓葬区墓葬的排布较为规律，墓葬间距均匀，据统计，绝大多数相邻墓葬间距 0.4～1 米。墓地内共发现 380 座唐代墓葬，排列密集，但无一例打破关系，可见整个墓地是有统一规划的。

《周礼·春官·墓大夫》记载："墓大夫掌凡邦墓之地域，为之图。令国民族葬，而掌其禁令；正其位，掌其度数，使皆有私地域。凡征墓地者，听其狱讼。帅其属而巡墓厉，居其中之室以守之。"郑玄注："凡邦中之墓，万民所葬也"[4]。故而李正宇认为："周代各邦国及后世之郡县皆有公共墓地，国家还制定了一套有关公共墓地的管理办法。"[5]

结合考古发掘来看，汉代扬州地区，墓葬主要集中在今扬州城西侧和北侧的西湖镇、杨庙、甘泉等地，唐代扬州公共墓地未见史料记载，但可从唐人的诗歌中看出一些端倪。诗人张祜《纵游淮南》一诗中写道："人生只合扬州死，禅智山光好墓田。"禅智即禅智寺，又名上方禅智寺、上方寺、竹西寺，故址在扬州城东北蜀冈上，月明桥北，由隋炀帝行宫改建，是隋唐时期扬州名寺之一，"在府城东一十五里，本隋炀帝故宫，后建为寺"[6]。禅智寺于清代中期以后渐废，目前邗沟中学内的蜀井是禅智寺仅有的遗存。邗沟中学在嘉境墓葬区以南约 500 米。显然，禅智寺附近地区在唐代已作为墓葬区为人所知。扬州公共墓地的存在有其内在原因，随着扬州社会经济的发展，到唐代中期，扬州人口激增，唐代早期扬州"户二万三千一百九十九，口九万四千三百四十七"，到天宝年间扬州"户七万七千一百五，口四十六万七千八百五十七"[7]。人口增加以及墓葬数量增多带给扬州地区巨大压力，集中埋葬成为必然要求，这促使扬州地区划定专门区域作为公共墓地，提前规划并长期维护。嘉境墓葬区位于蜀冈东部，地势高敞，在唐代可"凭高聊一望"，至今虽经基建破坏，仍海拔 13.6 米，故唐代选择此处作

为公共墓地。结合墓葬形制和随葬品来看，墓葬简单、随葬品数量极少，表明嘉境墓地是一处平民公共墓地。

（四）墓向的讨论

另一个值得注意的现象是墓向。在嘉境墓葬区中，晚唐五代时期墓葬的墓向范围为 3°～355°，其中 94.5% 的墓葬墓向集中在 90° 至 270° 之间。其中，墓向又分为东南向和西南向两类，分别占墓葬总数的 48.7% 和 45.8%。接近正东西和正南北的墓葬数量极少（表一）。通过 M235、M238、M306、M135、M185、M107、M60 一线大致可以将墓地分为东西两部分，东侧几乎全为东南墓向墓葬，西侧则几乎全为西南墓向墓葬，即两种墓向在空间上互相区隔（图九）。

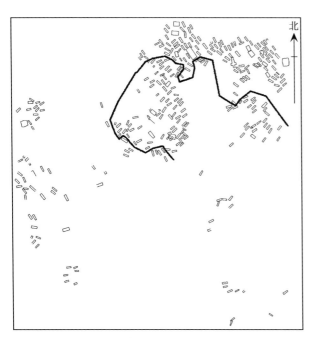

图九　墓向的划分

表一　晚唐五代时期墓葬墓向统计表

墓向	东北墓向	东南墓向	西南墓向	西北墓向
数量	11	185	174	10
比例	2.9%	48.7%	45.8%	2.6%

墓向的选择可能会考虑地势情况，即墓向指向地势较高处[8]。具体到嘉境墓地，紧邻的墓葬，所处的地势情况应当相近，对它们而言，相对的高地也应该是相同的。因此如果是以地势确定墓向，绝不会产生距离极小的墓葬墓向相互垂直的情况。就嘉境墓地的地势而言，东南向墓向和西南向墓向皆指向地势较低处。

事实上，墓向是体现人群丧葬观念的重要标志，反映了人们在丧葬活动中的某些特定习俗，是进行墓地分析需要参考的重要特征。在对北吕墓地的研究中，马赛根据棺椁形制、二层台形制将Ⅳ区墓葬分为东西二区。根据葬具和二层台形制进行区分的结果恰好与根据墓向分区的结果相同，东区恰好也是东西向墓葬集中分布的地区。因而认定"Ⅳ墓区是被两个不同的社会集团所使用的，这两个不同的人群在埋葬习俗上有着不同的区别，他们的墓地也是截然分开的"[9]。在对天马—曲村墓地的研究中，亦有学者将墓向作为墓地分区、人群划分的基础特征[10]。墓向的选择甚至可能作为人群的固有习俗长期存在，魏晋时期曹氏家族墓朝东，与东汉时期全部帝陵和绝大多数王侯墓南向截然不同，即是对曹氏家族墓葬朝东传统的继承[11]。

同时从唐五代时期扬州人群构成来考量，突发性的安史之乱延续八年之后，长安、洛阳两京和人口最密集的中原地区"闾井萧然，百不存一"，不仅土地凋残，而且地废人稀，北方人在战争驱迫下纷纷南迁，随后的藩镇割据、外族掳掠、军阀混战和饥荒灾害又加剧了北方移民的往南迁移。而当时的南方战乱相对较少，社会经济也相对稳定，对北方移民产生了很大的吸引力。因此，唐中期后一个半世纪内北方人口的南迁几乎没有终止。南迁分为东、西、中三路，其中东路自华北平原到江淮[12]。扬州作为东南水陆交通枢纽，亦是淮南节度使府所在地，必然有大批北方人口特别是华北人口涌入扬州，扬州人口急剧增加，人群构成也更加多元化。

嘉境墓葬区中，墓葬形制极为简单，葬具很少保存，因而无法从墓葬形制和葬具方面将墓地区分。通观北吕墓地、天马—曲村墓地及曹氏家族墓地，可以认为嘉境墓地墓向的区分应当为人群的划分。

至于不同人群所对应的是否为扬州本地或迁入人口，从目前的资料无法得到确切结论。

中信泰富·嘉境墓葬区此次发掘晚唐五代墓葬380座，是扬州地区目前公布的规模最大的墓葬群，为研究唐五代扬州地区乃至江淮地区的埋葬制度、埋葬习俗及社会生活风貌提供了宝贵的资料。

发掘：秦宗林　魏　旭　张富泉
　　　韩成龙　吴宝春　林海南
绘图：林海南　魏　旭
拍照：魏　旭
执笔：魏　旭

---

[1] 冉万里：《汉唐考古学讲稿》第268页，三秦出版社，2008年。

[2] 镇江博物馆：《江苏镇江唐墓》，《考古》1985年第2期。

[3] 同［2］。

[4] 吕友仁：《周礼译注》第310页，中州古籍出版社，2004年。

[5] 李正宇：《敦煌古代公共墓区开始形成于西晋》，《敦煌研究》2009年第3期。

[6] 刘馨秋、王思明：《江苏禅茶文化遗产考证》，《农业考古》2012年第5期。

[7] 《旧唐书·地理志》第1571～1572页，中华书局，1975年。

[8] 赵昊：《少陵塬墓地的墓向"同轴对立"现象》，《文博》2010年第5期。

[9] 马赛：《北吕墓地试析》，《考古与文物》2009年第1期。

[10] 林永昌：《西周时期晋国墓葬所见性别差异初探》，《古代文明》第7卷，文物出版社，2008年。

[11] 刘秀红、丁岩：《略论曹操高陵的墓向》，《中原文物》2012年第4期。

[12] 葛承雍：《唐代移民与社会变迁特征》，《中国经济史研究》2000年第4期。

扬州玉箫路东延段晚唐五代墓葬发掘简报

扬州市文物考古研究所

内容摘要：2015 年，扬州玉箫路东延段施工时发现多座汉代、六朝和晚唐五代时期墓葬，其中晚唐五代时期墓葬埋藏集中，共 27 座，为研究晚唐五代时期该地区小型墓葬提供了新的资料。

关键词：扬州　晚唐五代

2015 年 11 月，玉箫路东延段道路施工时发现古代墓葬，扬州市文物考古研究所随即派人前往，并进行抢救性发掘。发掘工作持续近一个月的时间，共清理墓葬 35 座，其中汉墓 4 座、六朝墓 1 座、清墓 3 座，其他 27 座年代集中在晚唐五代时期。

该墓地位于扬州市区东北的城北乡，地处沈家山东缘，地势较南边的城区稍高，是扬州地区汉至明清时期墓葬埋藏较为集中的区域（图一）。近几年在此地周边发现了大量古代墓葬，年代也都集中在晚唐五代时期。玉箫路东延段发现的这 27 座晚唐五代时期墓葬皆为小型土坑竖穴墓，排列有序，年代集中，其中 10 座被盗扰，未遭盗扰的 17 座墓中出土了一些随葬品，为探究长江下游地区这一时期的文化面貌提供了丰富的信息（图二）。现将主要收获简报如下。

一　发掘收获

此次清理的晚唐五代时期墓葬皆为小型土坑竖穴墓，形制统一，只随葬品略有差别。下面按照随葬品组合的不同将 17 座墓分为四类。

（一）A 类

随葬灰陶罐和灰陶杯各一件。仅 M4 一座。

坑口平面呈等腰梯形，通长 240、前宽 87、后宽 69 厘米，方向 125°。清理深度 42 厘米，棺板不存。墓中填黄褐色黏土，含少量红烧土粒，人骨不存。棺木南侧出土随葬品 2 件，为灰陶罐和灰陶杯（图三）。

灰陶罐　1 件（M4:1）。圆唇，敞口，长颈，溜肩，腹部微鼓、向下斜收，平底。素面无纹。口径 12、最大腹径 16、底径 11、高 21 厘米（图四，3；图五）。

陶杯　1 件（M4:2）。质硬，尖圆唇，侈口，斜直腹，平底。口径 6、底径 2.7、高 4.5 厘米（图四，4；图六）。

（二）B 类

随葬酱釉四系罐 1 件，皆为宜兴窑，一般都随葬铜钱，以"开元通宝"和"乾元重宝"为主。M5、M6、M14、M20、M22、M24、M25、M26、M27、M33 属于这一类。以 M14 为例介绍。

坑口呈等腰梯形，长 280、前宽 100、后宽 92 厘米，方向 240°。清理深度 48 厘米，底部仅残存棺底板，残长 210、前宽 62、后宽 42 厘米。墓中填黄褐

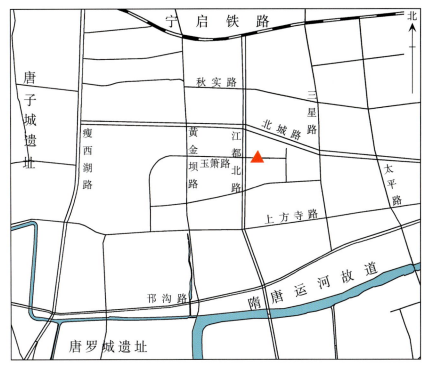

图一 玉箫路东延段葬地位置示意图

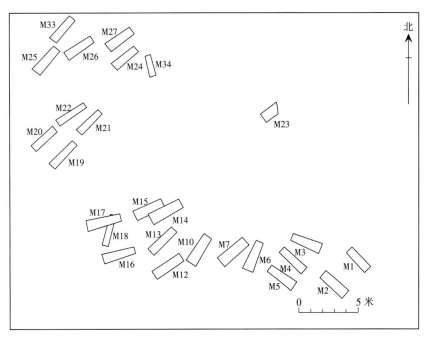

图二 墓葬分布图

色黏土，含少量红烧土粒，人骨不存。出土随葬品2件（套），为酱釉四系罐和铜钱（图七）。

酱釉四系罐　1件。M14：1，口微侈，沿外翻，颈部短直，溜肩，鼓腹，凹底。灰胎，半身施釉，釉面不均，有流釉现象。罐底残留有草编织物痕迹。口径11、最大腹径23、底径10、高24厘米（图八）。

图三　M4（由东南向西北摄）

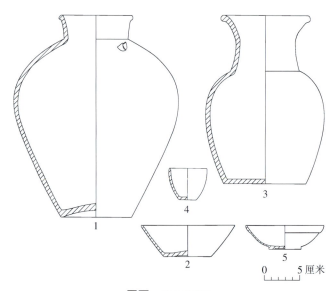

图四　出土随葬品

1. 酱釉四系罐（M7：1）　　2. 酱釉碗（M7：2）　　3. 灰陶罐（M4：1）
4. 陶杯（M4：2）　　5. 白瓷碗（M21：2）

图五　灰陶罐（M4：1）

图六　陶杯（M4：2）

铜钱　14 枚。集中置放于棺后部，其中"乾元重宝"1 枚（图九），"开元通宝"13 枚（图一〇）。

（三）C 类

随葬酱釉四系罐 1 件和碗 1 件。M7、M16 和M23 属于这一类型。以 M7 为例介绍。

坑口呈等腰梯形，长 230、前宽 84、后宽 67 厘米，方向 230°。清理深度 58～67 厘米，仅残存棺底板，残长 160、前宽 60、后宽 45 厘米。墓中填黄褐色黏土，含少量红烧土粒，人骨不存，前盒外底板

上出土随葬品 2 件，为酱釉罐和酱釉碗各一件，酱釉碗扣合在酱釉罐上（图一一）。

酱釉四系罐　1 件。M7：1，口微侈，沿外翻，颈部短直，溜肩，鼓腹，凹底。灰胎，半身施釉，釉面不均，有流釉现象。四系皆残。口径 10、最大腹径 22、底径 9.5、高 25 厘米（图四，1；图一二）。

酱釉碗　1 件。M7：2，残，侈口，斜直腹，底部中心微凹。灰胎，器身施酱釉不及底，釉面厚薄不均，有流釉现象，胎釉结合较差，表面粗糙，底

图七　M14（由西南向东北摄）

图八　酱釉四系罐（M14：1）

图九　"乾元重宝"（M14：2）

图一〇　"开元通宝"（M14：3）

部内外有 16 个支钉烧痕。口径 14.2、底径 7.5、高 4.4 厘米（图四，2；图一三）。

（四）D 类

随葬品相对比较丰富，除酱釉四系罐、瓷碗和铜钱外，还发现一些金属饰品和漆皮，M13、M19、M21 属于这一类。

M13：坑口呈等腰梯形，长 258、前宽 73、后宽 66 厘米，方向 229°。清理深度 59 厘米，底部仅残留棺底板，长 220、前宽 60、后宽 48 厘米。墓中填黄褐色黏土，含少量红烧土粒，人骨不存。棺内出土随葬品 3 件，有酱釉四系罐、瓷盂和锡发钗（图一四）。

酱釉四系罐　1 件。M13：1，口微侈，沿外翻，颈部短直，溜肩，鼓腹，凹底。灰胎，半身施釉，

釉面不均，有流釉现象。四系皆残。口径 10、最大腹径 21、底径 10.7、高 26.3 厘米。

陶盂　1 件。M13：2，口径 15、腹径 21、残高 11 厘米。损毁严重。

发钗　1 件。M13：3，锡质。朽毁严重，残长 10 厘米（图一五）。

M19：坑口呈等腰梯形，长 243、前宽 70、后宽 58 厘米，方向 240°。清理深度 25 厘米，底部仅残存棺底板，长 193、前宽 46，后宽 39 厘米。棺底铺有一层草木灰，墓中填土为黄褐色黏土，人骨不存。棺内及前盒外出土随葬品，有锡发钗、梳背、酱釉四系罐和铜钱等，还发现螺钿漆皮（图一六）。

酱釉四系罐　1 件。M19：1，残，口微侈，沿外翻，颈部短直，溜肩，鼓腹，凹底。灰胎，半身施

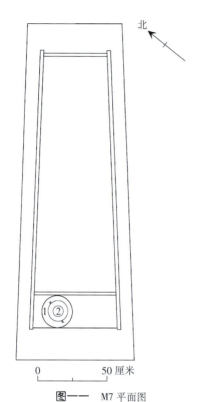

0　　　　　　50 厘米

图一一　　M7 平面图

1. 酱釉四系罐（M7：1）　2. 酱釉碗（M7：2）

图一二　　酱釉四系罐（M7：1）

图一三　　酱釉碗（M7：2）

图一四　　M13（由西南向东北摄）

釉，釉面不均，有流釉现象。四系皆残。口径 10、最大腹径 22、底径 9.5、高 25 厘米。

发钗　1 件。M19：2，锡质，朽毁严重，残长 9 厘米（图一七）。

梳子　1 件。M19：3，锡质。长 6.5、宽 5 厘米（图一八）。

发簪　4 件。锡制，痕迹残长 19 厘米。

铜钱　3 枚，散置于棺内。皆为"开元通宝"。

M21：坑口呈等腰梯形，长 243、前宽 77、后宽 57 厘米，方向 223°。清理深度 64 厘米，底部仅残存棺底板，残长 180、前宽 47、后宽 40 厘米。墓中填黄褐色黏土，残存部分人骨痕迹。出土随葬品 5 件（套），有酱釉四系罐、白瓷碗、发钗、铜镜和铜钱等（图一九）。

酱釉四系罐　1 件。M21：1，口微侈，沿外翻，颈部短直，溜肩，鼓腹，凹底。灰胎，半身施釉，釉面不均，有流釉现象。四系皆残。口径 10、最大腹径 22、高 26、底径 10.5 厘米。

白瓷碗　1 件。M21：2，侈口，厚唇沿，弧腹，玉环底，白胎致密，通体施乳白色釉，唇部有流釉现象。口径 13.7、底径 5.4、高 3.8 厘米（图四，5；图二〇）。

镊子耳挖勺　1 件。M21：3，锡质，为镊子与耳挖勺连体。长 15 厘米（图二一）。

图一五 发钗（M13:3）

图一六 M19（由西南向东北摄）

图一七 发钗（M19:2）

图一八 梳子（M19:3）

图一九 M21（由西南向东北摄）

1

2

图二〇　白瓷碗（M21:2）
1. 正面　2. 底部

图二一　镊子耳挖勺（M21:3）

铜镜　1 件。M21:4，断为两部分，各置于棺内前后。铜镜为圆形，桥形纽，宽缘隆起。镜背环绕纽装饰青龙、白虎、朱雀、玄武四神，制作较为粗陋（图二二）。

铜钱　5 枚。散放于棺内。皆为“开元通宝”。

二　结语

玉箫路东延段位于唐五代时期扬州子城之东、罗城东北，是晚唐五代时期墓葬集中分布的区域，唐代诗人张祜诗《纵游淮南》所谓“人生只合扬州

图二二　铜镜（M21:4）

死，禅智山光好墓田”，即谓此地。以往曾在该区域发掘晚唐至五代时期墓葬数百座，以小型土坑墓为主，其中绝大多数都不见可供断代参考的随葬品，少部分墓葬见有明确纪年的买地券和时代风格明显的瓷器，例如此次发掘的 M21 出土的白瓷碗，即典型的五代时期定窑白瓷。根据这些信息，我们判断这些墓葬年代集中在唐末五代时期。

该墓地所见墓葬形制统一，排列有序，相互间少见叠压现象，从墓葬的分布情况来看，至少可以分为两大部分，其中 M1、M2、M3、M4、M5、M18 和 M34 的墓向与其他墓葬有别，且分布相对集中。从 M17 与 M18 的打破关系来看，墓向东南的这部分墓葬时代似乎稍早，但至早不会早于唐末。墓葬方向的不一致有可能与五音葬法有关，此法在唐末以后颇为流行，《重校正地理新书·取宅地》上说：“江淮间安者，谓宅与墓不同，墓则随本音取向。”[1] 此处墓地或分属两大音姓，所以才有了墓向取向上的不同。

发掘：朱超龙　吴宝春
拍照：朱超龙　吴宝春
绘图：朱超龙
执笔：朱超龙　吴一丹

---

[1]［金］张谦修：《重校正地理新书》卷七《取宅地》第 57 页，续修四库全书本。

扬州邗沟中学杨吴孙四娘子墓发掘简报

扬州市文物考古研究所

内容摘要：2016 年 2 月，扬州邗沟中学（现名梅岭中学运河校区）建设工地发现了一座纪年墓，时代为杨吴天祐十三年，墓主人为孙四娘子，墓中出土了较为丰富的随葬品，为本地区的墓葬研究提供了宝贵的资料。

关键词：扬州　杨吴　五代十国　砖室墓

2016 年 2 月初，扬州市文物考古研究所接到报告，在邗江区城北乡三星村在建的新邗沟中学（现名梅岭中学运河校区）施工工地发现疑似古墓葬一座。接报后，工作人员随即前往现场确认，初步判断是一座砖室墓，并立即开展抢救性发掘工作。发掘工作共持续 2 天，清理出杨吴天祐十三年（公元916 年）纪年砖室墓一座，编号 2016YHGM88（下文称 M88）。墓中出土了木质须弥座棺床、木俑和买地券等遗物，为五代时期墓葬研究提供了重要资料。现将主要收获报告如下。

M88 位于扬州市邗江区城北乡三星村西庄组，西临三星路、南接北城路。地处蜀冈低山丘陵南坡，海拔13 米，西距唐五代时期扬州子城遗址 3.3 公里。该墓所在的蜀冈丘陵区是扬州汉至明清时期墓葬密集分布区，周边一带曾多次发现汉至明清时期墓葬，其中尤以唐末五代墓葬最为集中（图一）。

一　墓葬形制

M88 为竖穴土坑单室砖墓。墓圹平面呈南侧略宽的长腰鼓形，通长 4.19、前宽 1.55、后宽 1.43米。方向 170°。墓室砌筑于等腰梯形土圹内，上部已被机械破坏。该墓曾遭严重盗掘，南壁和西北角部分残毁严重，不见砖墙。南北在坑口下 0.45 米处各有生土二层台，北宽 0.22、南宽 0.40 米。砖墙厚0.26 米，用条形青砖两块为一组错缝顺铺垒砌，东墙体残存 30 层，西墙体残存 28 层，南墙体残存 38层。墓底铺地砖一层，南侧顺铺一排，余皆纵铺。铺地砖的规格统一，长 26、宽 13、厚 3 厘米。南墙体底部比铺地砖低 0.24 米，墙体与铺地砖之间留有0.28 米的空隙，其下即为生土，买地券置于生土空隙。墓内填青灰色黏土，夹杂少量黄褐色黏土，土质松软。因遭盗扰，填土中有较多残碎墓砖，还有较多须弥座残件和少量人骨。

底部置棺一具，棺木仅残留底板，不见盖板和侧板。底板长 2.64、前宽 0.81、后宽 0.69、高 0.36 米。侧板痕迹厚 4 厘米。从痕迹来看，棺内长 1.98 米。内棺木质致密，颜色鲜红，棺底板北侧有较多石灰，两侧残存栏杆，棺周有四阶须弥座（图二、三）。

图一 邗沟中学孙四娘子墓（M88）位置示意图

图二 M88（由南向北摄）

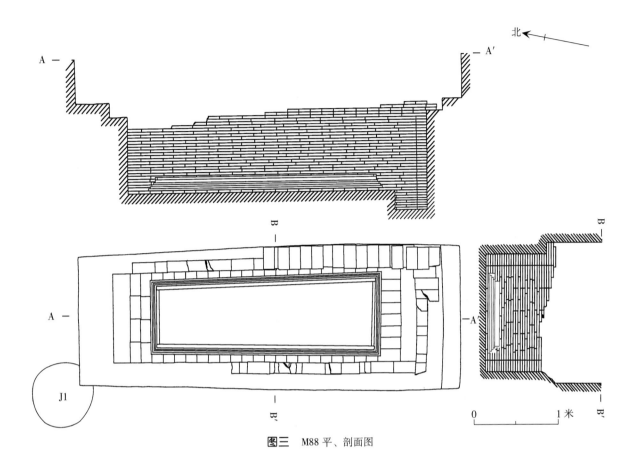

北

0   1米

图三 M88 平、剖面图

二　出土遗物

M88 曾遭严重盗扰，填土中有大量残碎的须弥座构件（图四），随葬品仅出木俑 1 件和买地券 1 方，在砌砖中还发现 1 块铭文砖。

木俑　1 件。M88：1，双鬟阔大浓厚遮住双耳，向后背梳，无发髻，面颊丰腴，双目外凸，高鼻，小口。身材丰腴，身着男装，中束腰带，双手举至胸前，双脚分开，脚部微露，腰带与双手之间有凹槽 4 个。俑身有黑色和朱色彩绘痕迹。通高 25.8 厘米（图五、六）。

铭文砖　1 块。M88：2，长 26、宽 13、厚 3 厘米，侧面模印"土"字（图七）。

买地券　1 方。M88：3，出土于南壁与地砖之间的生土空隙。墨书木板地，木板长 32.3、宽 26、厚 1.6 厘米。券板正面墨书 17 行，233 字，背面 2 行，12 字，另有道教符篆一道（图八）。

三　买地券考释

正面录文：

维天祐十三年岁次丙子九月癸丑朔三十日壬｜午，殁故孙氏四娘子年六十六，辛未土命四月生，于｜今年五月十九日癸酉丑时身终寿（1）。今为佛采｜花，遇逢天暗，魂魄不归，是以桥梁崩坏，迷失道｜路（2）。今则年随三节，月法六斋（3）。今将棺椁、壶具/并钉贰拾肆枚并随身衣物并在棺内（4）。殁故｜孙氏四娘子今又用黄铜钱九千九百九十九｜文九分买得当府城东北艮甲之方，买得｜九龙堰壹所：东有青龙卯，南有朱雀午，｜西有庚辛白虎酉，北有玄武子，中央戊己。｜土是（5）孙氏四娘子千秋万岁幽室用钱。｜虾蟆数钱，燕子分付（6）。

保人：岁月

图四　须弥座构件

1. 栏杆构件　2. 壶门构件　3. 木桥构件　4. 望柱构件　5. 望柱构件

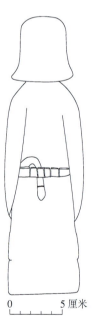

0　　　　5 厘米

图五　木俑（M88：1）

图六　木俑（M88：1）

1. 正面　2. 背面

图七　铭文砖拓片
（M88：2）

图八　买地券（M88：3）
1. 正面　2. 背面

见人：今日直符

使□□地为主界城为伴（7），古贤君子不得为扰令（8），若安生人吉利令。

背面录文：

　　□□□□断凶神
　　亡人但执此以为证据

（1）墓主人名孙四娘子，唐大中五年（公元851年）四月生，杨吴天祐十三年（公元916年）五月十九日亡故，时年66岁。关于天祐年号，唐天祐四年（公元907年），梁代唐，但杨吴"所以征战四方而建基业者，常以复兴为辞"，所以唐亡十二年，"而吴犹不敢改天祐"[1]。

（2）"为佛采花"是五代至宋时期买地券常见套语，在安徽和海南均有发现，是买地券中对死者亡故的讳称[2]。《大方广佛华严经》上说："若见桥道，当愿众生，广度一切，犹如桥梁。""桥梁崩坏"意为死者永远往生佛国，也是对人死的一种讳称，同时也表达了对死者身后归宿的祈愿。

（3）"节"应为"戒"的讹写，佛教中的"三戒"指"戒贪"、"戒痴"、"戒嗔"，"三戒"和"六斋"，在佛经中或谓"年三月六斋"，或谓"岁三斋月六斋"，或谓"岁三长斋月六斋"。墓主人生前为佛教徒，"年随三戒，月法六斋"，可见其奉佛精诚。

（4）对随葬品所列如此详细的券文在同时期买地券中比较少见，墓中曾见较多残毁的须弥座残件，"壶具"可能是指须弥座。

（5）按唐宋时流行的五音之说，孙姓为宫音，土命，与墓砖铭文可以对应。

（6）此为"含混敷衍类"用语的变体，目的是敷衍查核的地下神灵，使墓主人尽快进入地下世界[3]。

（7）"城"通"域"，"伴"通"畔"。

（8）结合上下文，"古贤君子"是指可能会对墓主人地下生活造成袭扰的鬼怪邪精之类。

四　结语

由买地券，墓主人为孙四娘子，墓葬年代为杨吴天祐十三年。其葬地，据唐元和十四年（公元819年）《唐故博陵崔公夫人琅琊王氏墓志铭》所记："以其年其月二旬有六卜葬于广陵郡江都邑章台乡鸣琴里禅智寺之北地。"[4]是知墓葬所在地扬州市城北乡三星村一带为唐五代时扬州江都县章台乡鸣琴里。

扬州地区晚唐五代时期墓葬发现较多，见诸报道并且保存较好的有东风砖瓦厂发现的九座南唐墓[5]、邗江蔡庄五代大墓[6]、钱匡道墓[7]、李娥墓[8]和康周行墓[9]。钱匡道墓、李娥墓和康周行墓与邗沟中学 M88 都集中发现于三星村一带。以往的考古工作也证明，唐五代扬州子城之东、罗城东北的一大片区域，是晚唐五代时期中小型墓葬最为集中的区域，一些地块的小型土坑墓鳞次栉比，颇为壮观。张祜诗《纵游淮南》所谓"人生只合扬州死，禅智山光好墓田"即谓此地。

杨吴—南唐时期的砖室墓本就少见，邗沟中学 M88 虽遭盗掘，但其形制保留清楚，为该地区五代墓葬的研究提供了新的资料。其与钱匡道墓和李娥墓形制基本相同，扬州地区这种左右壁外弧的长方形砖室墓最早的墓例是发现于西湖镇小刘庄（联发星领地小区中部）的一座砖室墓（图九），墓的时代为唐代早期[10]。同样形制的墓葬在长江下游及其附近地区有较为广泛的分布，如江苏连云港五代吴大和五年王氏墓[11]和常州半月岛砖室墓[12]。

图九 小刘庄 M3

M88 出土的买地券极富特色，因买地券的书写多有所本，一定时空范围内的券文内容大多雷同，而邗沟中学 M88 发现的买地券文，包括"土命""桥梁崩坏，迷失道路""年随三节，月法六斋""棺椁壶具并钉贰拾肆枚并随身衣物"和"古贤君子"等用语少见甚至不见于同时期买地券文本中，

是本次发掘一个比较难得的收获，为买地券的研究提供了较为珍贵的资料。

发掘：秦宗林　朱超龙　吴宝春
拍照、绘图：朱超龙
拓片：李久江
执笔：朱超龙　秦宗林　吴一丹

[1]　《新五代史》第 757 页，中华书局，1974 年。
[2]　黄文博：《南北朝至两宋时期买地券文"为佛采花"释读》，《中国国家博物馆馆刊》2016 年第 4 期。
[3]　朱超龙：《"东海"、"高山"、"青天"、"深泉"与神灵——关于买地券与衣物疏中含混敷衍类用语的讨论》，《中国典籍与文化》2019 年第 4 期。
[4]　王思礼等主编：《隋唐五代墓志汇编（江苏山东卷）》第 72 页，天津古籍出版社，1991 年。
[5]　扬州博物馆：《扬州东风砖瓦厂发现九座南唐小墓》，《文博通讯》1982 年第 3 期。
[6]　扬州博物馆：《江苏邗江蔡庄五代墓清理简报》，《文物》1980 年第 8 期。
[7]　刘刚、薛炳宏：《江苏扬州出土钱匡道墓志考释》，《东南文化》2014 年第 6 期。
[8]　刘刚、池军、薛炳宏：《江苏扬州杨吴李娥墓的考古发掘及出土墓志研究—兼及徐铉撰〈唐故泰州刺史陶公墓志铭〉》，《东南文化》2016 年第 3 期。
[9]　南京大学历史学院文物考古系、扬州市文物考古研究所：《江苏扬州市秋实路五代至宋代墓葬的发掘》，《考古》2017 年第 4 期。
[10]　编号 M3，通长 4.1 米，中间最宽 3.2 米，方向 215°，平面呈南北壁外弧的"凸"字形，墓室中部用砖围砌生土二层台棺床，棺床南北两侧由砌筑的四个砖墙将墓室分为 4 个部分放置器物，不见墓道。墓遭盗掘，出土瓷碗、四系酱釉罐、彩绘陶生肖俑、陶马、陶玄武、胡人俑等随葬品。
[11]　江苏省文物管理委员会：《五代—吴大和五年墓清理记》，《文物参考资料》1957 年第 3 期。
[12]　常州市博物馆：《江苏常州半月岛五代墓》，《考古》1993 年第 9 期。

扬州市岗庄明清墓葬发掘简报

扬州市文物考古研究所

内容摘要： 2015 年，扬州市城北乡黄金村基建工地发掘宋代窑址 4 座、房址 4 座、灰坑 27 座及明清时期墓葬 12 座，出土陶器、瓷器、铁器、铜器等文物上百件，为认识宋代至明清时期扬州地区的物质文化提供了实物材料。本文将 12 座明清时期墓葬简报如下。

关键词： 扬州 岗庄墓地 明清 竖穴土坑墓

岗庄遗址位于扬州市以东的邗江区城北乡黄金村，东临扬州电厂，过电厂即为京杭大运河，西近岗庄路，南毗竹西路。地理坐标为北纬 32°25′35.64″，东经 119°28′32.22″，海拔 11 米。地势开阔平坦，局部略有起伏（图一）。

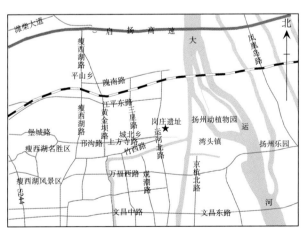

图一　岗庄遗址位置示意图

2015 年 5 月，为配合扬州市竹西智能开发产业园的开发建设，受扬州市维扬经济开发区管理委员会委托，扬州市文物考古研究所在开发范围内做了全面勘查，在地块南侧一直径约 30 米的土丘上发现古窑址。为保护这一珍贵的历史文化古迹，经国家文物局批准，扬州市文物考古研究所对其进行了抢救性考古发掘。在遗址分布区按坐标法布 10 米×10 米探方 16 座，重点发掘 6 座（其中 T0204、T0304 仅发掘西侧 5 米×10 米），发掘面积 470 平方米（图二）。发掘工作自 2015 年 11 月 5 日开始，至 2016 年 5 月结束，历时 5 月有余。共发掘出宋代窑址 4 座、房址 4 座、灰坑 27 座及明清时期墓葬 12 座，出土陶器、瓷器、铁器、铜器等文物上百件。其中宋代窑址等已另外著文发表[1]，本文将发掘出的明清时期墓葬简报如下。

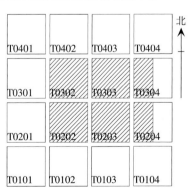

图二　岗庄遗址布方示意图

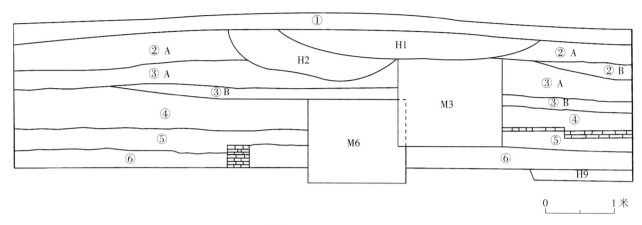

图三　T0203 北壁地层图

一　地层堆积

岗庄遗址的中上层地层堆积较为简单，但下层叠压、打破关系则较为复杂，以 T0203 北壁剖面为例，将该地块的地层关系介绍如下（图三）。

第 1 层：浅灰色土，土质疏松。孔隙大，内含较多瓦砾、碎石、瓦片等，厚 0.15～0.3 米。为耕土层。此层下开口有 H1、H2 等灰坑，及 M1、M2 等清代墓葬。

第 2 层，可分 a、b 两亚层。

第 2a 层：灰色土，土质稍硬。包含有少量瓦砾等物，厚 0.3～0.5 米。此层下开口有 M6、M9、M10 等明代墓葬。

第 2b 层，沙黄土，土质较疏松。内含有少量砾石等，厚 0.2 米。此层除了探方西北角外、在其余地方均有分布。

第 3 层，亦可分为 a、b 两亚层。

第 3a 层：灰黄土，土质较疏。内含较多砖瓦残片、少量陶盆、红烧土碎块等。此层在探方内分布较广，当是最晚一期窑址废弃堆积土，厚 0.25～0.5 米。时代可能到宋代晚期。

第 3b 层：灰色土，土质坚硬。内含少量砖瓦等碎块。此层主要分布在探方东侧，是第 3 层、第 4 层堆积之间的夹层，厚 0.25 米。

第 4 层：灰黑土，土质较疏。内含较多小砾石、砖瓦碎块及红烧土碎块，出土有陶灯盏、铜币等遗物，厚 0.2～0.6 米。时代可能为南宋晚期；

第 5 层：灰黄土，土质较疏松。内含有少量瓦砾、红烧土块、草木灰等。土层较薄，且分布不均，厚 0.15～0.4 米。时代或为北宋晚期。

第 6 层：灰黑土，土质疏松。内含有较多草木灰等，主要分布在探方北侧，厚 0.2～0.3 米。时代当为宋代中晚期。

第 6 层以下为生土层。

二　墓葬

岗庄墓地发掘的 12 座墓葬，多叠压在第 1 层和第 2 层下，有叠压、打破关系（如 M4 叠压 M8、M9，M3 打破 M6 等）。这些墓葬均为竖穴土坑墓，是在窑址废弃堆积上直接下挖而成，墓上均未发现地面建筑。多为单棺，葬式多为仰身直肢葬。编号 M1～M12（图四）。

根据开口层位、葬俗葬式、随葬品等不同，可将这 12 座墓葬分为 2 类。

（一）A 类

4 座，编号 M6、M8、M9、M10，开口于第 2 层下。这几座墓葬埋藏较深，棺木多已不存。头北足南，骸骨下均垫有草木灰，随葬器物较多。以 M6、M9 为例：

M6：主体叠压于 T0203 北隔梁下，向北延伸至 T0303 内。地层打破第 3～6 层及生土层，东侧部分被 M3 打破。墓室南北长 2.6、东西宽 1.7、残深 1.3 米，为夫妇同穴合葬墓，方向 325°。两棺并列，间 距 8 厘米左右。棺木为杉木质，均朽蚀甚重。按其位置分为东、西棺（图五、六）。

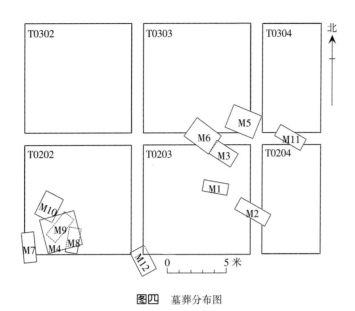

图四 墓葬分布图

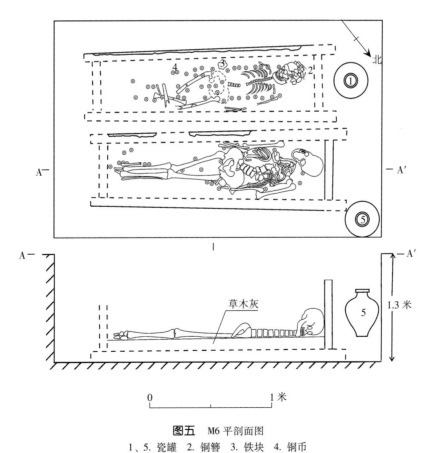

图五 M6 平剖面图

1、5. 瓷罐　2. 铜簪　3. 铁块　4. 铜币

图六　M6（由南向北拍摄）

西棺：长 1.88、宽 0.6~0.68、厚 0.05 米。棺木仅存西侧部分侧板，厚 2、残高 10 厘米。棺内骸骨酥化程度甚重，多仅存痕迹。颅骨碎裂，头向北，面向西。骨架较纤弱，可能属一中青年女性个体。

东棺：长 1.86、宽 0.56~0.64、厚 0.05 米。棺木保存稍好，出土时盖板尚存，头端挡板亦有部分残留，但较薄。棺内骸骨保存稍好，头向北，面朝下。肋骨、椎骨等摆放较杂乱，左股骨位置摆反，可能属迁葬。骨架较粗壮，可能属一中老年男性个体。

随葬器物较多，瓷罐 2 件，置于墓室内、两棺头端平地上；铜簪 2 件，出土于西棺颅骨下，残碎；铁块 1 件，出土于西棺右掌处，锈迹甚重，形制不辨；铜币数量较多，均是沿尸骸下平铺，其中西棺内计 43 枚，东棺内计 34 枚，钱文以宋钱为主，另有"万历通宝"等明钱；铁棺钉 2 枚，位于东棺东北、东南角。

M9：位于 T0202 中部，墓室南北长 2.1、东西宽 1、残深 1.75 米。方向 45°。直接埋于 H15 堆积土中。东临 M8，西近 M10。墓葬棺木已朽失，仅存痕迹。长 1.76、宽 0.6~0.72、厚 0.05 米。棺内骨架粗壮，盆骨夹角小，可能为一成年男性个体（图七、八）。

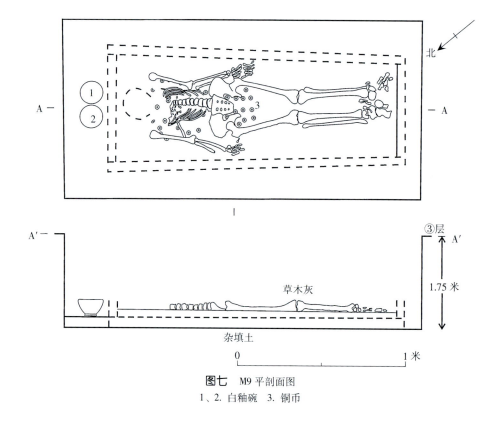

图七　M9 平剖面图

1、2. 白釉碗　3. 铜币

图八 M9（由东向西摄）

（二）B 类

8 座，均开口于第 1 层下。这些墓葬保存相对较好，棺木为杉木质，多有保存，是用 12 段带皮圆木，

每面 3 块，用两头尖钉分别钉合组装而成，头尾两端再钉以挡板。棺木较为粗糙。骸骨下均垫有白灰，其中颅骨下白灰甚厚，遇水膨胀后多将颅骨抬高。随葬器物相对较少。以 M2、M4 为例。

M2：位于 T0203 东侧，部分叠压于东隔梁下。墓室东西长 2.6、南北宽 1.2、残深 0.85 米，方向 298°。单棺葬，棺长 2.14、宽 0.64 ~ 0.5、厚 0.1 ~ 0.06 米。棺板稍朽，棺内葬一具尸骸，骨架较完整，头向西，面向上，整座骨架较为粗壮，可能为一中老年个体（图九、一〇）。

随葬器物除了铁棺钉外，仅有 1 件酱釉罐，置于墓室内、棺外头端。

M4：位于 T0202 南侧，为一穴三棺合葬墓，南北长 3、东西宽 2.6、残深 1.05 米，方向 358°。棺木间距甚小，墓底在同一水平面上，且棺木头端外有一道高度相同的奁，奁上各随葬 1 件瓷罐，另外中间棺盖上还倒置 1 陶盆。按其位置分为东、中、西 3 棺（图一一、一二）。

东棺：长 2.14、宽 0.54 ~ 0.62、厚 0.06 米。棺

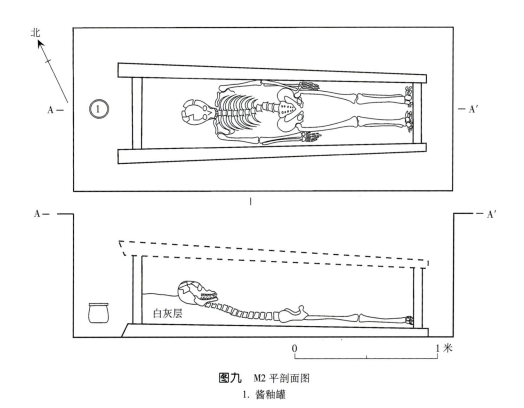

图九 M2 平剖面图
1. 酱釉罐

图一〇　M2（由东向西摄）

木保存较好，除了 3 块盖板中间一条朽落在棺内，头端挡板朽蚀稍重外，其余部分基本保存完好。棺内尸骸较完整，右臂、肩胛骨及掌骨下泛绿，可能有铜钱等物，已朽失不存。骨架较纤细，疑为一女性个体。

中棺：长 2.3、宽 0.6 ~ 0.7、厚 0.08 ~ 0.1 米。位置略偏北。棺木保存稍差。棺内骨架较粗壮，应为一男性个体。

西棺：长 2.1、宽 0.54 ~ 0.62、厚 0.06 米。棺木残朽甚重，仅存痕迹。棺内骸骨酥化程度较重，残留骨骼较为纤弱，盆骨夹角较大，应为一女性。

出土器物较多，有瓷罐、盆及铜币等。

三　出土器物

（一）A 类 4 座墓葬出土器物相对较多，器类有瓷器、铜器、铁器等。

瓷器

罐　3 件。器形均较大，多为实用器。按器形可分为 A、B 两型：

A 型，较大，2 件。器形不规整、多变形。中口、直沿、平台唇，溜肩、鼓腹，最大腹径偏上，下腹急收，小平底。标本 M6 : 5，赭红胎，粗含砂。颈部略凹，肩上饰一道阴线刻划纹，腹部不平，有压印痕，腹饰 2 道凸弦纹。褐釉，釉层甚薄，亮度差，全釉，仅外底露胎。高 28、口径 10、底径 9.8 厘米（图一三，1；图一四）。

B 型，稍小，1 件。M10 : 1，赭红胎，质地稍粗。器形稍显规整，中口、宽平沿，颈部收束，溜肩、鼓腹，最大腹径偏上，下腹斜收，小平底，外底局部尚粘有支烧物。褐釉，釉层甚薄，亮度差。全釉，仅外底露胎。高 21、口径 10.5、底径 10 厘米（图一三，2；一五）。

碗　4 件。均修复完整。釉色有白釉、青釉和青花三种。

白釉　2 件。器型基本相似。标本号 M9 : 1，沿略残。白胎，质细。器形较规整、素面，外壁局部有土沁。直口、撇沿，尖唇，直壁，下壁急收，平底、窄圈足。白釉，釉色莹润光亮、略泛暗青。全釉，仅圈足边刮釉。高 7.4、口径 14.6、底径 6.4 厘米（图一三，3；图一六）。

青釉　1 件。M10 : 3，沿略残。青灰胎，质稍粗、含砂。器形较厚重，直口，圆唇，鼓腹、平底、圈足，外壁底边局部粘沙，足底略削。青绿釉，釉色莹润光亮，全釉，仅外足底露胎，露胎处呈窑红色。高 7.9、口径 14.6、底径 6.4 厘米（图一三，4；图一七）。

青花　1 件。M10 : 2，白胎，质细。敞口、撇沿，圆唇，腹微鼓，平底、圈足。内壁沿、底边饰弦纹，底边有涩圈；外壁沿施单线、底边施双线弦纹，腹施对称 4 朵变形葵纹，间饰花叶。高 6.5、口径 16、底径 5.5 厘米（图一三，5；图一八）。

铜器　主要为铜币，另有簪等。

铜币　130 枚。圆形方孔、小平钱，有青铜、黄铜之分。保存不佳，残断、锈迹甚众，可辨钱文有"咸平元宝""太平通宝""祥符元宝""祥符通宝""淳化通宝""元丰通宝""至道元宝""元祐通宝"

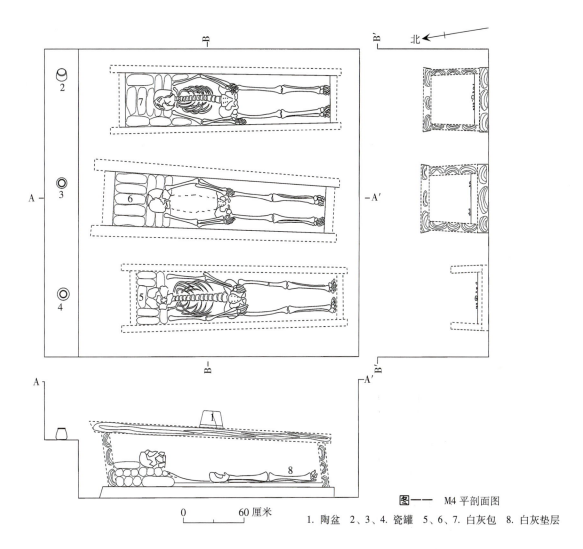

图一一　M4 平剖面图

1. 陶盆　2、3、4. 瓷罐　5、6、7. 白灰包　8. 白灰垫层

0 ——— 60 厘米

图一二　M4（由南向北拍摄）

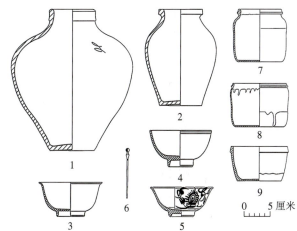

图一三　出土随葬品

1. A 型罐（M6：5）　2. B 型罐（M10：1）　3. 白瓷碗（M9：1）　4. 青瓷碗（M10：3）　5. 青花碗（M10：2）　6. 铜簪（M6：2）　7. I 式罐（M3：1）　8. II 式罐（M2：1）　9. III 式罐（M4：1）

0 —— 5 厘米

图一四　A型罐（M6:5）

图一五　B型罐（M10:1）

图一六　白瓷碗（M9:1）

图一七　青釉碗（M10:3）

图一八　青花碗（M10:2）

"天禧通宝""景德元宝""皇宋通宝""正隆通宝""万历通宝"等。

"咸平元宝"　3枚，青铜、宽缘、光背，真书，旋读。标本M9:2-1，径2.3、穿0.6、厚0.12厘米（图一九，1）。

"祥符元宝"钱　4枚。青铜，廓背、厚肉。钱文真书、旋读。标本M9:2-2，径2.4、穿0.6、厚0.12厘米（图一九，2）。

"祥符通宝"钱　3枚。青铜，廓背、厚肉。钱文真书、旋读。标本M9:2-2，径2.4、穿0.62、厚0.14厘米（图一九，3）。

"元丰通宝"钱　7枚。青铜，光背、窄廓。钱文有行书、隶书两种，旋读。标本M9:2-3，完整，隶书，径2.6、穿0.7、厚0.12厘米（图一九，4）。

"淳化元宝"钱　1枚，青铜。标本M8:1，廓背、厚肉，草书、旋读。径2.35、穿0.62、厚0.13厘米（图一九，5）。

"至道元宝"钱　3枚，青铜，宽缘，廓背。钱文有草书、真书，旋读。标本M9:2-4，完整，草书，径2.45、穿0.6、厚0.1厘米（图一九，6）。

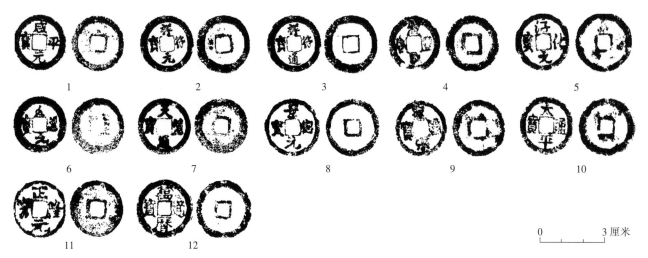

图一九　明墓出土铜钱拓片

1. "咸平元宝"钱（M9∶2-1）　2. "祥符元宝"钱（M9∶2-2）　3. "祥符通宝"钱（M9∶2-2）　4. "元丰通宝"钱（M9∶2-3）

5. "淳化元宝"钱（M8∶1）　6. "至道元宝"钱（M9∶2-4）　7. "天禧通宝"钱（M9∶2-5）　8. "景德元宝"钱（M9∶2-5）

9. "皇宋通宝"钱（M9∶2-6）　10. "太平通宝"钱（M9∶2-7）　11. "正隆元宝"钱（M9∶2-8）　12. "万历通宝"钱（M6∶6）

　　"天禧通宝"钱　9枚。青铜，光背，宽缘，钱文真书、旋读。标本 M9∶2-5，完整，草书，径 2.4、穿 0.65、厚 0.1 厘米（图一九，7）。

　　"景德元宝"钱　2枚。青铜，光背、窄缘。钱文真书、旋读。标本 M9∶2-5，略残，径 2.5、穿 0.65、厚 0.11 厘米（图一九，8）。

　　"皇宋通宝"钱　3枚。青铜，光背、窄廓，钱文字体有楷书、篆书两类，对读。标本 M9∶2-6，完整，楷书，径 2.35、穿 0.65、厚 0.1 厘米（图一九，9）。

　　"太平通宝"钱　2枚。青铜。标本 M9∶2-7，略残。廓背、厚肉，楷书、对读。径 2.5、穿 0.65、厚 0.14 厘米（图一九，10）。

　　"正隆元宝"钱　1枚。黄铜。M9∶2-8，略残。廓背、厚肉，楷书、旋读。径 2.5、穿 0.6、厚 0.11 厘米（图一九，11）。

　　"万历通宝"钱　77枚。黄铜。M6∶6，完整。楷书、对读。径 2.4、穿 0.6、厚 0.11 厘米（图一九，12）。

　　铜簪　2件。基本完整。两件形制基本相似，球形帽，环颈，方柱形身，尖足。标本 M6∶2，通长 10.7、帽径 0.8、柱身边长 0.1~0.2 厘米（图一三，6；图二〇）。

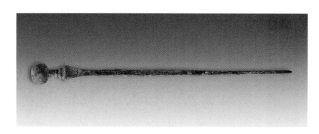

图二〇　铜簪（M6∶2）

　　（二）B 类墓葬的出土器物较少，按材质可分为瓷器、铜器、铁器等。

　　瓷器，器物类型有罐、盆等。

　　罐　6件。器形较小，红胎，质较粗疏；器壁甚薄，器形不甚规整、多变形，器底与壁多属分别制作再经粘接拼合而成，重唇口，斜壁微鼓，大平底，底边弧收。褐釉，釉层薄，釉色较晦暗，内壁沿下露胎，外壁半釉。按器形大小等差异可分为 3 式：

　　Ⅰ式　口径略小于腹径，器型较瘦高，1件。M3∶1，胎略泛黑，部有残缺。溜肩，底边外侧较光滑，但内壁粘接痕明显。高 11.4、口径 10、底径 10.2、壁厚 0.3 厘米（图一三，7；图二一）。

　　Ⅱ式　口径、腹径同宽，器型较矮胖，3件。标本 M2∶1，胎地泛赭红，器壁略束，内壁与底边粘接痕明显。外壁有流釉。高 10、口径 12.2、底径 11、

图二一　Ⅰ式罐（M3:1）

图二三　Ⅲ式罐（M4:1）

图二二　Ⅱ式罐（M2:1）

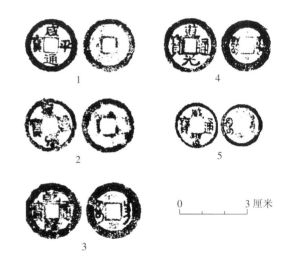

图二四　清墓出土铜钱拓片
1.（M1:1-1）　2.（M11:1）　3.（M1:1-2）
4.（M1:1-3）　5.（M1:1-4）

壁厚 0.3 厘米（图一三，8；图二二）。

　　Ⅲ式　底径大于口径，器形较小，2 件。标本 M5:2，胎色略泛红黑，器底外侧有粘接缝，是将较宽大的底部边缘上折，与稍小的器壁粘合在一块所致。高 8.7、口径 9、底径 11、壁厚 0.3 厘米（图一三，9；图二三）。

　　盆　1 件。M4:1，残半，可复原。灰黑胎，质地粗疏，含砂大。直口、宽卷沿、直壁、大平底。酱釉，釉层薄，釉面不匀，色泽不一。内满釉，外半釉，露胎处呈窑红色。高 9.4、口径 12.6、底径 11、壁厚 0.3 厘米。

　　铜器　主要是钱币，另有铜镜等。

　　钱币　12 枚。锈迹较重。皆圆形方孔钱。除 6 枚钱文可辨外，余皆锈蚀甚重，钱文不清。

　　"咸平通宝"钱　1 枚。M1:1-1，完整，青铜质。宽阔、厚肉，钱文楷书，旋读，小平钱。径

2.4、穿 1.1、厚 0.12 厘米（图二四，1）。

　　"皇宋通宝"钱　1 枚。M11:1，完整，青铜质。光背、窄廓，钱文楷书，对读，小平钱。径 2.35、穿 0.65、厚 0.1 厘米（图二四，2）。

　　"乾隆通宝"钱　1 枚。M1:1-2，完整，黄铜质，色略泛红。背面满文"宝泉"。径 2.4、穿 0.6、厚 0.13 厘米（图二四，3）。

　　"道光通宝"钱　2 枚。完整，黄铜质，背面满文，质地不一，大小有别。M1:1-3，较大，字体较清晰、疏朗。径 2.4、穿 1.1、厚 0.13 厘米。M1:1-4，较小，字体较密。径 2.3、穿 0.6、厚 0.12 厘米（图二四，4）。

图二五　铜镜（M7∶1）

图二六　M9下铜币摆放（由东向西摄）

"咸丰通宝"钱　1枚。完整，黄铜质。M1∶1－4，质劣轻小，背面满文。径1.8、穿0.6、厚0.12厘米（图二四，5）。

铜镜　1件，M7∶1，基本完整。素面，圆形、片状，略凸，边缘有4个圆形小孔，背面无纹饰、无纽，正面较光亮。径11.7、厚0.1厘米（图二五）。

铁器　数量较多。皆为棺钉，伞形帽，方形柱，下端略细。多锈毁严重。

四　结语

岗庄墓地是我们在发掘岗庄宋代窑址的过程中发掘的12座晚期墓葬，墓葬规模小，数量少，出土器物少，故很难对其进行全面系统的比较研究，现就其涉及的一部分问题略作探讨。

1. 墓葬时代

此批墓葬均未发现能直接判定其具体埋藏时间的实物资料，只能根据其随葬器物等来略作探讨。这12座墓葬中，M6等4座墓葬中出土的钱币，除了宋、元时期钱币外，最晚的当属明中晚期的"万历通宝"。同时所出的青花碗，其纹饰与明万历时期青花器物上的杂宝纹类似[2]，据此推测这几座墓葬的时代属明代。而其他8座墓葬所出钱币除了宋钱外，还有清乾隆、道光、咸丰等年代的，结合这几座墓葬所出的类型基本雷同、质地粗劣的瓷罐等物来分析，其时间可能为清代。

2. 墓葬形制、规模及其反映的特征

从墓葬形制、规模等来看，此墓葬区均属竖穴土坑墓，墓葬规模小，有单棺和夫妇同穴合葬墓两种，葬式多采用仰身直肢葬，随葬品中的罐或碗多置于墓室内、棺外头端，尸身下的灰层中多撒有铜钱等（图二六），这种葬俗在明清时期墓葬中属常见。而在夫妇合葬墓中，女性的棺木大小、摆放位置、随葬品的多寡等都与男性棺存在着细微的差别，这也是当时男尊女卑的社会现象的反映。

此批墓葬中，较早的明代墓葬尸骨下多采用草木灰垫衬，随葬品相对较多，随葬的罐、碗等多为实用器；而清代墓葬多采用白灰来垫衬，随葬品相对较少，且随葬的瓷罐壁薄质劣、器形不规整，可能是专为随葬烧制的模型明器。这种现象，当属葬俗上的一种变革，有可能因为当时社会动荡、普通平民生活受之影响，从而反映在墓葬方面，当然也不能排除当时人对很早以来盛行的丧葬习俗中的视死如生等方面观念认识上的变化。

另外，此批墓葬中还完整揭露出明墓在垫尸灰层中摆放钱币的方式，是按人体的位置，重点在腰腹处，在盆骨、双臂部位下有增摆延伸，钱币摆成4排，数量密集，但连线不直，币面正反不定，平面呈束腰元宝形。这种摆放方式，客观反映出古人寄托哀思、希冀亡者能够在阴间或来生富贵的一种心理情结。

3. 墓地的地理位置、历史背景及其意义

岗庄墓地位于明清扬州城东北约4公里处，属扬州城郊。这里地处长江北岸的一级台地上，是扬州城北蜀冈的东缘[3]，汉唐以降一直作为扬州居民的墓葬区，一直沿用至今。周围墓葬星罗棋布，这几座墓葬便是其中的一小部分。

明清时期，扬州城是两淮盐业的中心和南北漕运的枢纽，所谓"扬州为南北之冲，四方贤士大夫无不至此"[4]，当时扬州城东沿运河两岸市井相连，商旅辐辏，富商大贾麋至鳞集，经济十分繁华，特别到清代康雍乾时期达到发展巅峰，"扬州繁华以盐盛"[5]。商业的发达造就了扬州地区官宦士族和富户的富庶，这在其墓葬规模、陪葬品规格等方面都有反映[6]。但距离城区不远的岗庄墓地却是另外一种景象，这里地处京杭大运河边缘的滩涂高埠，是一处相对较集中的墓茔之地。墓葬规模小，坟茔密集，随葬品相对较少，应属一处普通平民的墓葬区。这种状况也是当时社会贫富差距严重的反映。

这批墓葬的发掘，为扬州地区明清时期普通平民在丧葬习俗等方面的研究提供了实物资料。

发掘：李久江　罗录会　周　赟

绘图：罗录会

摄影：罗录会　张富泉

执笔：周　赟

[1] 周赟、秦宗林：《江苏扬州邗江岗庄宋代窑址发掘简报》，《东南文化》2019 年第 2 期。

[2] 刘兰华、张向南：《中国古代陶瓷纹饰》第 457 页，故宫出版社，2013 年。

[3] "蜀冈一名昆冈，它本身是一条黄土岗，延伸入六合、仪征和邗江境内……愈向东愈低，至运河东逐渐消失不见。"王煦柽、王庭槐：《略论扬州历史地理》，《南京工学院学报》1979 年第 4 期。

[4] ［清］李斗著、陈文和校注：《扬州画舫录》第 216 页，广陵书社，2014 年。

[5] 当时经扬州，运销的盐 168 万引，"盐课居赋税之半，两淮盐课又居天下之半"。［清］单渠、沈襄琴等编：《两淮盐法志》卷五十五，嘉庆十一年（公元 1806 年）刻本。

[6] 扬州地区发掘的同时期墓葬中，规格较高的多为砖砌墓廓，随葬品丰富，且位置较佳，多属祖茔之地。参见吴炜：《扬州明墓》，《扬州文博》1991 年第 1 期。

扬州蜀岗最早城址

——春秋吴邗城之探寻

汪　勃（中国社会科学院考古研究所）

内容摘要： 扬州蜀岗最早城址——春秋时期吴之邗城的地望与广陵城之所在关系密切，随着相关考古发掘工作的继续开展，汉广陵城逐渐变得清晰，楚汉广陵城城圈沿革关系的逐步解明、战国楚广陵城相关遗构的发现，为邗城的探寻提供了线索。本文概述了吴王与邗王、邗城与邗沟、邗城地望相关认识等相关文献或古文字研究，介绍了楚、汉广陵城相关考古发掘结果，从邗沟和邗城的位置关系、楚、汉广陵城相关考古发掘结果、历史文献、蜀岗古城地貌特征和相关考古发掘勘探的结果等方面推测，扬州蜀岗春秋时期吴之邗城，是吴王夫差为北上称霸而修筑的扼守邗沟河线节点的一座规模较小的军事性城堡，位于蜀岗古城东南隅的可能性较高。

关键词： 扬州　蜀岗　城址　邗城　广陵城

扬州城的建城史或始自春秋时期之"吴城邗"，扬州蜀岗古代城址（以下略为蜀岗古城）范围内或有春秋时期的吴国城址——邗城。就邗城的名称及地望，近年来并无新的考古发现；并且，即使在蜀岗古城范围内找到春秋时期城址，除非出土确切的文字材料，从考古学的角度也很难肯定其就是春秋时期吴之邗城。蜀岗古城包涵春秋吴邗城、战国楚汉六朝广陵城、隋江都宫城和东城、唐子城、宋堡城和宝祐城等主要历史时期修筑的城池，随着相关考古发掘工作的继续开展，宋堡城和宝祐城、唐子城的城圈已经基本清楚，汉广陵城逐渐变得清晰，隋江都宫和战国楚广陵城的相关遗构已经发现，邗城的相关问题随之突显，探寻扬州蜀岗最早城址——春秋吴邗城之所在，到了该提上日程并去努力解明的时候。

若蜀岗古城范围内确有春秋时期的城址，且其与邗城相关，那么该城址就和与"邗"相关联的邗国、邗王、邗沟等有着密切的关系。因此，本文从梳理邗、邗王、邗城、邗沟相关资料入手，结合楚、汉广陵城相关考古新发现资料，把握可能存在于蜀岗古城范围内的春秋吴邗城相关背景资料，提出邗城位于蜀岗古城东南隅的可能性较高，希望能为后续考古工作的计划和开展提供一点思路。

一　吴王、邗城、邗沟

（一）吴王与邗王

郭沫若认为"邗字或省作干"[1]。干，甲骨文干作"丫"，本义为以手执叉；邗亦为国名，《说文·邑部》："邗，国也，今属临淮。从邑，干声。一曰邗本属吴。"[2]邗国不见经传，在先秦文献中仅见于

《管子·小问》："桓公使管仲求宁戚，宁戚应之曰：'浩浩乎。'管仲不知，至中食而虑之。婢子曰：'公何虑？'管仲曰：'非婢子之所知也。'婢子曰：'公其毋少少，毋贱贱。昔者吴干战，未龀不得入军门。国子挝其齿，遂入，为干国多。'"据此可知，邗与吴是两个国家，邗国或为吴国所灭，邗国灭亡的时间当在管子（约公元前 723 或公元前 716 ~ 前 645 年）之前。

吴灭邗之后，吴王寿梦和夫差亦曾自称"邗王"。北京故宫博物院藏，可能铸于周简王元年（公元前 585 年，吴王寿梦元年）的"邗王是埜戈"铭文为："邗王是埜〔野〕乍（作）为元用。"[3] 此"邗王"即吴王，因"是埜（野）"即寿梦。大英博物馆藏、发现于河南辉县"赵孟庎壶"（或称禺邗王壶）铭文作："禺（遇）邗王于黄池，为赵孟庎（介）。邗王之惕（赐）金，台（以）为祠器。"[4] 由于该壶铭文所记载的应是发生于周敬王三十八年（公元前 482 年，吴王夫差十四年）的黄池会盟，故而铭文中的"邗王"当即吴王夫差。

与春秋吴之邗王相关的出土器物还有工𫑡太子剑和工𧸄王剑。

淮南市蔡家岗赵家孤堆战国墓中出土有工𫑡太子剑，其文释为："工𫑡大（太）子姑发眂反自乍（作）元用，才（在）行之先，以用以获，莫敢御余，余处江之阳，至于南行西行。""工𫑡"即古书中的"句吴"，"姑发眂反"郭沫若、商承祚等先生认为是吴王寿梦长子诸樊。此铭诸樊自谓"余处江之阳"，反映了太子其时的居地，对此学术界有"言吴在长江之南"、吴在淮河之南故以河南的地带为阳、作器者居于长江之北即此剑出土地一带等三种解释。古代"江"一般专指长江，山南水北为阳，则"江之阳"是长江之北；"余处江之阳"正好说明诸樊任太子之时、吴王寿梦时期，吴国的国都在长江北岸[5]。

山东沂水北坪子残墓中出土的工𧸄王剑铭与工𫑡太子剑铭十分接近，其铭云："工𧸄王乍（作）元巳用，□又江之台（涘），北南西行。""又"即治，

见《尔雅·释诂下》、《书·禹贡》"淮沂其乂"，《史记·夏本纪》引而释作"淮沂其治"。"又江之台"之"台"可释为"涘"，就是说"在长江岸边治理（国家）"。说明当时的吴王与吴王寿梦时的太子诸樊所居住之地在长江北岸边上。《中国历史地图集》把西周时的"干"标在紧靠今扬州市的北边，把春秋时的"邗"标在紧靠今扬州市的西北边[6]。也有意见认为，先秦时期"江"之称谓非长江专属[7]。

（二）邗城与邗沟

探寻邗城，必须理清邗沟与邗城的位置关系。《左传》和《水经注》中有邗城和邗沟的修建时间和所在地望的相关记载，然而，对其理解不尽相同。

《左传》哀公九年（周敬王三十四年，公元前 486 年）载："秋吴城邗沟通江淮"，杜预注曰："于邗江筑城穿沟，东北通射阳湖，西北至末口入淮，通粮道也。"

就此 8 个字，可作多种理解：

1. 句读不同，或为"秋，吴城邗，沟通江淮"；或作"秋，吴城邗沟，通江淮"。

2. "城"字作为动词，即在"邗"筑城；亦可当成名词，即以"邗"为"城"。

3. "城"字作为动词，可为新的筑城，也可是在旧有城池的基础上修筑。

4. "吴城邗"，可以是吴在邗地筑城、修城或以邗为城；"吴城邗沟"则是吴在邗沟附近新筑城或修城。

5. "邗沟通江淮"或"沟通江淮"，没有太大的歧义。

《水经注·淮水》就"又东过淮阴县北，中渎水出白马湖，东北注之。"注解道："县有中渎水，首受江于广陵郡之江都县，县城临江。应劭《地理风俗记》曰：县为一都之会，故曰江都也。县有江水祠，俗谓之伍相庙也。子胥但配食耳，岁三祭，与五岳同。旧江水道也。昔吴将伐齐，北霸中国，城下掘深沟，谓之韩江，亦曰邗溟沟，自江东北通射阳湖。《地理志》所谓渠水也。西北至末口入淮。自

永和（公元 345～356 年）[8] 中，江都水断，其水上承欧阳埭，引江入埭，六十里至广陵城。"[9]

吴（邗）王夫差在邗地所开凿之"沟"称作"韩江"或"邗溟沟"，后来多称作"邗沟"。邗沟"通江淮"也好，"沟通江淮"也罢，都是把江、淮连通起来的意思。关于邗城和邗沟的相关研究较多，在此须要提到邹厚本《扬州春秋邗城相关问题的探讨》（以下略为《探讨》）[10] 和武廷海、王学荣《扬州水道与城市规划建设新探》（以下略为《新探》）[11]，这两篇文章对于判定邗城地望极有价值。

《探讨》认为战国以前今江苏境内南北向交往的东、中、西三线，东线从古淮河入海口附近今阜宁北沙，沿串场河一线，经盐城刘庄入东台，抵达海安，天然构筑成为早期文化南北交融的长廊长江以南崧泽文化、良渚文化因素通过东线向北传送是主流，是由南向北渗透的活跃时期；东线迄今为止东线并没有发现过西周、春秋时期的遗址，说明当时南北交往可能已经改线。西线属于地山丘陵区域，北起淮水南岸的盱眙，南跨长江抵宜兴溧阳丘陵，区内地形以六合、仪征丘陵、南京浦口的老山山脉形成的丘陵、盆地、河谷平原交错分布的综合地形地貌。中线为中低周高的平原（里下河平原），或称其为江淮东部地区，河道纵横连网，演变成南、北文化交往输送的水上通道；与邗城、邗沟问题直接有关的，是中线临近射阳湖区域发现了一处重要的吴文化遗址——宝应夏集双琚遗址，这是迄今所知长江以北唯一的单纯的春秋晚期的吴文化遗址，说明吴国人早于邗沟开凿年代已进入中线，较长时间居住生活在此，对中线水上通行的方法十分清楚，这种认知度对邗沟线路的确定和凿通是十分重要。

《探讨》确定中线是开凿邗沟的最佳路线：吴国地处水乡泽国，"以船为车，以楫为马"，舟师是其军事上的优势。东线离海很近，吴人可从海上到达古淮入海口，再由淮西进北上，但海上风浪颠簸，行船艰难，冒险系数增大，且绕道路程远。西线近楚、吴边界，且以旱路为主，庞大的军队不可能采用避其优趋于劣的行军方式，即使走西线亦是通过

海上经淮河抵达善道（今盱眙）再北上会盟争霸。吴国见于文献记载的早期历史很少，到了春秋晚期，自吴王寿梦开始，国力渐强，其经略方针为"西破楚，南服越，北交好齐晋，中原争霸"，在对付楚、越强敌时，有学者研究吴曾开凿过人工河道胥溪和百尺渎，此说尚存争议，但我以为吴开邗沟在上述伐楚、伐越之后，若能成立，则它们为吴开邗沟提供了充足的技术准备，在此以备一说。同时，中线是由吴都北上的最佳通道，既路程短，又快捷。《越绝书·吴地记》中，有"出平门，上郭地，入渎，出巢湖，上历地，过梅亭，入杨湖，出鱼浦，入大江，奏广陵"的记载。开凿邗沟的过程中，先期需选择线路，筹划人员、物资，从吴国核心区域到达江北，中间隔着浩浩长江，在长江北岸需要建造一座补充物资、粮饷的桥头堡式城市，选择在蜀岗上筑城是理想的选择。

《新探》从长江岸线、运河、五塘等方面梳理了扬州历史水系的变迁，特别是邗沟与运河的变化情况，探索了不同历史时期与扬州运河及城市发展相关的春秋时期邗沟、隋代山阳渎与邗沟、唐代七里港河、宋代大运河、江岸与湖泊水系等水道变迁以及春秋邗城的位置与规模等。该文指出：春秋时期的长江口还是一个喇叭形河口，喇叭湾的顶点在今仪征附近，扬州以下还是开阔的海湾，扬州以上才具江形；当时的长江北岸就在蜀冈南缘，大致在今仪征市西北的胥浦、扬州市东北的湾头和江都市东北的宜陵一线；由于水面宽阔，今扬州与镇江一带长江不能径渡，过江要到今扬州的上游，因此春秋末年吴王夫差渡江北上，也要在江南沿江西行，至"江乘"附近渡江，然后沿江北东行至今扬州一带北上；而在长江北岸，由于漫滩发育，吴王夫差即在蜀冈之下开凿人工运河邗沟以便通行；由于蜀冈以南冲积平原还没有完成形成，邗沟与江岸线距离不太远，可以依据邗沟运河开凿的路线和位置确定长江北岸的走势。

《新探》梳理了长江北岸线的南移变化状况，明确了历代开凿运河的河线均是使用了之前的长江古

线路，说明邗沟极有可能就是沿着蜀岗南缘史前时期的长江古岸线开凿的，揭示出了扬州城沿革发展与河道、特别是邗沟与邗城的密切关联。

关于邗城的性质，或认为"邗城是春秋末期的吴国都城，也是见诸文献的吴国最后一座都城"，其理由主要有二：其一，根据《左传·庄公二十八年》中："凡邑有宗庙先君之主曰都，无曰邑。邑曰筑，都曰城"，而《左传》中记载的是"吴城邗"，因此夫差之邗城当是吴之"都"。其二，通过对吴国都城性质的分析可见，吴国只有"都"而没有"邑"，吴国所有的城都是都城，这在春秋时期可能是一个特例；吴国的都城即战争指挥中心或战争指挥机构所在地的军事城堡，而不是国家的宗教、政治、经济、文化中心；邗城是吴国都城中的例外，也是唯一一座不用"句吴"音译的吴国都城[12]。

总之，吴王夫差于公元前 486 年在江北筑了城是无疑的，若邗早在公元前 7 世纪既灭国于吴，那么夫差在公元前 5 世纪所筑之城，或因夫差亦自称邗王而名之"邗城"，或因夫差以邗国旧城为基础重新修筑或增筑，也或者是为了北上伐齐而先开凿邗沟、再在邗沟的重要节点筑城守卫——夫差所开之运河被称作"邗沟"，那么其在扼守邗沟河线的节点上所筑之城，既在邗地，又与邗沟关系密切，同理当然亦可称作"邗城"。至于吴之邗城的地望，从目前推测的邗沟河线与周围地形的关系来看，尚不能完全肯定就在蜀岗古城的范围之内，然而夫差"城邗"无疑标志着扬州这座运河城市的诞生，也奠定了扬州此后作为沟通江淮的城市的重要战略地位。

（三）邗城地望相关认识

迄今，关于春秋吴邗城地望有三种认识[13]：

1. 在西汉临淮之地。《说文》："邗，国也，今属临淮。"段注云："许云今属临淮者，许意邗国地当在前汉临淮郡，不在广陵也。"依此说即今洪泽湖北岸一带。

2. 在越地余干，即今南昌市之东的余干一带。《汉书·货殖传》孟康注云"干越，南方越名也"；《太平御览·州郡部》十六引韦昭注云"干越，今余干县，越之别名也"；《越绝书》言姑苏县娄门外有"马安溪上干城者，故越干王之城也，去县七十里"等。近人陈梦家先生认为"干越"为越族之一，《越绝书》干王即《管子》的干国，亦为越族，并以为"吴都本干城"，而"姑苏县西北五十里至八十里间，其地为越无余及干王所都，干遂、干溪皆在其地"。

3. 在汉广陵郡江都一带，即今扬州市一带。

广陵郡江都一带，即在今之扬州市（含仪征）范围内，又可细分为 5 种意见[14]：

1. 邗城城址范围东起象鼻桥，西至观音山，南起梁家楼，北迄尹家桥。吴邗城、楚广陵城、西汉吴王刘濞都城应处于同一地理位置。1978 年调查发掘报告和研究，推定邗城东界即为编号Ⅰ号城垣的东墙，Ⅱ号城垣的西墙应是邗城的西界，Ⅱ号城垣北墙西段是邗城的北界，邗城南界即蜀岗南缘。同时以城壕外古河道的流向与相传邗沟的关系作为辅证[15]。

2. 文献记载邗城与邗沟并提，说明邗城尾闾之上，今蜀岗古城址东部构筑年代较早于西部，吴邗城、楚广陵城当在汉广陵城的某一区域[16]。

3. 蜀岗古城址的东南隅，地形地貌较特殊，四面环壕的封闭单元，推测该范围与春秋时期吴之邗城地望相关[17]。

4. 春秋邗城、战国广陵城不在同一位置，邗城应在邗沟故道之北的蜀岗上今沈家山，并以该处出土过一些战国遗物为依据。由于春秋时期邗城存在时间短，后为战国人入居，反证此地可能是邗城位置[18]。

5. 邗与佐安疾读声近韵同，佐安城可能为邗城的同名异译，认为邗城不在扬州，而在仪征胥浦佐安，邗国故城可能在春秋佐安城城址之下[19]。

二 楚汉广陵城相关考古发掘

扬州蜀岗最早城址——邗城的地望与楚汉广陵城之所在关系密切，楚广陵城相关遗构的发现、楚汉广陵城城圈沿革关系的逐步解明，为春秋吴邗城的位置和范围的探寻提供了线索。邗国的城址或不止一处，就春秋"吴城邗"的相关研究虽然已经颇为深入，然而目前来看，若想最终解决这一问题，还是必须依靠考古学上的证据。由于文献中有与楚广陵城和邗城的位置关系相关的记载，在邗城无迹可寻的状况下，从楚广陵城相关考古发掘入手去探寻邗城，也不失为一个可行的方法。

蜀岗古城的考古发掘工作中，1987和1989年的发掘结果已经表明楚广陵城的存在；2013～2015年该城址北城墙西段东部城门遗址（以下略为YS-NWM）中战国楚至汉初木构水涵洞遗迹的发掘和遗构木材[14]C年代的测定，揭露出了与战国楚广陵城相关的遗构；加之历年来在整个城圈上的发掘结果，目前已经可以明确，蜀岗古城的北城墙西段与战国广陵城相关。那么，若邗城与战国广陵城的位置记载无误，则邗城的探寻就并非捕风捉影之事了。然而，扬州城遗址历代城址的层叠性，使得若想通过考古发掘来解明楚广陵城，就必须从叠压在其上的汉六朝广陵城、隋江都宫城和东城、唐子城、宋堡城和宝祐城来层层剥茧抽丝以寻找邗城相关线索。

楚、汉广陵城范围的确定，对于确定汉吴王濞城即广陵城、解明广陵城与东阳郡的关系、追寻邗城解读扬州城的历史等问题，都具有非常重大的意义。蜀岗古城城圈的始筑年代不尽相同，解决这一问题正是探寻楚汉广陵城的关键。汉广陵城相关考古发掘较多，从文献记载和发掘结果来看，汉广陵城是以楚广陵城为基础进行修缮或扩建的，因此，以汉广陵城的发掘和研究为切入点，来探寻楚广陵城就显得较为可行；而楚广陵城位置和范围的端倪，则是探寻邗城的线索。

（一）汉广陵城相关考古发掘

为了探寻汉广陵城的面貌，近两年又继续在北城墙上选点进行了发掘，除了西段东部YSNWM战国楚至南宋晚期城门遗址之外，还在中段西部揭露出了汉唐时期城墙与宋宝祐城北城墙的接合点，在东段西端外（西）侧发掘出了汉至南宋时期的城壕遗存。并且，为了探寻广陵城南城墙之所在，还在城址西南隅发掘了几处疑似有夯土的地点。另外，在

宋宝祐城东门北侧城墙和北城墙东段的发掘中，还在南宋时期的夯土城墙底下找到了直接叠压在生土之上的汉代地层堆积。

1. 北城墙和北城门、北城壕

蜀岗古城北城墙上既有的考古发掘较多，有城圈西北角的YZG1（YSTG2）和西段上的YZG3、YZG5、YSNWM（其东侧即YSTG3），在中段上有ER59（西段和中段的连结位置）、EL6及其周边，在东段上有YDG1～YDG7、东段西端YSTG4A和YS-TG4B、2处豁口YSTG5A和YSTG6A、东端外拐角YSTG7A等[20]，在YDG1最下层夯土偏上部、YS-TG4A和YSTG6A内夯土起基处，还各发现1个直口圜底筒形陶罐。这3个类似的陶罐均东西向横置，位于夯土墙体底部或接近底部，推测或是用于墙体奠基的某种仪式。这些地点的发掘结果表明，北城墙西段的汉代夯土墙体之下有战国时期的遗存，而中段、东段的汉代夯土墙体是直接叠压在生土之上的。因此，在北城墙上追寻到战国楚广陵城和汉广陵城的分割点，为找到解明楚汉广陵城沿革的切入点就显得极有必要且较为可行。

北城墙东段上的YDG3内除了出土有"北门壁"城砖，还有门砧石等遗物，反映出该地点或许有门址，然而该门址是否与汉广陵城的城门相关尚有待今后的发掘结果；TG5A、TG6A的发掘结果表明，北城墙东段上现有的2处豁口可能与古代城址的道路或城门类设施无关，TG5A豁口在明清时期已被破坏至生土，存在门道的可能性不大；TG6A豁口应该没有过城门类设施。北城墙上目前可以确认与汉广陵城相关的城门，是西段东部的YSNWM，该门址内涵可以分为战国楚～南宋晚期共八期遗存[21]，其中第二期遗存即为汉代城门，包含陆城门东边壁和其下填垫夯土以及补筑夯土墙体，陆城门东边壁仅残存数层砌砖，南北向，方向4度，基槽底部海拔14.55米，边壁残长约11.75、宽约0.85米；该期陆城门修建于前期水涵洞之上，而此处需要有沟通城内外水系的水工设施，故推测其西侧水窦的上限或与该期陆城门接近。综合各种因素，推测该期遗存

的时代当不早于汉代，城墙和城门砌砖边壁的修筑年代当不晚于汉武帝时期。

YSNWM 的发掘结果进一步明确了北城墙西段汉代夯土墙体之下有战国楚广陵城的相关遗存，结合 YZG5 的发掘结果可以得出楚汉广陵城北城墙的分割点可能位于 YZG5 以东的判断。这个分割点，既是解决楚、汉广陵城位置关系的关键节点，又是探寻"邗城"之所在的重要位置。并且，南宋时期修筑的宝祐城因何恰好在该节点附近向东新筑城墙也值得深思。为了追寻这个分割点，又选择了位于 YZG5 以东现代道路东侧的、宋宝祐城北城墙和蜀岗古城北城墙的交结点（ER59）进行了发掘。ER59 的发掘结果表明，该地点有分别始筑于汉、隋唐、南宋时期的三期夯土墙体。汉代夯土墙体夯筑在东高西低的生土之上，外侧有基槽，夯土底部、残存顶部海拔分别为 15.60 和 18.55 米。由此推测，若楚、汉广陵城交接的关键节点尚未被完全破坏，就位于 YZG5（位于探区 B0513 东部）和 2014B0414T3CTG1 之间约 30 米的现代道路及其两侧之下[22]。

2014 年在北城墙中段和东段连结位置的南北向墙体外（西）侧、现代河沟东侧发现了早、晚两期城壕。早期城壕方向 350 度，宽 21.6、发掘深度深约 2.4 米（其下出水，未能至底），沟内堆积可分为 4 层，均出土有外素面内布纹或外绳纹内素面的筒瓦、板瓦残片以及陶瓷器残片、残砖等。晚期城壕方向 356 度，宽 11.55、存深 0.1 ~ 0.3 米。早期城壕之下、生土之上还有一层 0.65 ~ 0.85 堆积，其内出土有灰陶盆口沿、弦纹灰陶罐口沿、外绳纹内素面或外绳纹内乳钉纹的筒瓦和板瓦残片。另外，该地层堆积之下还有一个灰坑，坑内填土中出土有橙色陶片。两期城壕之间的地层中出土有汉唐时期的遗物，而晚期城壕之上的地层堆积中出土有宋代遗物。早、晚两期城壕底部、顶部的海拔分别为 11.50（未到底）、13.60 米和 13.13、13.45 米，可与其东侧南北向汉代夯土墙体西侧基槽底部 15.6、南端底部 15.8 米的高程以及唐北宋时期城壕水位线不高于 13.68 米、南宋晚期城壕水位线高程约为 14.5 米等

数据相比照，加之早期城壕之下的地层堆积中包含有汉代遗物，可以确定早期城壕的开挖时代不早于汉代，早期城壕可能一直沿用至北宋，废弃于唐子城之前，而晚期城壕当与南宋初期修缮的宋堡城相关。总之，该城壕的发掘，进一步增加了北城墙中段和东段始筑于汉代的可信度。

2. 西城墙、东城墙

西城墙北段上的 YZG1 和南段上的 YZG2 内找到了战国、汉、东晋、隋唐、宋等五期墙体[23]。东城墙南段上东西向横切城墙的 YZG4 的发掘结果表明，此处的城墙夯土可分为早于汉代、汉、六朝、隋唐时期等四期；起基于生土层之上的最下面的第一、第二期夯土是最早的城墙遗存，出土遗物皆为战国至汉代；压在第二期夯土墙上的有汉代城墙倒塌土，并形成一层比较薄的路土，说明汉代之后广陵城曾经一度废弃[24]。可见，蜀岗古城城圈东城墙南段和西城墙北段中部至北部，也有汉广陵城的夯土墙体。

3. 汉广陵城城内外相关迹象

1977 和 1982 年在蜀岗古城东北隅的江庄、谭庄、小陆庄和铁佛寺等地布设的探方 YDT1 ~ YDT5 的发掘结果表明，城址东半部的文化堆积主要有上、下两层，上层为隋唐时期的堆积；下层厚 0.3 ~ 0.6 米，出土遗物以汉代陶器残片为主，说明城址东北隅的最早文化堆积是汉代的[25]。近年在宋宝祐城东门北侧主城墙和北城墙东段的夯土墙体内侧之下找到了直接叠压在生土之上的汉代堆积，进一步说明了城址北城墙中段、东段以南的东北隅的中部（宋宝祐城北城墙段）、西部（宋宝祐城东城墙北侧）底层文化堆积基本上是始于汉代的。另外，在城址以东的沈家山还发现了较多的汉代水井。

宝祐城东门北侧南宋主城墙内侧夯土底部海拔为 18 米，其下叠压着上、下两层汉代堆积，上层厚 0.3 ~ 0.6 米，出土有汉代灰陶豆残片、外绳纹内布纹板瓦、宽沿灰陶盆口沿和底片、灰夯土陶井圈、灰陶缸残片等；下层厚 0.4 ~ 0.85 米，其下即生土，出土有汉代的灰陶豆、陶盆、陶缸残片、外绳纹内布纹筒瓦和板瓦残片等[26]。两层汉代堆积合计厚约

1.08 米，由此可推测出此处汉代堆积的底部海拔约为 16.9 米。

在宝祐城北城墙东段中部的探沟南侧，同样也找到了叠压在宋代夯土墙体之下的上、下两层堆积。上层厚 0.4 ~ 0.9 米，包含有汉、唐、宋时期的遗物；下层厚 0.2 ~ 0.4 米，出土遗物的时代均为汉代，主要有外绳纹内乳钉纹筒瓦或板瓦残片、外绳纹内布纹板瓦、外绳纹内素面板瓦片；下层之下有 2 个灰坑（编号 H2、H3），再下即为生土。H2 打破 H3 和生土，出土有外绳纹内素面或外绳纹内乳钉纹的板瓦残片、外绳纹内麻点的筒瓦残片、绳纹或素面陶片等汉代遗物。H3 亦在夯土墙体之下，且被 H2 打破，打破生土，出土有外绳纹内素面板瓦及筒瓦残片、外绳纹内乳钉纹板瓦残片、灰色或橙色绳纹陶片、陶豆盘残片、陶盆口沿残片及底部残片等汉代遗物[27]。

另外，2009 年，扬州市文物考古研究所在蜀岗古城东南角以东约 1.2 公里的沈家山高地南侧，发现了较多的外表饰绳纹、直径 70 ~ 80、每节高 30 ~ 45 厘米的汉代泥质灰陶井圈，井圈周边填土中有较多的绳纹板瓦、筒瓦和少量印纹硬陶片，推测附近有汉代建筑基址[28]。

目前的发掘结果表明，蜀岗古城城圈的北城墙整体、东城墙和西城墙中部至北部均有汉代夯土墙体遗存，南城墙或只有唐子城及宋堡城的南城墙而无更早时期的墙体。现有地貌和考古发掘结果都表明，汉广陵城可以看作是由西部、东南隅、东北隅 3 部分构成的。结合楚广陵城相关记载及考古确认的范围，基本可以认为汉代修缮了楚广陵城，将楚广陵城沿用旧城（邗城，东南隅）部分的北部和新筑部分（西部）的东部之间的地带（东北隅）圈进了城内，并在该地带的北侧、东侧新加筑了城墙。北城墙中段、东段最早为汉代修筑，故而该部分城圈极有可能是吴王濞模仿汉长安城的形状而加筑的，即蜀岗古城东北隅圈入城内昉于汉代，暂称之为附郭东城。

如上所述，目前已经确认蜀岗古城西半部分的西、北城墙确实早于汉代，若还有可以与该部分城墙同时代的东、南城墙闭合成城墙，则说明西半部分城圈很可能就是战国时期新修筑的楚广陵城西半部分，当然确认该部分城圈的东、南城圈仍然是个任重而道远的问题。同时，东半部分的北半部若证实为汉代加筑，则说明"附郭东城"确实存在，所谓的"附郭"可能是在已有的城墙或城圈的基础上，再在外侧加筑了一部分城墙而进一步构成城圈，即只是扩大了城圈的范围；由于城圈外有城壕，故而城墙的加筑或加厚，多在原有城圈的内侧；YSTG4A 的发掘虽然证明东半部分城圈西北拐角的存在，但其走向尚需确认。另外，蜀岗古城东半部分城外地面的海拔约为 14.5 米左右，而西半部分城外地面的海拔为 13.5 ~ 13.8 米左右，即城址东、西两半部分城外地面的高程相差较大，或许与相应部分城墙形成的时间有关。

综合迄今对蜀岗古城地表上残存夯土城墙的发掘和研究，大致可以将其始筑年代分为 5 类：东城墙中段、南段北部或不晚于战国时期；西城墙北段、北城墙西段始于战国时期；北城墙中段、东段始于汉代，东城墙北段或不早于汉代；南城墙或始于隋唐时期；南宋宝祐城的北城墙东段东西两部分、东城墙始于南宋时期。换言之，蜀岗古城城圈的北城墙整体、东城墙和西城墙北部均有汉代夯土墙体遗存，南城墙目前尚未找到早于唐代的墙体。综合迄今在蜀岗古城范围内的考古发掘结果来看，蜀岗古城外围城圈的主体部分（南城墙除外）均是汉广陵城的城墙，汉广陵城的探寻对于解明蜀岗古城沿革的意义是不言而喻的。

迄今的发掘结果虽然尚不能完全确定汉广陵城的范围，然而汉广陵城的北、西、东三面边界已经基本明确，因此，目前已经可以明确汉广陵城就是蜀岗古城的主体。至于汉广陵城的南城墙所在，综合分析来看可能在现今城址南界偏北的地带。换言之，目前已经基本可以认为蜀岗古城的东北隅或在春秋邗城、战国楚广陵城的范围之外。亦即是说，蜀岗古城的西半部分可能有战国楚扩建的楚广陵城部分，而东半部分的北部很可能就是始筑于汉代的汉广陵城的"附郭东城"部分。"附郭东城"范围的明确，对于探寻春秋"邗城"的北界、楚广陵城新筑部分的东界具有重要价值。

那么，北城墙的中段、东段因何修筑成这种形状呢？既往已有研究提出，汉广陵城的平面形状与西汉京师长安城的"斗城"形状近似，这种模仿帝京形状的筑城规划，应是汉初诸侯王国比制京师的一个特殊例证[29]。管见以为，正是由于北城墙的走向特殊才构成了城圈特殊的平面形状，使得"斗城"之名得以成立。蜀岗古城北城墙中段、中段与东段连结位置处找到的南北向城墙[30]、东段所构成的平面形状，恰好形成了可称为"斗城"的最重要的部分。在上述南北向城墙西侧找到的南北向城壕，则进一步证明了该部分的形状确实如此。

另外，在沈家山附近的调查工作中，找到的是绳纹瓦片、云纹瓦当以及唐代小型墓痕迹等，并未找到早于汉代的遗迹；发掘出了较多的汉代陶井圈，其时代明确属于汉代。这些水井的存在，或许能作为假设或探寻其附近有大型建筑的线索，但不能因为在沈家山附近出土有少量战国时期的印纹硬陶片，就直接推定其与春秋时期的邗城有关，更不能因此就认为该地或即邗城之所在[31]。筑城需要大量的人力物力，新筑城池绝非易事，地方性的城池还是沿用前代城池的较多。楚汉广陵城是包含春秋邗城在内的，楚新筑部分位于吴邗城的西部且或大于邗城，因此邗城就位于广陵城新筑部分的东南，故而也可以说邗城是在广陵城东南隅。楚、汉广陵城的东城墙即其东界是较为明确的，由此基本可以认为，楚汉广陵城肯定是不包含沈家山一带的，沈家山一带与邗城的城池无关。

拙见以为，综合文献记载和考古发掘资料来看，楚广陵城或是将邗城旧址包含在内的，邗城旧址的修缮部分位于楚新筑部分的东南隅，汉广陵城在楚广陵城的基础上再次扩建，当然也是包含春秋邗城部分在内的，而汉广陵城的东城墙明确基本就是蜀岗古城的东城墙（仅东城墙南段南部有中晚唐的修

筑），因此，位于楚汉广陵城东城墙以东1.2公里余的沈家山一带肯定不在城址之内，该地当然亦与邗城没有关联。"邗城"也好，"吴城邗"也罢，既然是"城"，就必然有其设立、沿革和发展的原因和环境。既不讲城池的沿革，也不说邗城城圈城壕的情况，更不谈邗城与邗沟的关系，而是直接向前越过战国时期，仅凭一处几近蜀岗南缘低地的汉代遗存就认为其北侧较高地带为春秋时期邗城之所在的推测，显然是缺乏说服力的。推测邗城的位置和范围，还是需要用一系列的证据链来佐证的。

随着汉广陵城城圈的逐渐清晰，楚广陵城的范围也随之渐露端倪。

（二）战国楚广陵城考古新资料

蜀岗古城西城墙北段、北城墙、东城墙南段上的探沟发掘资料中，东城墙YZG4最下一层夯土的时代或不晚于战国，西城墙北段YZG2、城圈西北拐角YSG1和YSTG2、北城墙西段YZG3和YZG5以及YS-NWM中的战国时期遗存均直接叠压在生土之上，而北城墙中段和东段的底部夯土为汉代始筑。这种遗迹分布状况表明，城址内的西部、东南部与战国时期城址相关，而东北隅与之无关。换言之，战国楚广陵城相关遗存明确存在于蜀岗古城的西部和东南隅。

YSNWM第一期遗存包含木构水涵洞及其两侧的夯土墙体。水涵洞的平面形状呈南北向，方向8度。长约28、北端口部宽约2.5米，口部或有可开闭的木构设施。营造顺序是先挖出基槽，然后在基槽内用榫卯结构的枋木和木板架出梯形的涵洞，再在木构涵洞和基槽之间的空隙内填土或夯筑。枋木厚18~22厘米，底部枋木长约335厘米，除中部2根宽42厘米之外，其他的宽27~28厘米；顶部枋木仅发现1根，长约275、宽27厘米；两侧斜立柱宽26~28、可见长度70厘米；东、西侧板分别宽35、55厘米，厚均约8厘米；上、下枋木与两侧斜立柱构成的涵洞部分底宽2.4、顶宽2.2、高0.5米。榫眼多为半榫眼，长方形榫眼宽10厘米，长23、深6、18或长15、深15或长26、30、深15厘米，圆形榫

眼直径15、深12厘米。北口底部枋木长340、宽38、厚18厘米，上面两侧有对称的边长7、深7厘米的方孔2个，直径10、深9厘米的圆孔1个；中部残存有南北长30、东西宽22、高22厘米的"凹"形立柱，其东西两侧有边长2厘米的小孔，孔内插有边长1.2~1.4、残长6厘米的销子。顶部枋木上亦有榫眼，其上并未发现同期夯土，故而其上是否还有其他设施已无法解明。涵洞木构打破第10层和生土层，主体部分被第二期打破或叠压，北口被第9B层叠压。其内淤积土可分为上、下两层，出土有战国时期的铁刀和陶片、汉剪轮"半两"铜钱等遗物。水涵洞两侧有战国时期的夯土墙体，加之其被不早于汉代的夯土打破或叠压，结合已有发掘研究资料[32]，判断其始建年代或在战国时期，使用下限当在西汉初期。

YSNWM第一期木构水涵洞遗存的木材[14]C测定年代[33]表明，底部枋木、侧板、木构内淤积土中木桩的年代与文献中记载的战国楚广陵城的修建年代较为接近，南侧木立柱的年代或晚至战国末期；而木构水涵洞内淤积土中残木的年代则晚至汉武帝时期，与汉代夯土墙体中所包含的瓦当的年代较为一致。

总之，地层叠压关系、出土遗物所属时代、木构本体木材的[14]C检测结果都表明，YSNWM第一期遗存为始建于战国时期的木构水涵洞，其下限或在西汉初年；水涵洞顶部枋木底面的海拔为13.4~13.48米，说明当时的水位线当低于此高度。

（三）楚汉广陵城南城墙的探寻

扬州南宋宝祐城西南角城壕西侧高地的南部有北宋时期欧阳修的平山堂，南宋晚期构筑了平山堂城。"西华门"西侧高地的生土顶面高出河床较多，且一直向北延伸并在西城壕以西与西城门瓮城南墙相连。平山堂所在位置高出宋宝祐城的西南角很多，可以作为从城外进攻城内的制高点，如果没有平山堂城的存在，宋宝祐城的西南角就难以防范。换言之，在没有平山堂城的态势下，汉六朝时期广陵城城圈的西南角只有在位于较之宋宝祐城城圈西南角

更偏北的位置处，才能免于受到来自平山堂城所在高地的进攻。

由于在蜀岗古城东南外拐角仅找到了唐代夯土墙体，而在蜀岗古城南城门南缘、宝祐城东南拐角与唐子城南城墙交结处也只是找到了唐、南宋时期的夯土墙体，因此，目前可以推测现仍高出地表的蜀岗古城南城墙可能始筑于唐代，或与楚汉六朝广陵城南城墙无关。从考古勘探的结果结合现有地貌来看，蜀岗古城西南隅的夯土迹象ER107、ER108、ER70、ER72~ER75、ER78自西向东似乎成一线[34]，遂在该东西向线上选点发掘，以确认该线各种迹象的性质，探寻其是否与广陵城的南城墙相关。遗憾的是，ER107、ER108的发掘结果表明，这两处确有属于南宋时期的夯土遗存；ER70、ER75亦为南宋时期遗存，虽有人工修建痕迹，然而尚难定性，底部均为生土且南侧有水沟遗迹。由此可见，该东西向条带仅与南宋时期的某种遗存相关，而与广陵城的南城墙无关。

在ER107底部生土之上，有不早于汉代的地层堆积，出土有较多汉代的瓦当、筒瓦、板瓦等[35]。这些建筑构件的出土，说明这附近或曾有汉代建筑，亦即是说该地带在汉广陵城内的可能性较高，汉广陵城的南城墙或更加偏南。

迄今与蜀岗古城南城墙相关的发掘中均未发现有早于唐代的墙体，故而或可暂时推测广陵城的南城墙既不在现仍高出地表的蜀岗古城南城墙一线，也不在ER107、ER108、ER70、ER72~ER75一线，而有可能在上述两线之间。广陵城南城墙的位置，关系到广陵城的南界，并与刘宋广陵城南城门位置、隋江都宫城南墙甚至成象门相关，因此或可在后续蜀岗古城南城门的发掘或隋成象殿的探寻过程中找到广陵城南城墙的相关线索。

三 邗城的探寻

如上所述，随着文献、古文字的研究和相关考古发掘工作的开展，邗、吴（邗）王、邗城、邗沟的关系已经较为清晰，而楚、汉广陵城城墙沿革关

系的逐步解明使得楚、汉广陵城的位置及其范围基本明晰，这些为邗城位置的推测奠定了基础。

《水经注·淮水》就"又东过淮阴县北，中渎水出白马湖，东北注之。"的注解[36]中提到了邗城、邗沟、荆、吴、江都、广陵等名称及其地望，尽管"自广陵城东南筑邗城"之语似因误认为广陵城早于邗城，"吴"与"广陵城"究竟关系如何也有待明确，但其认为邗城的地望在广陵城的东南当无疑意；并且，注解中明确说明邗沟的走向为西北—东南—东北，从长江向东北通射阳湖、西北至末口入淮，若邗城是在邗沟转折处修筑，邗沟当流经邗城的南面、东面，那么，后来的战国楚广陵城就只能在邗城的基础上向西、向北扩建。换言之，邗城即是楚广陵城的东半，位于汉广陵城的东南隅。

笔者以为，从邗沟和邗城的位置关系、蜀岗古城范围内不同历史时期城址的沿革、考古勘探和发掘的结果等综合来看，初秋吴之邗城有可能位于蜀岗古城的东南隅。

1. 从邗沟和邗城的位置关系，即河线与城址的关系，来看邗城的位置。从扬州仪征—镇江南京之间长江沿线古遗址的分布状况来看，长江北岸线的变动较大，而南岸线较为稳定；扬州城遗址及其周边的河线，除了受地形地势影响之外，平坦地带的河线多呈西南—东北或北略偏东的方向，邗沟的走向亦为西南—东北向的可能性较大。为了扼守邗沟而修筑的城池，理论上应当在邗沟的北侧、西侧；在邗沟的节点即拐点位置所筑之城，当然应该位于该节点的西北部。邗城位于邗沟的重要节点位置，若关于春秋时期邗沟河线的推测无误，那么邗城当位于邗沟拐点附近的西北部，这也符合《左传》《水经注》中的相关记载，而蜀岗古城的东南隅恰好符合条件。

邗沟当在邗城之下，从历代在蜀岗南缘和今长江北岸线之间所开挖运河河线的位置来看，后世的运河基本是利用了前代长江北岸南移之后的旧岸线。这应该是因为长江岸线南移后，在旧的岸线沿线就可能形成了较多的泄湖，而最简单的开挖运河方法

就是将这些泄湖连成一线。邗沟的开凿，可能也是吴王夫差将位于蜀岗南缘南侧的更早期的旧长江岸线沿线上的泄湖连通，并将之与蜀岗以北的雷塘水系连通而形成的。今蜀岗古城东南角附近，或即蜀岗南缘呈西南—东北向的邗沟西段转为北偏东方向邗沟东段的拐点所在。

2. 从蜀岗古城中楚、汉广陵城范围相关考古发掘结果和相关历史文献记载，来推测邗城的位置和范围。经过数十年的考古发掘研究，明确了该城址至少包括楚汉六朝广陵城、隋江都宫城和东城、扬州唐子城、扬州宋堡城和宝祐城的遗存，其中唐宋时期城址的城圈基本明晰，汉六朝广陵城仅南城墙尚不清楚，楚广陵城已经开始显现。虽然楚、汉广陵城的范围和关系尚有待解明，然而对其位置和大致范围已经有所了解，其中最重要的收获就是认识到蜀岗古城范围内的东北部分是汉代所筑，而 YS-NWM 木构水涵洞遗构的发现则确认了该城址的西部有楚广陵城的遗存。并且，考古发掘的结果还说明，就扬州蜀岗战国楚至南宋时期城池位置及其范围的相关历史文献记载大致无误。因此，若邗沟、邗城与广陵城的位置关系确如《水经注》所述，那么邗城的位置就应该在该城址的东南隅。

3. 从蜀岗古城的地貌特征和考古勘探出的淤积土堆积，结合现今底表水的分布状况来看，城址东南隅的平面形状较为特殊。众所周知，通过考古钻探工作而得出的认识，虽然有可能将地层堆积误判为夯土迹象，但对于大面积淤积土的判断基本不会错误。蜀岗古城内的考古发掘和勘探调查所测得的数据显示，城址内西半部分地表高于东半部分，东半部分的北半部较为平坦，而南半部西北高、东南低。尤其是城址的东南隅向东凸出，形状较为特殊，其内地势现呈西高东低、北高南低，而东南隅最低。该区域的东、南外侧有城濠，西部有宋宝祐城东城墙外城濠，北部的水塘与唐子城东城墙中部的东西向短墙北侧的城濠有连为一线的趋势，即可构成一个四面环濠的区域，勘探出的东城墙南段北部和南部的水门或与该区域的城门或排水系统相关。汉唐

时期城址东半部分北侧城外地面海拔约在14.5米左右，西半部分西侧城外海拔在13.68~16.68米之间，历史时期城址相关遗存、遗址范围内现在地表的相关海拔，都反映出城址很可能是由三部分组成的。东北隅为汉代扩建，西半部分北部有战国楚广陵城遗存，那么，东南隅很可能就是邗城所在之地望。

4. 从蜀岗古城的东南隅相关的考古发掘结果来看，该区域东、西部都可能临近湿地或滩地。该区域东侧的城墙上有探沟YZG4的发掘资料，该探沟中的第八层，即第一期城墙夯土是用青灰色河塘泥堆砌夯筑的土，并且是直接夯筑在生土之上；而在该区域西侧有宋宝祐城墙上探沟YZG7的发掘资料，该探沟中的第5层为战国至汉代地层，同样是直接叠压在生土之上的青灰色土[37]。

5. 从江苏境内发现的春秋时期吴城遗址的面积和位置与吴文化城址或遗存的关系来看，蜀岗古城东南隅东西和南北的间距都约为400米，总面积约22万平方米，与苏州木渎合丰城（西周晚期至春秋早期）和越城（春秋晚期）的总面积相近；并且，佐安城遗址（春秋早中期）、甘草山遗址（第4层西周早中期邗文化遗存、第3B层春秋早中期吴文化遗存、第3A层战国中晚期楚文化遗存）、葫芦山文化遗存、萧家山A区等与春秋时期吴文化相关的遗址，正是沿着现今判断或为邗沟一线而分布的；根据文献志书梳理、考古成果信息，对照江苏境内春秋城址特征综合考察，认为邗城遗址在蜀岗古城址东南隅立论合理，但需考古实证[38]。

总之，春秋时期的邗城，是吴王夫差为北上称霸而修筑的扼守邗沟入江之处的一座军事性城堡，其规模或较小。邗城的修筑是为防卫邗沟，靠近邗沟就较为合理，而邗沟作为运河的河道应该选择在地势较低的地方开凿，因此邗城偏于蜀岗东缘的东南隅（正如《水经注》所云位于广陵城东南）的可能性较高。由于尚未在该区域内发现相关迹象，并且对于蜀岗古城西半部分的认知仍需要深化，所以目前还不能否定城址西半部分与邗城有关的认识。换言之，笔者提出邗城位于蜀岗古城之东南隅的认

识，无论正确与否，在今后蜀岗古城的相关考古发掘工作中，都需要带着这一问题去深入思考、制定考古发掘计划并予以实施。

本文的最后，纠正笔者以前发表资料中的两个与广陵城相关的误读误判。

1. 笔者曾在《扬州城遗址蜀岗上城垣城壕之蠡测》[39]中误读广陵"金城"，虽然在后来发表、出版的《汉广陵城的研究与探寻》[40]和《扬州城遗址考古发掘报告1999~2013年》[41]中已经作了修正，然而由于该错误后来依然被引用，故而在此再次明确。

历史上曾有两个广陵城，而汉晋时期只有一个，即位于今扬州的广陵。另一座广陵城是新息之广陵，《水经注》中有就"又东过新息县南"的注释[42]。《陈书》中记载：太建五年九月"左卫将军樊毅克广陵楚子城"，六年（公元574年）正月"广陵金城降。"[43]《资治通鉴》中有宣帝太建六年正月"广陵金城降。"胡三省注曰："此广陵非江都之广陵。按魏太和中，蛮帅田益宗纳土于魏，魏为立东豫州，治广陵城。五代志：汝南郡新息县，魏置东豫州。则此广陵乃新息之广陵也。又，梁武帝置楚州于汝南郡之城阳县，治楚城，即楚子城也。水经：淮水先过城阳县而后过新息县，则知广陵城与楚子城相近。"[44]并且就魏文帝所登广陵故城，明确注道："魏曹丕登之广陵故城，即芜城也。"可见，宋元时期的学者已经认识到，汉广陵城为刘宋鲍照作《芜城赋》所指之城，而汝南郡之广陵明确与汉广陵城无关。

《史记》中载有战国楚广陵城，而《汉书》、《后汉书》、《三国志》等后世史籍中并未提及。《嘉靖惟扬志》[45]卷十中有"楚子城〔《史记》楚王熊槐尝城广陵〕"、"广陵金城〔即楚子外城〕"的记载，将《史记》中的战国时期楚怀王十年所筑之广陵城与南朝时期陈太建五年（公元573年）樊毅所克之广陵城混为一谈，并进而将"广陵金城"作为"楚子外城"。《嘉靖惟扬志》造成的谬误，被明代志书和清代康熙时期的志书或历史地理著作所承继，《康熙江都县志》[46]中更是明确讹载为："楚王

熊槐复筑金城"。

2. 关于吴灭邗的时间问题，笔者在《扬州城遗址蜀岗上城垣城壕之蠡测》和《扬州城遗址考古发掘报告（1999～2013 年）》中均沿用了"夫差在北上会盟之前，先并掉了邗国，并在邗沟河口的北岸筑城守卫"的说法，颇失严谨。

就吴灭邗的时间问题，郭沫若据《说文》推测古邗国之地在今苏北，据《管子·小问》推测干国被吴国所灭，早就指出"齐桓公时已称为'昔者'，究竟是在什么时候不得而知，大约就在这一役中干国便被灭掉了。"[47]诸多学者均明确指出吴灭邗是在管子之前，或者说邗国灭亡的时间当在西周晚期或两周之际[48]。另外，也有观点认为"邗国是在寿梦即位之后灭亡的"[49]。就吴王夫差"城邗"之时间，当与吴灭邗之时间无关，因夫差"城邗"时的邗国早已被纳入了吴国的版图。

---

［1］ 郭沫若：《吴王寿梦之戈》。[清] 王先谦《荀子集解·劝学》中也有大致相似的说法："吴先为敌国，后干并于吴，《管子》'吴干战'及《左传》'吴城邗'即其明证。干为吴灭而吴一称干，犹郑为韩灭而韩亦称郑。"关于"邗"与"干"，《管子·小问》中的"干"国相关研究较多，吴国与古干国有关，然而本文是关于春秋时期"吴城邗"即吴之"邗城"地望的探寻，就古干国的相关研究不再赘述。此处注释转引自王晖：《春秋吴国诸樊之前都邗考》，见扬州博物馆编：《"扬州建城历史探源专题学术研讨会"会议文集》（内部资料），2015 年。

［2］ 张敏：《邗·邗城·邗文化》，见扬州博物馆编：《"扬州建城历史探源专题学术研讨会"会议文集》（内部资料），2015 年。[东汉] 许慎：《说文解字》六下邑部第 135 页下，中华书局，1963 年。

［3］ 于省吾：《商周金文录遗》号 569·1、2，科学出版社，1957 年。

［4］ 陈梦家：《禺邗王壶考释》，《燕京学报》第 21 期，1937 年。释读依杨树达《积微居金文说》（增订本）卷七《赵孟 φ 壶跋》第 170～171 页，中华书局，1997 年。

［5］ 王晖：《春秋吴国诸樊之前都邗考》，见扬州博物馆

编：《"扬州建城历史探源专题学术研讨会"会议文集》（内部资料），2015 年。

［6］ 同［5］。

［7］ 王冰：《吴城邗非为迁都辨》，扬州博物馆编：《"扬州建城历史探源专题学术研讨会"会议文集》（内部资料），2015 年。

［8］ 含有"永和"的年号，有东汉永和（公元 136～141年）、东晋永和（公元 345～356 年）、后秦永和（公元 416～417 年）、北凉永和（公元 433～439 年），郦道元生卒年约为公元 470～527 年，一般认为《水经注》中所指为东晋永和。

［9］ [北魏] 郦道元：《水经注》卷三十"淮水"第 235页，时代文艺出版社，2001 年。

［10］ 邹厚本：《扬州春秋邗城相关问题的探讨》，见中国考古学会、中国社会科学院考古研究所、南京博物院、扬州市文物考古研究所、扬州博物馆编：《"扬州城考古学术研讨会"论文集》（以下略去该书编撰单位），科学出版社，2016 年。

［11］ 武廷海、王学荣：《扬州水道与城市规划建设新探》，见《"扬州城考古学术研讨会"论文集》，科学出版社，2016 年。

［12］ 张敏：《邗·邗城·邗文化》，见扬州博物馆编：《"扬州建城历史探源专题学术研讨会"会议文集》（内部资料），2015 年。

［13］ 王晖：《春秋吴国诸樊之前都邗考》，见扬州博物馆编：《"扬州建城历史探源专题学术研讨会"会议文集》（内部资料），2015 年。

［14］ 邹厚本：《扬州春秋邗城相关问题的探讨》，见《"扬州城考古学术研讨会"论文集》，科学出版社，2016 年。

［15］ 纪仲庆：《扬州古城址变迁初探》，《文物》1979 年第 9 期。即今蜀岗古城之西半部分。

［16］ 王勤金：《述论运河对唐代扬州城市建设的影响》，《扬州文博》1992 年第 1 期。

［17］ 汪勃：《扬州城遗址蜀岗上城垣城壕之蠡测——基于 2011 年扬州唐子城—宋堡城考古调查勘探的结果》，《江淮文化论丛》第二辑第 43～62 页，文物出版社，2013 年；中国社会科学院考古研究所、南京博物院、扬州市文物考古研究所、洛阳市文物钻探管理办公室编：《扬州蜀岗古代城址考古勘探报告》第 185 页，科学出版社，2014 年；中国社会科学院考古研究所、南京博物院、扬州市文物考古研究所编：《扬州城遗

址考古发掘报告 1999～2013 年》第 273 页，文物出版社，2010 年。

[18] 中国社会科学院考古研究所、南京博物院、扬州市文物考古研究所编：《扬州城——1987～1998 年考古发掘报告》第 254～255 页，文物出版社，2010 年。

[19] 张敏：《关于吴文化的几个问题》，《南京博物院集刊》1987 年总第 9 期；张敏：《邗·邗城·邗文化》，见扬州博物馆编：《"扬州建城历史探源专题学术研讨会"议文集》（内部资料），2015 年。

[20] 以 YZ 开头的发掘单位，参见中国社会科学院考古研究所、南京博物院、扬州市文物考古研究所编：《扬州城——1987～1998 年考古发掘报告》，文物出版社，2010 年；以 YD 开头的发掘单位，参见南京博物院：《扬州古城 1978 年调查发掘简报》，《文物》1979 年第 9 期；以 YS 或 E 开头的发掘单位，已正式发表的参见中国社会科学院考古研究所、南京博物院、扬州市文物考古研究所编：《扬州城遗址考古发掘报告 1999～2013 年》，科学出版社，2015 年；尚未正式发表的 YSNWM 简介参见汪勃、王睿、王小迎：《扬州蜀岗古城址的木构及其他遗存——从一个地点的考古发掘认识扬州城的 1700 年历史》，《中国文物报》2015 年 1 月 27 日；ER59、EL6 及其周边的简介见汪勃：《扬州城遗址考古发掘与研究（1999～2015 年）》，《"扬州城考古学术研讨会"论文集》，科学出版社，2016 年。

[21] 汪勃、王睿、王小迎：《扬州蜀岗古城址的木构及其他遗存——从一个地点的考古发掘认识扬州城的 1700 年历史》，《中国文物报》2015 年 1 月 27 日。

[22] 蜀岗古城有整体考古发掘布方网，每个探区 60 米×60 米，分为 36 个探区，因此从发掘单位编号即可明确期间位置关系和大致距离，详见中国社会科学院考古研究所、南京博物院、扬州市文物考古研究所、洛阳市文物钻探管理办公室编：《扬州蜀岗古代城址考古勘探报告》第 16～20 页，科学出版社，2014 年。

[23] 中国社会科学院考古研究所、南京博物院、扬州市文物考古研究所编：《扬州城——1987～1998 年考古发掘报告》第 21～23 页，文物出版社，2010 年。

[24] 中国社会科学院考古研究所、南京博物院、扬州市文物考古研究所编：《扬州城——1987～1998 年考古发掘报告》第 15～16 页，文物出版社，2010 年。

[25] 南京博物院：《扬州古城 1978 年调查发掘简报》，《文物》1979 年第 9 期。

[26] 中国社会科学院考古研究所、南京博物院、扬州市文物考古研究所：《江苏扬州南宋宝祐城东城门北侧城墙和东侧城壕的发掘》，《中国国家博物馆馆刊》2015 年第 9 期。

[27] 扬州唐城考古工作队发掘资料，尚未发表。

[28] 该地点的发掘概况见中国社会科学院考古研究所、南京博物院、扬州市文物考古研究所编：《扬州城——1987～1998 年考古发掘报告》第 254～255 页，文物出版社，2010 年。

[29] 王冰：《扬州古城变迁简史》，见《扬州博物馆建馆五十周年纪念文集（1951～2001 年）》，《东南文化》2001 年增刊。

[30] 中国社会科学院考古研究所、南京博物院、扬州市文物考古研究所编：《扬州城遗址考古发掘报告 1999～2013 年》第 26～35 页，科学出版社，2015 年。

[31] 《扬州城——1987～1998 年考古发掘报告》认为沈家山一带或与春秋邗城相关。该发掘报告图四中的"沈家山"文字位置在井圈发现地点北侧约二百多米，井圈发现位置位于蜀岗缘低地。见中国社会科学院考古研究所、南京博物院、扬州市文物考古研究所编：《扬州城——1987～1998 年考古发掘报告》第 254 页，文物出版社，2010 年。

[32] YZG1～YZG7 在该书中的页码分别为：YZG1（第 23～27 页）、YZG2（第 21～23 页）、YZG3 和 YZG5（第 18～21 页）、YZG4（第 15～16 页）、YZG6（第 27～28 页）、YZG7（第 28～32 页）。见中国社会科学院考古研究所、南京博物院、扬州市文物考古研究所编：《扬州城——1987～1998 年考古发掘报告》，文物出版社，2010 年。

[33] 中国社会科学院考古研究所考古科技实验研究中心碳十四实验室：《放射性碳素测定年代报告（四十二）》，《考古》2016 年第 7 期。

[34] 中国社会科学院考古研究所、南京博物院、扬州市文物考古研究所、洛阳市文物钻探管理办公室编：《扬州蜀岗古代城址考古勘探报告》第 185 页，科学出版社，2014 年。

[35] 扬州唐城考古工作队发掘资料，尚未发表。

[36] ［北魏］郦道元：《水经注》卷三十"淮水"第 235 页，时代文艺出版社，2001 年。

[37] 中国社会科学院考古研究所、南京博物院、扬州市文物考古研究所编：《扬州城——1987～1998 年考古发掘报告》第 15～16、28～32 页，文物出版社，2010 年。

［38］ 邹厚本:《扬州春秋邗城相关问题的探讨》,《“扬州城考古学术研讨会”论文集》第 75 页,科学出版社,2016 年。

［39］ 汪勃:《扬州城遗址蜀岗上城垣城壕之蠡测》,《江淮文化论丛》第二辑,文物出版社,2013 年。

［40］ 汪勃:《汉广陵城的研究与探寻》,见汉代考古与汉文化国际学术研讨会论文集编委会编:《“汉代陵墓考古与汉文化”国际学术研讨会论文集》第 258～268 页,齐鲁书社,2016 年。

［41］ 中国社会科学院考古研究所、南京博物院、扬州市文物考古研究所编:《扬州城遗址考古发掘报告:1999～2013 年》,科学出版社,2015 年。

［42］ ［北魏］郦道元:《水经注》卷三十“淮水”第 231 页,时代文艺出版社,2001 年。

［43］ ［唐］姚思廉撰:《陈书·本纪第五》第 85、86 页,中华书局,1972 年。

［44］ ［宋］司马光撰:《资治通鉴·陈纪五》卷第一百七十一,中华书局,1956 年。

［45］ ［明］朱怀干修、盛仪撰:《嘉靖惟扬志》,广陵书社,2013 年。

［46］ ［清］雷应元:《康熙扬州府志》,见《稀见中国地方志汇刊 13》,中国书店,1992 年。

［47］ 同［1］。

［48］ 同［12］。

［49］ 顾风:《邗城的探寻与研究》,见扬州博物馆编:《“扬州建城历史探源专题学术研讨会”会议文集》（内部资料）,2015 年。

"日月"铭铜镜考略

闫璘　池军（扬州市文物考古研究所）

许红梅（扬州博物馆）

内容摘要：铜镜图录和汉代墓葬发掘简报中，时常会见到一种"见日月，心勿，夫…"铭文的铜镜，这类铜镜镜体轻薄，制作较为粗糙，保存状况不佳，学者往往将其归入"日光"镜类，或者"特殊铭文"镜类。然而仔细研读铭文，该类铜镜无论是归入日光镜还是昭明镜均不宜，应当将其单独列为一类，命名为"日月"铭铜镜。同时，考察此类铜镜的功能主要有两种，一种是作为随葬品，墓主人生前的身份属下层官吏或者小地主阶层。还有一种是作为漆面罩的构件，镶嵌于漆面罩的盝顶和立板之上，其身份与等级则属于中下层官吏或者地主阶层。从铜镜的空间分布来看，这类铜镜以扬州，即汉代的广陵国为中心，向四周呈辐射状分布，根据手工业产品分布的基本规律，初步判断其产地当为汉广陵国。

关键词：铜镜　"日月"铭　功能　使用人群　产地

一　前言

汉代是我国中央集权封建社会发展的强盛时期，铜镜铸造繁荣发展。此时的铜镜除了装饰大量精美而又绚丽的花纹外，还形成了在镜背铸刻文字的传统。铭文铜镜出现于汉初[1]，此段时期正是传统钟鼎铭文消亡之时，所以有学者称"鼎铭衰落时，恰为镜铭兴起"。西汉中晚期以后，铭文已经成为铜镜装饰的主要内容之一，如洛阳烧沟汉墓出土铜镜中，

有一半以上的铜镜都有铭文，甚至出现了专门的铭文镜，用以表达当时社会的求福、祈祥、风土、人情等内容。目前，关于汉代铜镜铭文方面的研究硕果累累，笔者发现有一类镜铭为"见日月心勿…"的小型铜镜，考古发掘报告[2]、铜镜图录[3]及相关研究[4]中，往往将其归入"日光"铭镜类。然而，考察"日光"镜铭文，内容与之相差甚远。《山东民间藏镜》对这类铜镜的铭文进行了释读，将其归入"特殊铭文镜"类[5]，亦不能清晰表达这类铜镜的铭文属性。同时，详细考察这类铜镜的时空分布和产地，笔者认为，可将其单独归入一类，即"日月"铭镜。现结合考古资料及有关著录，略加考述，以求教于大方之家。

本文讨论的"日月"铭镜，专指铭文以"日月"起首的铜镜。两汉镜铭中包含"日月"二字的其他类铜镜，如铜华镜铭："涑冶铜华得其清，以之为镜昭身刑，五色尽具正赤青，与君无亟毕长生，如日月光兮。"[6]《长沙发掘报告》记录的Ⅷ式镜铭："圣人之作镜兮，取气于五行。生于道康兮，咸有文章。光象日月，其质清刚。以覩玉容兮，辟去不羊（祥）。中国大宁，子孙盆昌。黄常元吉有纪纲。"[7]此类铜镜不在本文讨论之列。

二 "日月"铭铜镜的著录与发现概况

"日月"铭铜镜发现数量较少，见于图录的 16
件，见于发掘简报的 7 件[8]。此外，近年在扬州地
区汉代墓葬中亦发现 10 件，总计 33 件。这些铜镜均
为圆形，圆纽，圆形纽座，座外两周短斜线纹间夹
篆书铭文。铭文间使用"e"形符号间隔，窄素缘。
现根据资料来源，划分为图录等著录和考古发掘资
料两类。

（一）图录等著录

20 件。可分为内向八连弧纹与圈带纹两型。

A 型　6 件。内向八连弧纹。

1.《中国古铜镜鉴赏图录》收录 1 件。直径 6.8
厘米。纽座外有相对应的四组弦纹，铭文"见日月，
心勿，夫 × ⊧"，每字之间用"e"形符号间隔，窄
素缘[9]（图一）。

图一　《中国古铜镜鉴赏图录》收录铜镜

2.《旅顺博物馆藏铜镜》收录 1 件。直径 6.9、
纽座 1.1、连纽厚 0.7、缘厚 0.5、缘宽 0.7 厘米。重
65 克。铭文"见日月，心勿，夫日忘"，每字之间
用"e"形符号间隔，大连旅顺口区江西镇鲁家村汉
代窖藏出土[10]（图二）。

3.《铜镜鉴赏》收录 1 件。直径 8.5 厘米，边
厚 0.2 厘米。铭文"见日月，心勿夫 × ⊧"，每字之
间用"e"形符号间隔[11]（图三）。此外，该书指出
此镜与 1977 年鄂钢 73 号墓出土的日光镜相似，属西

图二　大连鲁家村汉代窖藏出土铜镜

汉中后期的镜类。笔者查阅了鄂钢 73 号墓出土铜镜
的相关资料，该镜为日光镜，镜铭"见日之光，天
下大明"[12]（图四）。

图三　《铜镜鉴赏》收录铜镜

图四　武汉鄂钢汉墓 M73 出土铜镜

4.《汉广陵国铜镜》收录 1 件。直径 10.1、缘
厚 0.6 厘米，扬州市城北原黄金大队出土。铭文
"日月心忽，夫日之忠，勿相忘"。"忘"字之后以
"田"形符号收尾[13]（图五、六）。

图五　扬州城北原黄金大队汉墓出土铜镜

图六　扬州城北原黄金大队汉墓出土铜镜

5.《山东民间藏镜》收录 1 件。直径 6.9、缘厚 0.2 厘米。铭文"见日月心勿，夫 × ⊦"，每字之间用"e"形符号间隔（图七），据说出土于山东[14]。

图七　《山东民间藏镜》收录铜镜

6.《铜镜珍藏》收录 1 件。将其归入日光镜类。铭文"见日月，心勿，夫 × ⊦"，每字之间用"e"形符号间隔[15]。出土地点及规格不详。

B 型　6 件。圈带纹。

1.《旅顺博物馆藏铜镜》收录 1 件。径 6.8、纽径 1.15、连纽厚 0.7、缘厚 0.3、缘宽 0.5 厘米。重 40 克。铭文"见日月，心勿夫 × ⊦"，每字之间用"e"形符号间隔。镜面平坦，呈黑色[16]（图八）。

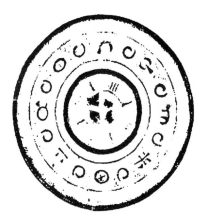

图八　《旅顺博物馆藏铜镜》收录铜镜

2.《尊古斋古镜集景》收录 1 面。铭文"见日月，心勿，夫"。每字之间用"e"形符号间隔。直径 6.6 厘米[17]（图九）。

图九　《尊古斋古镜集景》收录铜镜

3.《山东民间藏镜》收录 4 件[18]。

图81，特殊铭文日光镜，直径 6.7、缘厚 0.2 厘米。重 27.5 克。铭文"见日月，心勿，夫 × ⊦"，每

字之间用"e"形符号间隔（图一〇）。

图 82，特殊铭文日光镜，直径 6.9、缘厚 0.3 厘米。重 39.3 克。纽座与圈带纹之间填充车辐状直线，铭文"见日月，心勿，夫×⊢"，每字之间用"e"形符号间隔（图一一）。

图一〇　《山东民间藏镜》收录铜镜

图一一　《山东民间藏镜》收录铜镜

图 84，特殊铭文日光镜（简化），直径 6.5、缘厚 0.4 厘米。重 49.1 克。铭文简化，"日月心勿"。每字之间用"e"形符号间隔（图一二）。

图 85，直径 7.7、缘厚 0.4 厘米。重 81.4 克。铭文"日月，心勿，夫×勿⊢"，每两字或符号之间使用"e"形符号间隔（图一三）。

此外，《日籍中的汉魏铭文镜汇编》记录了 4 件"日月"铭铜镜，著者注意到了铭文释读可能有误，铭文类型未详，无法读通[19]。兹依原文，列表如下（表一）。

图一二　《山东民间藏镜》收录铜镜

图一三　《山东民间藏镜》收录铜镜

（二）见于考古发掘资料的"日月"铭铜镜，总计 17 件。根据纹饰的不同，可分为圈带纹与连弧纹两型。

A 型　3 件。内向八连弧纹。

1. 2017 年扬州边城地块汉墓 M6 发现 1 件，铭文"见日月，心勿，夫×⊢"，直径 6.8、厚 0.3 厘米（图一四）。墓葬时代为西汉晚期[20]。

2. 2015 宿扬高速公路汉墓发现 2 件[21]。

M20:48，铭文"日月心勿，夫×之忠，勿相忘"，每两字之间用"e"形符号间隔。直径 10.7、厚 0.6 厘米（图一五）。

M5:152，铭文"见日月心勿，夫〇×忘"，字之间以"e"形涡纹间隔。直径 6.8、厚 0.45 厘米（图一六）。墓葬时代为西汉晚期。

B 型　14 件。圈带纹，即纽座外饰一周凸弦纹。

表一 　　　　　　　　　　　　　　　　　　　日籍中的汉代铭文镜

编号	III－44	III－48	III－49	III－50
题名	见日鉴	汉日月鉴（内行花纹镜）	内行花纹日光镜	连弧纹铭带镜
铭文	心勿〔忽〕夫＜长＞毋□＜相＞	日月心忽，夫＜长＞毋相忘	见日月之勿□毋望	见日月之勿□毋望
来源	《徐乃昌藏中国古镜撮影》图版124	《徐乃昌藏中国古镜撮影》图版140	《古镜聚英》图版第17其5	《倭人と镜》第二册第343页
直径	71毫米	81毫米	69毫米	69毫米
出土地点	未详	未详	日本备前国邑久郡邑久村大字山手出土	日本佐贺县唐津市大字柏崎字田岛
原藏所	中国徐乃昌	中国徐乃昌	日本岗山横山精二氏藏	佐贺县立博物馆
图号	徐藏镜撮－流水号64	徐藏镜撮－流水号80	《古镜聚英》－流水号29	倭人－流水号86

图一四　扬州边城汉墓 M6 出土铜镜

图一六　扬州宿扬高速公路汉墓 M5：152

图一五　扬州宿扬高速公路汉墓 M20：48

图一七　扬州凤凰河、江都邵仙引河工地出土铜镜

弦纹外为铭文带。铭文、规格略有不同。

1. 20 世纪 50 年代，江苏扬州凤凰河、江都邵（伯）仙（女庙）引河工地发现 1 件，圆形纽座，座外一周凸弦纹，铭文篆书"见日月，心勿□"，每字

之间用"e"形涡纹间隔。圆径 6.5 厘米，制作比较粗糙[22]（图一七）。

2. 1965 年，江苏省仪征市石碑村汉墓 M2 出土 1件。铭文"见日月，心勿，夫"每字之间用"e"形涡纹间隔。直径6.8厘米（图一八）。墓葬时代为东汉中期[23]。

3. 1990 年山东章丘女郎山 M11 出土 1 面。铭文"见日月，心勿，夫□□"，每字之间用"e"形符号间隔。直径 6.6 厘米（图一九）。墓葬时代为西汉晚期[24]。

图一八　仪征石碑村汉墓 M2：12

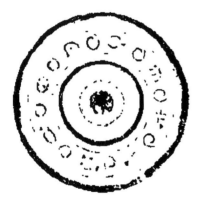

图一九　山东章丘女郎山汉墓 M11 出土铜镜

4. 1991 年 11 月安徽省天长县杨村汉墓出土 1 面。缺纽座。铭文"见日月，心勿，□日"，字之间用"e"形符号间隔，窄素缘。直径 6.7 厘米（图二○）。墓葬时代为西汉晚期[25]。

5. 1997 年山东微山县西汉画像石墓出土 1 件。半球形纽，圆形纽座。座内有呈放射状的 12 道直线，座边缘有斜向栉齿纹。纽座外有一圈铭文："见日月，心勿，夫×▶"，每字之间用"e"形符号间隔。直径 7 厘米（图二一）。墓葬时代为西汉中期偏晚[26]。

6. 2006 年江苏省淮安市宁宿徐高速公路盱眙段

图二〇　安徽天长县杨村汉墓 M1：7

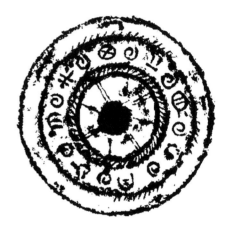

图二一　山东微山县西汉画像石墓 M18：11

仁昌汉墓发现 2 件。M4：7，圆纽，圆纽座，座内以竖线成十字形分隔，座外有一圈栉齿纹。外区为铭文"见日月，心勿，夫×▶"，字之间用"e"形符号间隔。直径 6.5 厘米（图二二）。墓葬时代为西汉晚期[27]。另一件出土于 M1 之中，原报告将此类铜镜定义为日光镜，因未公布照片及资料，是否为"日月铭"铜镜有待更多资料的公布。

7. 2017 扬州谈沟圈子汉墓出土 1 件。座外凸弦纹圈带一周，主体纹饰为两周短弦纹夹篆书铭文带，铭文"日月，心勿，夫×勿▶忘"。窄素缘。直径 7.7、厚 0.3 厘米（图二三）。墓葬时代为西汉晚期[28]。

8. 2017 年扬州边城地块汉墓 M1 出土 1 件。铭文"见日月，心勿，夫×▶"直径 6.9、厚 0.3 厘米

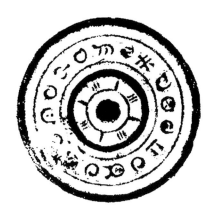

图二二　江苏盱眙仁昌汉墓 M4：7

图二四　扬州边城汉墓 M1 出土铜镜

图二三　扬州谈沟圈子汉墓出土铜镜

图二五　安徽天长三角圩汉墓 M25 出土铜镜

（图二四）。墓葬时代为西汉晚期。

9. 安徽天长三角圩 M25 出土 1 件。铭文 "见日月，心勿，夫×勿"，每两字之间用 "e" 形符号间隔，"⊥" 形符号收笔。直径 7.8、厚 0.3 厘米（图二五）。墓葬时代为西汉中期后段[29]。

10. 宿扬高速公路汉墓出土 5 件。分别出土于 M5 和 M20，其中 M5 出土 2 件，M5：151，铭文 "日月，心勿，夫见□"，每字之间用 "e" 形符号间隔。直径 6.64、厚 0.23 厘米（图二六）。M5：153，铭文 "见日月，心勿，夫"，字之间以 "e" 形符号间隔。直径 6.65、厚 0.2 厘米（图二七）。M20 出土 3 件，M20：66，铭文 "日月心勿，夫×勿"，文末一 "C" 形符号。直径 7.7、厚 0.3 厘米（图二八）。M20：67，铭文 "日月心勿，夫×勿┣"，每两字之间以 "e" 形涡纹间隔，"日勿" 后有一符号，不能辨识。窄素

缘。直径 7.65、厚 0.2 厘米（图二九）。M20：72，铭文 "日月心勿，夫×勿□"，直径 7.6、厚 0.25 厘米（图三〇）[30]。

图二六　扬州宿扬高速公路汉墓 M5：151

图二七　扬州宿扬高速公路汉墓 M5∶153

图三〇　扬州宿扬高速公路汉墓 M20∶72

图二八　扬州宿扬高速公路汉墓 M20∶66

图二九　扬州宿扬高速公路汉墓 M20∶67

三　"日月"铭铜镜与日光镜、昭明镜的比较

　　"日月"铭铜镜与日光镜、昭明镜均属于直径在 6 寸以下的中小型铜镜，镜铭释读和文字上也多有相

似之处，然而仔细考察铜镜的镜铭文字、铸造质量、保存状况和规格等，亦有较大的区别。

　　1. "日月"铭铜镜与日光镜的相似与区别。

　　已刊发的资料中，"日月"铭铜镜往往被归入日光镜中，故而有必要对日光镜略作阐述。日光镜，《中国古代铜镜》分别归入连弧纹铭文镜类的日光连弧纹镜，和重圈铭文镜类的日光重圈镜[31]。《中国铜镜史》将其归入铭文镜类的日光镜，且指出，有的日光镜类座外没有内向连弧纹[32]。《长安汉镜》则特指一种形制偏小，圆纽，纽座环以连弧纹或索状纹的铜镜，同书所列"日光草叶纹镜""日光四乳铭文镜"等尚不在内。日光镜出现于汉武帝初年，流行于西汉中晚期及王莽时期，个别可晚到东汉早期，东汉中期以后消失[33]。尽管存在分类的差异，但是有一个共同特点，即镜铭以"见日之光"四字作为首句。而"日月"铭铜镜则以"见日月"为首句，铭文与日光镜区别较大，显然不能归入同一类之中。

　　当然，日光镜和"日月"铭镜有较多的相似点，这可能是众多学者将其归入"日光镜"的原因。一则是"日月"铭铜镜与日光镜均属于小型镜，直径大部分在 6 ~ 8 厘米以内。《洛阳烧沟汉墓》认为："日光镜的铭只有八个字，在直径 8 厘米以内的镜都用日光镜的铭。昭明镜的铭较长，在直径 8 厘米以上的镜用昭明镜的铭较多。两者绝不乱用，当时刻范的工匠采用哪一种铭，是决定于所要铸的镜的大小。"[34]《长安汉镜》收录 92 件日光镜,仅有部分制作较好,大多制作粗糙,除个别直径在 10 厘米以上外,绝大部分形体较小,直径在 6 厘米以下,有些直径仅 4 厘米。少数镜体较为厚重,大多数镜体较薄[35]。二则从铭文字体上看,两者均有铭文,字体瘦长,非篆非隶,铭文间都有使用 "e" 形符号间隔的现象,十分相似。三则是两者纽、纽座、纹饰有相似性,纹饰均可分为连弧纹和圈带纹。四则是大部分保存状况不佳,铭文往往模糊不清。

2. "日月" 铭铜镜与 "昭明" 镜的相似与区别

从镜铭内容来看,"日月" 铭铜镜与昭明镜较为接近。那么 "日月" 铭铜镜是否为昭明镜的减字镜呢?"昭明" 铭铜镜是因其铭文中有 "昭明" 二字而得名,铭文标准内容为四句六言二十四字:"内清质以昭明,光辉象夫日月,心忽扬而愿忠,然雍塞而不泄。"[36] 其铭文中虽然也有 "日月" 二字,但与 "日月" 铭铜镜还是有一定的区别。

首先从铜镜铸造来看,昭明镜大多铸造精良,"日月" 镜则普遍镜体轻薄。其次从铜镜规格上看,"昭明" 铭铜镜的直径多在 8~12 厘米之内[37]。目前已经发现的 "日月" 镜,直径大多在 6~8 厘米。再次,从镜铭内容来看,昭明连弧纹镜的铭文,根据镜的大小而定,因而常有省字、减句现象,有时显得文句不通。但是总的说来,省字、减句多出现在第三句及以后,第一句基本上是 "内清以昭明" 或者 "内清质以昭明",第二句为 "光象夫日月" 或 "光辉象夫日月",第三句开始根据镜体的大小,较多的减字减句。如 "内清以昭明,光象夫日月,心忽不泄",甚至还有 "内清以昭明,光象夫日月,不"。直径 8 厘米以下的昭明镜,其铭文减字现象虽然十分繁多,但是 "昭明" 二字往往不缺。当然,个别铜镜也有缺第一句的现象,如 1982 年仪征市化纤工地 96 号墓出土的 "日月" 铭圈带纹镜,铭文 "日月心忽而穆忠,然雍塞不泄"[38]。该镜铭文明显源于昭明镜,是昭明镜减字形成。最后,从铜镜出土情况来看,"昭明" 铭铜镜是出土数量最多,流行范围最广的铜镜。"日月" 铭铜镜发现少,

从空间分布来看,以江苏发现较多,其他区域仅有少量的发现。

"日月" 铭铜镜目前发现数量不多,铭文与昭明镜、日光镜既有联系又有区别,无论归入哪一类均显不宜。笔者认为,此类铜镜根据铭文内容,当单独罗列为一类,姑且以 "日月" 铭铜镜命名之,当无大碍。

汉代铜镜种类繁多,对铜镜的命名以及分类,多以主要纹饰为依据,例如西汉早期的蟠螭纹镜、中晚期的规矩纹镜、东汉的神人车马画像镜等。但当铜镜背面既有纹饰又有铭文时,也会加上主要铭文的起首文字作为铜镜的分类,如西汉早期 "见日之光草叶纹镜",这种铜镜背面的主要纹饰就是草叶纹,铭文则是 "见日之光"、"见日之光,天下大明" 等;西汉中晚期至东汉早期的 "尚方规矩镜",此种铜镜背面的纹饰主要是规矩纹(或称博局纹),同时还有四灵、乳钉等相关纹饰,铭文则多是 "尚方作竟真大巧"、"尚方作竟真大好" 等;东汉晚期 "张氏作神兽镜" 纹饰多以神兽为主,同时有神人以及其他辅助图案,铭文则多以工匠姓氏为开头,如 "张氏"、"柏氏" 等。此种命名方式,虽显复杂,但能一目了然地展示铜镜的基本特征,《山东民间藏镜》将这类铜镜名之为 "特殊铭文镜",则不够准确,难以反映此类铜镜的铭文特征。

四 "日月" 铭铜镜的功能及使用人群

汉代不仅在地理上统一,在文化思想、等级制度上也进行了统一,形成了严格的等级制度,尤其是随葬品的等级制度日渐严格,虽然也会有逾礼现象的发生,但是作为一种日常用品,受经济条件和礼制的制约,丧葬用具也呈现出一定的等级现象。这种等级现象,不仅体现在墓葬形制上,而且在随葬品上也表现出一定的差异,铜镜也不例外。分析和了解随葬品等级之间的差异,对于充分认识当时的社会制度、经济水平等具有十分重要的意义。从 "日月" 铭铜镜在棺内摆放的位置观察,主要有两种功能,一种是作为妆奁用具,另一种是作为漆面罩

的构件。

1. 作为梳妆用具的"日月"铭镜及其使用人群

铜镜的最基本功能是"昭察衣服观容貌"[39]。"日月"铭铜镜从出土位置来看，均位于棺内，部分铜镜置于漆奁之内，或与木梳、木篦等梳妆用具同出，显然是作为梳妆用具。从出土数量来看，大部分是每棺内出土 1 件。如盱眙仁昌汉墓 M4：7，铜镜置于棺内东端，其侧有梳妆用具木梳、木篦、铁削等[40]。受保存条件的影响，部分墓葬中"日月"铭铜镜可见的伴出器物已经不详，如山东章丘女郎山西坡 M11，铜镜位于头骨西侧[41]。是否作为妆奁用具还是作为特定的明器已经难以判断。仅有个别墓葬出土两件，如仪征石碑村汉墓 M2 西棺，出土铜镜 2 件，1 件为日光镜（M2：8），出土于棺中部西侧，"日月铭"镜（M2：12）出土于死者头部西侧[42]。此外，从铸造质量上看，"日月"铭铜镜给人最直观的印象是形体较小，大部分制作粗糙，个别镜的镜面出土时凹凸不平，有可能还具有冥镜的功能。当然，铜镜一旦作为陪葬品，就发挥了明器的功能，其含义不仅仅是让死人在死后的世界继续享用，还有破除黑暗带来光明的意义。宋周密所著的《癸辛杂识·续集下》载："今世有大殓而用镜悬之棺盖以照尸者，往往谓取光明破黑暗之义，按〈汉书·霍光传〉：光之丧，赐东园温明服，虞曰：'东园处秘器，以镜置其中，以悬尸上。然则其来尚矣。'"[43]

"日月"铭铜镜的使用人群，从墓葬形制和葬具来看，除山东章丘女郎山 M11、山东微山县 M18 外，其余均为竖穴土坑木椁墓。在汉代享有木椁墓这一葬制的人，其身份地位也不会太低。汉人崇尚厚葬，"薄则葬无椁"[44]，木椁也是厚葬的标志之一。参照春秋战国时期的墓葬制度来判断，一棺一椁的这种小型木椁墓是与士一级身份相对应的，所以，我们断定汉代木椁墓主人的身份地位最低应属士一级身份或相当于士一级身份的小吏或中小土地所有者。此外，从出土铜镜的质量来看，墓主人身份与地位也不会太高。在中型墓葬中均未发现此类铜镜，也间接说明了此类铜镜的使用人群。山东章丘女郎山

西坡 M11 为小型砖室墓葬，从伴出的其他随葬品种类和数量，足以说明墓主人生前的身份属中下层官吏或者小地主阶层。山东微山县 M18 为西汉画像石墓，墓主人生前有一定的社会地位，可能是二百石以下的小官吏或豪强地主[45]。

2. 作为漆面罩构件的"日月"铭铜镜及其使用人群

漆面罩是流行于西汉晚期至新莽时期的一种丧葬用具，或称之为"温明"，是安徽天长、江苏扬州至盱眙、泗阳、连云港等沿江沿海一线的具有地域特征的丧葬用具。漆面罩可分为素面无纹漆面罩、彩绘漆面罩、纱面罩和镶嵌漆面罩四种。其中彩绘漆面罩和镶嵌漆面罩上多镶嵌有铜镜。如扬州甘泉山姚庄 M101，漆面罩内上顶及左右壁各镶嵌铜镜一面，铜镜直径均为 9 厘米，因嵌在立板上，镜背纹饰不详[46]。扬州平山养殖场 M1 漆面罩盝顶顶部中心有铜镜一面，直径 9 厘米，两侧马蹄状气孔的上部各有铜镜一面，直径 7.8 厘米，均正面向内，背面纹饰全为四乳蟠螭纹，小纽，宽平缘，无铭文，用瓦灰和生漆作黏合剂粘在木胎上，惜出土时已残破[47]。宿扬高速公路汉墓 M5、M20 发现的"日月"铭铜镜即属于漆面罩的构件。宿扬高速公路汉墓 M5 为夫妻合葬墓，西棺为女棺，出土铜镜 5 件。其中粉彩漆面罩盝顶、左、右壁各粘一枚"日月"铭铜镜。作为妆奁用具的"清白"铭连弧纹铜镜和四乳四虺镜则分别置于棺内的两个漆奁之内。M20 西棺为男性，出土铜镜 4 件，均为"日月"铭铜镜，其中漆面罩上镶嵌 3 件，铜镜直径约 7.7 厘米，漆奁内发现 1 件，直径 10.7 厘米。

关于漆面罩的使用人群，林苑瑄在《汉广陵国漆面罩初探》中对漆面罩的发现进行了系统的梳理，认为，总计出土的 25 件漆面罩中有 20 件是在扬州地区被发现，占总数的五分之四，漆面罩的使用在身份等级上存在着高低不同[48]。《江苏考古五十年》通过对将镶嵌铜镜的漆面罩划分为 Ba2-1 和 Ca2 型，推测铜镜是玉璧的替代品，用圆形铜镜来仿玉璧，各地都有专门制作具有当地特色的漆面罩的作

坊[49]。这也为"日月"铭铜镜是汉广陵国铸造提供了旁证。

五 "日月"铭铜镜产地推断

历史文献关于古代的政治、经济、思想、文化、军事等的记载较为丰富，但对当时社会生产的记载却寥寥无几。实际上，以研究各个时代各种手工业生产的原料、生产工具与设施、生产技术、生产过程、生产经营方式及其产品的传播和流通为主要内涵的"产业考古学"或者手工业考古学，对于考古学基本任务和最终目标的实现有极其重要的意义。汉代以后，大一统的政治、经济和文化共同体，手工业产品的地域性差异日渐减少，考古遗物的产地研究，对于考察当时各地的社会经济状况、不同地区间的政治和经济联系、人员往来、文化交流及交通网络等具有十分重要的意义。关于考古遗物的产地研究，尤其是历史考古学中考古遗物产地研究的方法，综合考古界的研究实践来看，主要有两类。第一类是传统考古学的方法，又可分为两种，一种可称之为"铭刻断定法"，即根据考古遗物自身有关产地的铭刻来判定其产地的方法。另一种可称之为"器物比定法"，即将考古遗物与已经发掘的同时期的有关作坊遗址出土的产品相比较以判定其产地的方法。第二类是自然科学的方法，即通过对考古遗物化学成分的分析和检测，根据其化学成分特征推定产地。

汉代铜镜发展繁荣鼎盛，文献及研究发现，记载的铸铜地点虽然很多，但是铜镜铭文中往往缺乏产地、生产工匠的信息，这为我们判定铜镜的产地造成了一定的困难。从镜范出土和铜镜铭文看，两汉铜镜产地至少有四个地方：一是今山东和关中。二是汉丹阳郡。三是广汉郡和蜀郡。四是武昌、吴郡、会稽[50]。目前仅在山东临淄发现有铜镜镜范，根据镜范，蟠螭纹镜、四乳弦纹镜、四乳龙纹镜、四乳草叶纹镜、博局草叶纹镜等五类为临淄所铸的主要产品，其中西汉初年主要生产各种蟠螭纹镜、四乳弦纹镜、四乳龙纹镜等镜类，后来转向生产各

种各样的草叶纹镜，并且尤以四乳草叶纹镜最具代表性[51]。那么"日月"铭铜镜是何处生产的呢？

笔者认为，当系扬州本地所产。首先，自先秦以来扬州地处长江中下游铜铁成矿带上，有着丰富的铜矿资源，是先秦时期重要的铜产地之一。至迟在西周时期即已使用了硫化铜矿炼铜技术，大规模采冶活动自西周始，历春秋、战国、秦、汉、六朝、唐、宋等历史时期，延续时间长达2000多年，至今仍为我国六大产铜基地之一。《神异志》载："丹阳铜似金，可锻以做器。"汉镜铭文中亦有："汉有名镆（铜）出丹阳，杂镆（铜）锡清而明，左交龙。"[52] 其次，扬州自西汉初就已经形成了一定规模的青铜冶铸手工业传承，手工业已经成为社会分工的重要组成部分。《汉书·吴王刘濞传》所载："孝惠、高后时天下初定，郡国诸侯各务自拊循其民。吴有豫章郡铜山，即招致天下亡命者盗铸钱，东煮海水为盐，以故无赋，国用饶足。"[53] 说明以铸钱为代表的冶铜工业已经广为流行。第三，汉代扬州地区是铜镜的主要铸造地之一，汉铜镜上常见铭文"汉有善铜出丹阳，冶银锡清而明"，说的即是如此。南朝陈江总方镜铭曰："…金镆石汉，铜铸丹阳，价珍负局，影丽高堂"[54] 等语，便是丹阳铸镜之意。关于汉代扬州铸镜，《汉广陵国铜镜》中进行了充分的论证，总结了扬州产铜镜的基本艺术特征，为我们了解扬州汉代铸镜提供了有益的线索。第四，中国古代手工业产品的典型特性就是制造和流通的地方性，也就是说，作为广为流通的商品，手工业产品的流通应该是以制造区域为中心，呈地域性放射状分布。简言之，距离生产基地越近，流通的越多。从"日月"铭铜镜的空间分布来看，出土地点不详的8件，其余25面铜镜，安徽天长2件、湖北鄂城1件、山东7件、旅顺2件、江苏省多达13件。从汉代政治地理分析，扬州西汉早期属吴王刘濞封地，今盱眙县属吴王刘濞封地，至武帝元狩六年（公元前117年），置临淮郡，盱眙为都尉治所。今安徽天长西汉为广陵国属地。由此，则"日月"铭铜镜在汉广陵国境内发现15件，占地点明确的"日

月"铭铜镜发现总数的 60%，初步推测为"日月"铭铜镜的制造中心。汉代商业发达，以城市为中心的商品经济在中国古代曾发达到空前繁荣和高度发展的程度，这在学术界已是公认的事实。各地的物产经过贩运交易，在全国得以流通，这也是在山东、湖北甚至辽宁可见到"日月"铭铜镜的原因。

综上所述，我们可初步认定"日月"铭铜镜是一种新的铜镜类型，其铭文以篆体"见日月，心勿，夫……"为特征，纹饰有八连弧纹和圈带纹两种，镜体轻薄，直径 6～10 厘米，以 6～7 厘米为多，主要流行于汉广陵国境内，其时代根据墓葬时代推断，出现于西汉中期偏晚，流行于西汉晚期。在汉代商品经济高度发达的背景下，部分铜镜通过不同的流通途径进入湖北、山东等地。同时，这类铜镜因其体型轻薄，亦被用于构筑漆面罩。日月铭铜镜的认定，为汉代广陵国铜镜的铸造、传播路线等提供了一定的参考，也为扬州是汉代铸镜中心之一提供了新的证据。

----

［1］　关于铜镜铭文的出现时间，有战国晚期与西汉早期两种说法，本文暂用西汉早期说。

［2］　笔者仅查阅了《洛阳烧沟汉墓》《广州汉墓》《长安墓》《大通上孙家寨汉晋墓》《白鹿原汉墓》《荆州高台秦汉墓》《长沙发掘报告》《天长三角圩墓地》《巢湖汉墓》《庐江汉墓》等有限的考古发掘报告。

［3］　笔者仅查阅了相关的铜镜图录，如《广西汉镜》《故宫藏镜》《长安汉镜》《湖南出土铜镜图录》《吉林出土铜镜》《九江出土铜镜》《陕西省出土铜镜》《四川省出土铜镜》《洛阳出土铜镜》《浙江出土铜镜》《汉广陵国铜镜》《仪征出土铜镜》《山东民间藏镜》《皖江汉魏铜镜选粹》《三槐堂藏镜》等图录。这十五本图录：其一，从地域上来看，遍布全国各地，有陕西、河南、四川、湖南、安徽、浙江、吉林、广西等地，从南到北，具有广泛性，既有汉代核心区域出土，又有边疆出土；其二，各图录上的铭文镜都是该地出土、传世的典型器物，尽管在产地上未必是当地出产，但是其流行区域的分布说明了该时期某种铜镜的使用频度，具有较强的代表性，为研究的科学性提

供了保证；第三，上述资料中所刊录的铜镜，基本上涵盖了铭文镜的所有种类，选取的铜镜种类，既有博物馆藏镜，也有民间藏镜，具有全面性的特点。

［4］　笔者仅查阅了相关的铜镜研究著述，如《中国古代铜镜》《中国铜镜史》《中国古代铜镜的技术研究》等。

［5］　张道来、魏传来：《山东民间藏镜》第 6～7 页，齐鲁书社，2006 年。

［6］　"中国古镜研究"班：《前汉镜铭集释》第 169 页，日本《东方学报》第 84 册，2009 年。

［7］　中国科学院考古研究所：《长沙发掘报告》第 116～117 页，科学出版社，1957 年。

［8］　笔者仅检阅了部分发掘简报，未能检阅全部的汉墓发掘简报。

［9］　张金明、陆雪春：《中国古铜镜鉴赏图录》第 100 页，中国民族摄影艺术出版社，2002 年。

［10］　旅顺博物馆编：《旅顺博物馆藏铜镜》第 28 页，文物出版社，1997 年。

［11］　程长新、程瑞秀：《铜镜鉴赏》图版 16，燕山出版社，1989 年。

［12］　湖北省博物馆、鄂城市博物馆：《鄂城汉三国六朝铜镜》图版 1，文物出版社，1986 年。

［13］　徐忠文、周长源主编：《汉广陵国铜镜》第 90 页，文物出版社，2013 年。

［14］　《山东民间藏镜》第 70 页。

［15］　孙立谋：《铜镜珍藏》第 18 页，辽宁画报出版社，2002 年。

［16］　《旅顺博物馆藏铜镜》第 37 页。

［17］　黄濬编：《尊古斋古镜集景》第 123 页，上海古籍出版社，1990 年。

［18］　《山东民间藏镜》第 69～71 页。

［19］　孙赛雄：《日籍中的汉魏铭文镜汇编》，复旦大学硕士学位论文，2014 年。

［20］　扬州市文物考古研究所内部资料。

［21］　闫璘、薛炳宏：《宿扬高速公路汉墓出土铜镜鉴赏》，《收藏家》2018 年第 1 期。

［22］　蒋缵初：《扬州地区出土的铜镜》，《文物参考资料》1957 年第 8 期。

［23］　南京博物院：《江苏仪征石碑村汉代木椁墓》，《考古》1966 年第 1 期。

［24］　济青公路文物考古队绣惠分队：《章丘女郎山战国、汉代墓地发掘报告》，见《济青高级公路章丘段考古发掘报告集》，齐鲁书社，1993 年。

[25] 安徽省文物考古研究所、天长县文物管理所：《安徽省天长县杨村汉墓》，《东南文化》1992 年第 6 期。

[26] 微山县文物管理所：《山东微山县西汉画像石墓》，《文物》2000 年第 10 期。

[27] 淮安市博物馆：《江苏盱眙仁昌汉墓发掘报告》，《东南文化》2014 年第 4 期。

[28] 扬州市文物考古研究所内部资料。

[29] 安徽省文物考古研究所：《天长三角圩墓地》第 303 ～ 304 页，科学出版社，2013 年。

[30] 同 [21]。

[31] 孔祥星、刘一曼：《中国古代铜镜》第 57 页，文物出版社，1984 年。

[32] 管维良：《中国铜镜史》第 72 页，重庆出版社，2006 年。

[33] 程林河、韩国河：《长安汉镜》第 89 页，陕西人民出版社，2001 年。

[34] 中国科学院考古研究所：《洛阳烧沟汉墓》第 174 页，科学出版社，1959 年。

[35] 同 [33]。

[36] 中国青铜器全集编辑委员会：《中国青铜器全集：铜镜》第 13 页，文物出版社，2012 年。

[37] 《中国古代铜镜》第 68 页。

[38] 《汉广陵国铜镜》第 106。

[39] 铜华镜，半球形纽，圆形纽座饰柿蒂纹，外圈有一周铭文："清冶铜华以为镜昭察衣服观容貌丝组杂澶以为信清光照佳人。"见南京博物院、淮阴博物馆、盱眙县博物馆：《盱眙小云山六七号西汉墓发掘报告》，《东南文化》2002 年第 11 期。

[40] 同 [27]。

[41] 同 [24]。

[42] 同 [23]。

[43] [宋] 周密：《癸辛杂识·续集下》第 202 页，中华书局，1980 年。

[44] 杨树达：《汉代婚丧礼俗考》第 61 页，上海古籍出版社，2000 年。

[45] 同 [26]。

[46] 扬州市博物馆：《江苏邗江姚庄 101 号西汉墓》，《文物》1988 年第 2 期。

[47] 扬州市博物馆：《扬州平山养殖场汉墓清理简报》，《文物》1987 年第 1 期。

[48] 林苑瑄：《汉代广陵漆面罩初探》，《江淮文化论丛》第 2 辑，文物出版社，2013 年。

[49] 邹厚本主编：《江苏考古五十年》第 263 ～ 264 页，南京出版社，2000 年。

[50] 何堂坤：《中国古代铜镜的技术研究》第 23 ～ 24 页，紫禁城出版社，1999 年。

[51] 白云翔、张光明：《山东临淄齐国故城汉代镜范的发现与研究》，《考古》2005 年第 12 期。

[52] 董波：《几面有广告铭文的汉丹阳镜》，《文物春秋》2007 年第 1 期。

[53] 《汉书·荆燕吴传第五》第 1905 页，中华书局，1962 年。

[54] [唐] 欧阳修撰，汪绍楹校：《艺文类聚》卷七十第 1228 页，上海古籍出版社，1965 年。

扬州地区出土西汉文献与图像研究二则

朱超龙（扬州市文物考古研究所）

内容摘要：胡场五号汉墓木牍是重要的出土文字资料，包括告地策、日记牍和神灵名位牍。告地策上的"宫司空长、丞"是阳世实有之职，其职能是"择土造穿"，并主持"告地"相关仪礼；神灵名位牍右下所书"宫司空"不是神灵，而是宫司空的署名，告地策上所告之"土主"可能不是专指某神，而是地下神灵的泛称，也就是神灵名位牍上所列诸神，也就是说，告地策与神灵名位牍应是同一仪式上组合使用的文书，由宫司空长、丞分别书写并互相配合使用；告地策文中两个时间，"卅七年"是举行"筮宅"或"告地"相关仪礼的时间，"卅八年"是墓主下葬时间；"狱事"并不是刑罚、刑狱之意，而是指登报地下名籍之事。日记牍上所记为丧祭期间的活动记录，主要是吊伤亲友的往还记录，应名"丧祭日记牍"。仪征杨庄汉墓所出漆画则是扬州地区出土的重要图像资料。本文首先辨正其定名，认为其性质为漆盾；漆画中右下瑞兽或与开明兽有关，其形象可能受到近东地区美术作品中兽类形象的影响，其与东汉时期的石兽和铜兽存在渊源关系；两只异兽的惊惧状态与画面整体向上的气氛并不协调，应该不是瑞兽一类，是为了侧面表现龙虎之威猛，以达到镇墓的目的；最后对马王堆"T"形帛画的一些细节问题进行考证。

关键词：胡场五号墓　告地策　土主　镇墓　马王堆

一　再读邗江胡场五号汉墓出土木牍

1980 年 4 月，扬州博物馆在扬州市西郊的邗江县西湖公社胡场大队（今邗江区西湖镇胡场村）清理了一座西汉中期的夫妻合葬墓，编号 M5。墓中出土了丰富的随葬品，其中有十三件木牍颇为引人注意。这些木牍中有文字可辨的六件，能识读的五件，包括"神灵名位牍"一件、"日记牍"一件、"文告牍"二件和"丧祭物品牍"一件[1]。资料发表后曾引起学界的广泛关注，已有多位学者相继撰文讨论。笔者对前贤论述梳理之后，感到一些问题仍有讨论余地，包括"文告牍"的释读、"日记牍"的性质和"神灵名位牍"的一些细节。下文就针对这三个问题补充一些意见，供关注这方面的专家参考。

（一）告地策、日记牍与神灵名位牍

"文告牍"是发掘者的定名，其性质是告地策[2]，这里不再赘言。出土位置在侧箱，共 2 件，长 23、宽约 3.5 厘米，共隶书 61 字，第一件 42 字，第二件 19 字（图一）。合文为："卅七年十二月丙子朔辛卯广陵宫司空长前丞□敢告土主广陵石里男子王奉世有狱事：已复故郡乡里遣自致移棺（诣）穴卅八年狱计承书从事如律令。"

发掘者没有对告地策句读，后有学者对一些关键字的识读提出过不同意见，其中有一些需要引起重视，如黄盛璋将"承书"改释为"辟书"[3]，《江苏连云港·扬州新出土简牍选》将"丞"的名字补

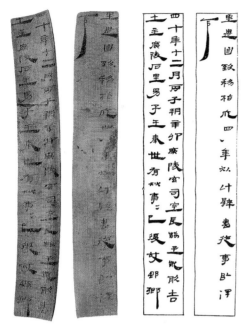

图一　胡场五号墓告地策及摹本

释为"眦"[4]。参考图版来看，两说可从。至于其他意见，虽能上下通读，但在字形上尚有距离，在没有充分证据的情况下，本文仍从发掘者释文。在此基础上，兹依个人理解，将告地策释文断句如下：

冊七年十二月丙子朔辛卯，广陵宫司空长前、丞眦敢告土主：广陵石里男子王奉世有狱事，事已，复故郡乡里，遣自致，移（指）诣穴，冊八年。狱计辟书，从事如律令。

"日记牍"出于侧箱，1件，正面文字12行，背面7行（图二）。发掘者对其识读缺讹较多，后王冰对牍文内容多有补释，同年出版的《江苏连云港·扬州新出土简牍选》中的释文与王冰同[5]。从已有的识读成果来看，对一些字的认识可能还有商讨的余地，不过笔者后面对日记牍的讨论并不涉及具体内容。兹从王冰与《江苏连云港·扬州新出土简牍选》校释，录文如下：

正面：

十一月二日道堂邑人□

十日辛酉 漆 广 徙 ［远］道京来

十六日丁卯 陈 忠 徙 ［远］道高密来

十七日戊辰陈忠取敦 ［淳］于兄 ［?］狗□也□

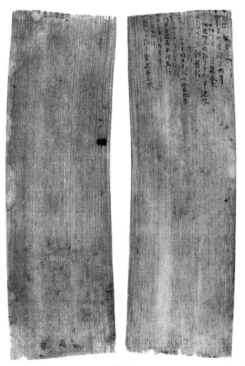

图二　胡场五号墓日记牍及摹本

廿八日己卯中大夫猇马行

卅日辛巳王 免 青

十二月十三日甲午徐延年行陈忠取狗来

十五日中大夫尤父主∑［得］行

十六日王 免 青［菁］矛［茅］除吏行

廿日辛丑徐延年来

廿三日文⊓得

廿五日丙午赵子宾道堂邑来

背面：

　戊□）己未　庚申　辛酉　壬戌　癸甲

"神灵名位牍"出于棺室，1 件，隶书 7 列 99 字（图三）。录文如下：

江君、上蒲神君、高邮君大王、满君、卢相泛君、中外王父母、神魂

仓天、天公

大翁、赵长夫所□、淮河、瑜君、石里神社、城阳□君

石里里主、宫春姬所□君□、大王、吴王、□王、泛□神王、大后垂

宫中□池、□□神社

当路君、荆主、奚丘君、水上、□君王、□杜

宫司空、杜、邑、塞

（二）告地策与神灵名位牍考补

"广陵宫司空长、丞"的职能和性质——阳世实有之官还是虚拟的地下阴吏尚存争议，刘昭瑞[6]和鲁西奇[7]认为是虚构的，黄盛璋认为"宫司空长、丞"是虚造的广陵国郡国宫内监狱官吏，两个官员的名字也是虚造[8]；认为是阳世实有之官的有梁勇[9]和田天。其中田天的讨论有一点值得注意，她认为从其他性质较为相似的文书来看，未见神祇间相互移告的情况出现[10]。另从马王堆三号墓的例子来看，移告者为"家丞"[11]，这个身份的虚实是无

图三　神灵名位牍及摹本

需多言的。主虚构说的学者最重要的一个论据是神灵名位牍中出现了"宫司空"。不过有一个值得注意的细节是，从每一行的数量和间距来看，神灵名位牍上诸神的排列显然是经过一定布置的，毕竟是时人奉祀的神灵，书写时不应该随意为之，不过最下方几字却与整体的布列很不协调，右下角"宫司空"三字的书写明显较为随意，而且木牍上书写的神灵或为虚拟的自然神，或为实有的历史人物，只有宫司空是阳世实有的官职。这样，最下方的几字很有突兀的感觉，或与其上罗列的诸神灵不是一个性质。这些现象也许能够说明，神灵名位牍上的"宫司空"并不是与上面并列的神灵，而应是署名。宫司空参与相关丧葬仪礼，既参与告地仪式，也有可能参与祭神仪式，而且祭神可能即是告地的主要内容（详见下文），书写神灵名位牍并署名，是完全可能的。

既是阳世实有之官，那么他们的职能是什么，这一点论者也有不同看法。黄盛璋根据史载指出"司空为管刑狱之官"，王奉世是"系于广陵宫内司空狱"[12]，后来者多承此说。梁勇则认为司空主要负责宫室与官署的营建[13]。两说都有史料为据。

据学者研究，秦汉时期政府在郡国县乡设置的司空，主司水利、土建工程，役使罪犯劳作，并负责徭役征发和追缴逋贷等事务，朝廷有邦司空、中司空，九卿属下也有监管刑徒劳作的多种"司空"机构，附设"诏狱"[14]。这是目前对司空职能的基本认知。但这里有一个问题，宫司空何以会承担"敢告土主"之责，换句话说，对告地策中宫司空职能的两种认识实际上都脱离了墓葬情境，不论死者生前经历如何，告地策的性质是丧葬文书，是明器，这是立论的前提。"刑狱之官"说虽可与其后的"狱事"两相对照，但据笔者研究，告地策中提到的"狱事"实与刑狱无涉（详见下文），宫司空的职能当有他解。

宫司空既然出现在丧葬文书中，其职能自然当在丧葬仪礼方面考虑。笔者翻检到一条史料，《后汉书·仪礼志》"大丧条"上说："司空择土造穴。太史卜日。"[15]即卜择宅兆位置并营造冢墓。东汉时期道书《太平经》上说："凡凿地动土，入地不过三尺为法：一尺者，阳所照，气属天也；二尺者，物所生，气属中和也；三尺者及地身，气属阴；过此而下者，伤地形，皆为凶也。古者依山谷岩穴，不兴梁柱，所以其人少病也。后世贼土过多，故多病也。"[16]所以营造冢墓时，亡人亲属往往会采取多种方法厌镇破土可能带来的凶恶，以保证生者和亡人安宁，这是墓中随葬告地策的思想背景。其移告对象为"土主"，使用告地策的目的即是向其通告亡人之殁亡，祈请地下世界的接纳[17]，这在当时是非常普遍的信仰观念。司空既负责"择土造穴"，"告土主"之责自然也应由其担任，所以此方告地策当是广陵宫司空行"择土造穴"相关仪式时的产物。这是以往对司空职能的认识中不曾注意的，也不见于其他同类文书。当然，"择土造穴"也属于工程营造的范畴。

告地策与神灵名位牍的字体明显有别，它们应是宫司空长前和宫司空丞眦各自书写的。而二人又是告地之礼的重要参与者，或即主持者，可见神灵名位牍与告地策有密切的关系。以往的讨论都是把他们分开解读，我们认为包括日记牍和丧祭物品牍在内，都应该联系起来考虑。我们看木牍出土的位置，除了神灵名位牍是出在男棺盖板北部，"余者出于侧厢"。细审原报告所附"M5 随葬器物平面图"，几枚木牍集中放置在侧厢南端。原报告还介绍，十三件木牍只是宽度不同，长度均为 23 厘米，它们在形制上是较为统一的，不应分开讨论。从这个角度来看，告地策中提到的"土主"，湖北江陵毛家园 1 号汉墓告地策上的"地下主"[18]，以往都认作地下主神，现在笔者颇怀疑神灵名位牍上所列诸神其实就是所谓"土主"，"土主"和"地下主"本身就有俗称的味道，可能不是特指，而是地下诸神的统称，所告的对象就是他们。告地策与神灵名位牍应是同一仪式上组合使用的文书，由宫司空长、丞分别书写并互相配合使用。

以上推论可以后世文献作为侧证。北宋《地理新书》卷一四《斩草忌龙虎符入墓年月》条记有"斩草"的详细步骤，其谓：

> 凡斩草，取茅或秆草九茎，三三之数也。斩三下者，断三殃害也。更有众子，各加三茎，用五色钱，三道数之，置于黄帝位前。先王用誓板，长一尺，阔七寸；诸侯巳下用祭板，长一尺，阔七寸；位板十九，各方五寸。巳上各书神位。公侯巳下皆须铁券，长阔如祭板，朱书其文，置于黄帝位前。其一埋于明堂位心，其一置穴中枢前埋之。

斩草是破土前的仪式，上书同卷说：

> 人生蓐以草，男女嘉会荐以草，死者籍以草。草者，地之毛，生则游于地上，死则归于地下。三者皆人之始终，不离于草也，故云"斩草"。又曰：古者葬于幽远，草木深荒，故云"斩草"也。斩草者，断恶鬼，安亡魂也。《鬼律》云：葬不斩草，买地不立券者，名曰盗葬，大凶。[19]

笔者虽不同意告地策与买地券的直接渊源关系[20]，但二者反映的思想是相通的，而且从上引太平经来看，这种思想从汉代一直到今天都有，很有生命力。唐宋时期行斩草时于祭板上朱书其文值得注意，其实按常理来说，既然告地策与买地券都有向地下神主通告的含义，理应都有祭神的环节，胡场五号墓同出的神灵名位牍，应当就是告地时用以祭神使用的。

再说"卅七年"与"卅八年"。告地策文中出现了两个时间，一个是文首较为精确的"卅七年十二月丙子朔辛卯"，"卅七年"为宣帝本始三年（公元前 71 年）；一个是文末较为模糊的"卅八年"，也就是宣帝本始四年（公元前 70 年）。发掘者据此推测"墓主的亡卒日期即为宣帝本始三年十二月十六日"，"卅八年"为下葬日期。

本文同意发掘者对"卅八年"为王奉世下葬日期的推论，但对"卅七年"另有看法。首先从语境上看，前面的时间是宫司空"敢告土主"的时间，其背后似是某种仪礼的反映。本文认为宫司空二人所司实际上就是"筮宅"，至少与之关系密切，其程序在《仪礼·士丧礼》中有记[21]：

> 筮宅，冢人营之。掘四隅，外其壤，掘中，南其壤。既朝哭，主人皆往，兆南北面，免绖。命筮者在主人之右。筮者东面，抽上韇，兼执之，南面受命。命曰："哀子某，为其父某甫筮宅。度兹幽宅兆基，无有后艰？"筮人许诺，不述命，右还，北面，指中封而筮。卦者在左。卒筮，执卦以示命筮者。命筮者受视，反之。东面旅占，卒，进告于命筮者与主人："占之曰从。"主人绖，哭，不踊。若不从，筮择如初仪。

"筮宅"前后还有各种繁复仪礼，但与"告土主"有关的，只有"筮宅"和下葬两种。"卅七年十二月丙子朔辛卯"应该是"筮宅"时或稍后又行"告地"礼的时间，告地策也写于此时。发掘者的推论，不符合当时的礼仪程序。

这也能够解释告地策中"事已，复故郡乡里，遣自致，移诣穴，卅八年"的含义。因筮宅后还有繁冗礼仪多种，所以还需亡人"复故郡乡里"完成。遂与"土主"约定，丧礼后即"遣自致，移诣穴"，约定的时间是"卅八年"。因筮宅后，还有"卜日"，此时亡人下葬日期未定，但筮宅时已是卅七年十二月了，下葬的年份是确定的，所以此时只能书"卅八年"。这就是文首"告土主"的时间如此精确，而下葬的时间相对模糊的原因。

这里有一点需要指出，"移诣穴"中的"穴"字的识读是存在争议的，笔者采纳此字只是方便问题的探讨，对照图版，此字与"穴"的字形还有一些距离。结合上面的讨论，笔者认为此字可能是与"卅八年"相关的介词，类似"移诣，至卅八年"，表明亡人会在此时如约移往。因据《说文解字》："诣，候至也。"段注说："候至也，节候所至也。致下云。送至曰诣。"[22]

再说"狱事"，其含义似乎不言自明，原报告说，上海自然博物馆人类组曾对王奉世遗骸进行过鉴定，鉴定显示"王奉世头骨异常"，"疑为受刑或长期受重压所致"，这就与告地策上的"狱事"对应起来了。黄盛璋说王奉世的"狱事"必因犯罪，而系于广陵宫内司空狱，"狱事未复，死在狱中"。王冰还将其与广陵厉王刘胥下神诅上之事联系起来。但我们的怀疑就在这个推论上。

考诸汉代刑罚史，文帝十三年因"缇萦救父"一事，汉文帝曾下令废除肉刑[23]，告地策的年代在宣帝本始三年（前 71 年），此时肉刑尚未恢复。当然也可以说地方郡国对王奉世施加了私刑，但从鉴定报告来看，王奉世头骨异常并不是短期形成的，若是犯了大罪，杀便杀了，罚便罚了，何至于长期折磨至死。而且罪恶如此，死后还以礼安葬，这显然是矛盾的。清人沈家本详尽梳理中国古代刑罚，历代典籍中记载的能对人的身体造成损伤的大概有 30 种，包括醢、炮格、焚、烹、轘、凌迟、肢解、磔、腰斩、枭首、斩、杀、绞、磬、弃市、笞杀、剖心、射杀、投崖、宫、刵、贯耳、刖、膑、断腕、断脚筋、剭、鞭、杖等[24]，鉴定报告既然说"头骨异常"，就不会是一次性的物理损伤，极有可能是头骨变形，上述刑罚都不能形成这个结果。所以发掘者将头骨鉴定结果与"狱事"的比附实际上禁不起推敲，王奉世头骨变形可能是生前某种疾病导致的，与生前所受刑罚应该没有关系。

"狱"的含义不只是刑罚、刑狱，也与名籍有关。如长沙走马楼出土的西汉简牍：

> 五年九月丙辰朔壬申，都乡胜敢言之。狱移劾曰：复移五年计，余口四千二百廿七。案阅实四千二百七十四，其册九口计后。[25]

这是关于都乡复核长沙王五年人口数字的文书，由"狱"复移。又有湖北江陵张家山 247 号汉墓《奏谳书》，编号为一四的竹简记载：

> 八年十月己未，安陆丞忠刻（劾）狱史平舍匿无名数大男子种一月，平曰：诚智（知）种无[名]数，舍匿之，罪，它如刻（劾）。……鞫：平智（知）种无名数，舍匿之，审。当：平当耐为隶臣，锢，毋得以爵，当赏免。令曰：诸无名数者，皆令自占书名数，令到县道官，盈卅日，不自占书名数，皆耐为隶臣妾，锢，勿令以爵、赏免，舍匿者与同罪。以此当平。[26]

文书中狱史因匿无名数的男子一月被罚作隶臣妾，也可见名籍事与"狱史"一职似有密切关联。

黄盛璋早已指出，"告地策移文地下，目的就是为登报户籍"，也就是"地上削籍、地下着籍"[27]。湖北荆州高台 18 号汉墓出土告地策有"谒告安都，受名数"[28]，湖北随州孔家坡汉墓 M8 出土告地策有"移地下丞，受数毋报"[29]等语，是告地策登报冥籍功用的明证。王奉世告地策上的"狱事"，亦指地下名数。

《说文解字·㹜部》："㹜，两犬相啮也，从二犬。"又"狱，确也。从㹜从言，二犬所以守也。"段注说："狱字从㹜者，取相争之意。"[30] 沈家本《历代刑法考·狱考》说："狱，从㹜，从言。㹜，两犬相啮也……相啮必先相争，人相争亦类是，故从㹜。相争必以言，以言相争而后有狱。"[31] 据此，"狱"的本义为"以言相争"，或可引申为案件、官司、司法之义，例如《汉书·景帝纪》："狱，重事也。人有智愚，官有上下。狱疑者谳有司，有司所不能决，移廷尉。有令谳而后不当，谳者不为失。欲令治狱者务先宽。"[32]并不专指刑狱、刑罚。案件则分为刑事案件、民事案件，犹今天的公安部门主管治安，也管户籍，名籍事也属于"狱事"的范畴。王奉世告地策又有"狱计"，"计"与上引走马楼简牍之"计"同为审计之意，这里是模拟作专司"狱事"的阴间小吏。

综合以上，该告地策的大意可疏通为：册七年十二月丙子朔辛卯，广陵宫司空长前和宫司空丞眦请告：今有广陵石里男子王奉世向土主申报冥籍，允准后，亡人再复故里处理身后事，事毕后，自会于册八年某月日进入地下世界登报。狱计承领文书后，如律令从事。

（三）"日记牍"的性质

关于日记牍的性质，发掘者推测"这是私人记录，很可能就是墓主王奉世入狱后，对前往探望（营救）他的人的记录"。黄盛璋指出这是与公事有关的记录，与探望和营救无关[33]。王冰认为这是"王奉世记录广陵王宫内比较重要的事情的职务行为，其本人亦当是王宫内掌书记（类史官之属）事宜的吏员"[34]。田天的看法与王冰类似[35]。

前贤的解释，都以日记牍为"生器"，上面已指出，木牍出土于同一位置，它们在形制上也是较为统一的。而且所谓"狱事"与地下名籍有关，不是刑狱之事。"公事记录"说似有一定道理，不过从图版来看，如发掘者所说，牍文的"书写草率，远不如文告牍书体规整"，如果王奉世为王宫内掌书记的吏员，书写的水平应不至于如此。这些都表明，十三件木牍的性质应该是一致的，是"明器"，不是墓主人生前所用。还是应该将所谓日记牍与告地策、神灵名位牍联系起来解读。

日记牍是以时间为纲罗列人物活动的格式，从中我们能够得到两个基本信息，一是时间上比较紧凑，人员来往比较频密；二是大部分的人物活动未记录具体内容，大多是"某人来"或"某人行"这样的表述。说明他们往来的是同一地点，参与的是同一活动，所以才没有一一实录的必要。提到的比较具体的是"取狗来"一事，王冰指出取狗可能是为宗庙祭祀做准备，但从现有的信息来看难置可否，不过从礼仪活动的方向上解读应当是不错的。本文推测日记牍应与王奉世死后居丧期间的丧事活动有关，联系其他木牍，上面记录的主要是前来吊丧的亲友的往还记录，也就是同墓出土"丧祭物品牍"右下"伤人各随其实"中的"伤人"。《管子·君臣下》上说："明君饰食，饮吊伤之礼。"尹知章注："伤，谓丧祭也。"[36]也就是说，所谓的"日记牍"记来往"伤人"，丧祭物品牍记"伤人"赗赠之事，同墓出土木签、木觚记具体物品，它们一同构成了汉代丧祭活动的一套程序，是比较重要的信息。除了"伤人"的往还记录，日记牍中也有居丧期间亲属或家中仆役处理各种礼仪之事，取狗一事即为亡人死后的丧祭活动中所用。

所以"日记牍"的定名并无大错，但改为"丧祭日记牍"似更符合其性质。

汉代对吊丧之礼十分重视，西汉时期，民间"四时之间亡日休息，又私自送往迎来，吊死问疾，养孤长幼在其中，勤苦如此"[37]。东汉时朝中还有光禄大夫专掌吊丧之事，所以将吊丧活动书于竹帛并不是值得奇怪的事。王奉世墓中发现的这枚"丧祭日记牍"应当是现在丧事记录最早的源头，只是如今是以礼金为中心，而《礼记·曲礼》上说："吊丧弗能赙，不问其所费。"[38]遂只书往还亲友姓名。

二 仪征杨庄西汉墓出土漆画及相关问题

1994 年在江苏省仪征市陈集镇杨庄一座西汉晚期墓中曾出土一件"漆娶"，近来公布在仪征博物馆编《仪征出土汉代漆木器》一书中。比较可贵的是，该"漆娶"上面绘有较大篇幅的漆画，精美非常，内涵丰富，一定程度上填补了该地区汉代大篇幅图像的空白，对认识汉代艺术及其体现的思想文化提供了较为难得的资料（图四）[39]。笔者一时所得，部分已发表在 2018 年的《仪征文博》，但限于篇幅，一些想法没能展开，一些考虑也有不周，现在重新整理出来，对其图像及相关问题再作考证。

图四　仪征杨庄西汉墓漆盾

（一）"漆翣"为"漆盾"辨正

关于该件漆器性质，《仪征出土汉代漆木器》定为"漆翣"，而在更早的《汉广陵国漆器》[40]和《仪征出土文物集萃》[41]两书中，曾公布该件漆器修复前的部分残件，定为漆盾。可见整理者对其性质的理解是摇摆不定的。

翣是先秦时期礼乐制度的重要组成元素，早期史料中有较为详细的记载，考古工作中也有实物出土，所以关于它的认定并不很难。笔者简单梳理了翣的文献记载和考古发现，认为整理者的定名是有问题的。

根据早期文献描述，翣大致可以分为三种：

（一）乐悬之饰。此据《礼记·明堂位》："夏后氏之龙簨虡，殷之崇牙，周之璧翣。"《正义》曰："此一经明鲁有三代乐县之饰。……'周之璧翣'者，谓周人于此簨上画缯为翣，戴之以璧，下县五采羽，挂于簨角，后王弥文，故饰弥多也。"[42]

（二）车饰。此据《周礼·春官·巾车》："辇车，组挽，有翣，羽盖。"郑玄注曰："有翣所以御风尘，以羽作小盖，为翳日也。"[43]

（三）棺饰。《说文解字注》上说："翣。棺羽饰也。棺饰本周礼。《周礼》：丧缝棺饰焉，衣翣柳之材。《檀弓》：周人墙置翣。又饰棺墙置翣。郑曰：翣以布衣木如摄与。《丧大记》注：汉礼：翣以木为筐，广三尺，高二尺四寸，方，两角高，衣以白布，画者画云气，其余各如其象。柄长五尺。车行，使人持之而从。既窆，树于圹中。按翣柳皆棺饰也。郑云以布衣木，又引汉礼况之。经无用羽明文。以其物下垂，故从羽也。天子八，诸侯六，大夫四，士二。《礼器》曰：天子八翣，诸侯六翣，大夫四翣。《丧大记》：君黼翣二，黻翣二，画翣二，此诸侯六翣也。大夫黻翣二，画翣二，此大夫四翣也。《周礼》注：天子又有龙翣二。下笀从羽。翣者，下垂于棺网旁，如羽翼然，故字从羽。非真羽也，故居末焉。从羽之上当有如羽二字。"[44]

诸说看似纷乱，但不论是簨虡饰、车饰还是棺饰，都以翣作为障蔽的饰物。可以认为，翣并不是专有的名词，是用以障蔽的饰物的泛称。《周礼·春官·巾车》贾公彦疏曰："翣即扇也。"[45]《小尔雅·广服》上说："大扇谓之翣。"[46]可知翣即大扇，所以翣又叫"翣扇"。此外也有"璧翣"[47]、"蒌翣"[48]之称。作为棺饰的翣，是以木为框，以白布蒙之，其上图画云气，并且有柄，使人持之随车而行，葬礼结束后，树于墓中。使用的目的主要是"为使人勿恶也"[49]。此外还有"广三尺，高二尺四寸"、成对随葬、"下垂"等特征，都与仪征杨庄所出漆器的特征难合。

湖北荆州谢家桥一号汉墓曾出土两件翣的实物，其中一件用薄木板雕刻而成，出土于棺室，翣的中部为2件双连卷云纹玉璧，两侧为2条交尾长龙，长63、宽54.6、厚1厘米（图五）[50]。与仪征所出漆翣判然有别。此外，河南三门峡上村岭虢国墓地、平顶山滍阳岭、陕西西安张家坡、山东莒县西大庄、甘肃礼县圆顶山等两周墓地相继出土过两周时期的铜翣，全部是成对出土，呈山字形[51]。一般来说，物质遗存的演变只是有所损益，都有规律可循，一般不会相差如此之大。更为直接的例证是，江苏邗江姚庄101号西汉墓曾出土一件较为完整的盾，上端呈弧状，下边平直，正面髹褐漆，背面髹朱漆，中部有一梭形把手，木胎，残长60、宽26～30厘米，把长23.5、宽2.5、高3厘米，出土位置是头箱[52]。1984年在仪征胥浦姜林西汉晚期墓中也出土了两件漆木盾，呈上窄下宽的圆角等腰梯形，长79.4、宽38.2厘米[53]。据《仪征》一书介绍，仪征杨庄汉墓出土漆器长73.5、宽27.5厘米，不论是时代、器形还是尺寸，与姚庄汉墓和姜林汉墓所出几无二致，只是后者没有图画。杨庄汉墓所出漆器中间有孔，推测原应有长木柄，有的漆盾也是有长木柄的，湖北江陵李家台4号楚墓出土的漆盾，反面就安有长木条，应是起到加固作用[54]。除了实物，仪征烟袋山4号车马坑所出执盾木俑，左手所执盾的形制与该件漆器也没有大的差别[55]（图六）。

以上都说明，仪征杨庄汉墓出土所谓"漆翣"应为漆盾。该漆盾与同时期常见的盾在形制上确实

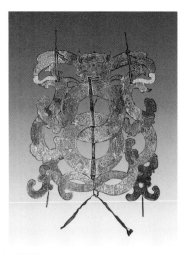

图五 湖北荆州谢家桥 M1 出土翣

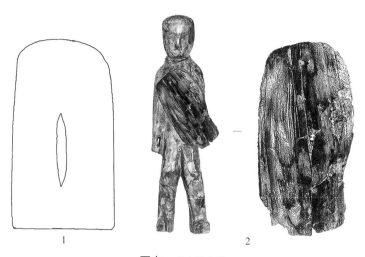

图六 出土漆木盾
1. 姚庄 M101 漆盾 2. 烟袋山 4 号车马坑出土执盾木俑

有一些差别，这应是材质和作为明器的性质影响的结果，但参考同时期出土的漆盾和木俑，其性质还是可以确认的。

随葬盾是楚地常见葬俗，仅就扬州地区来说，除了杨庄汉墓和姚庄 101 号墓，还有仪征刘集联营西汉墓[56]和邗江郭庄汉墓[57]等例。古人讲"视死如生"，盾应当是用于地下保卫墓主安全的，安徽淮南毛集胡台孜 M1 战国晚期楚墓，其墓道两边紧贴墓壁各放置三根矛和两面盾牌，对称摆放，矛头皆向墓道入口方向，平行竖置斜放，其表达的镇墓含义是比较明晰的[58]。葬仪中驱鬼的方相氏也是"执戈扬盾"[59]的形象，考古工作中也发现过方相氏的图像资料[60]，与史载相符。

（二）漆画内容考略

细审图像，画面最上方为两个相对的羽人，一羽人手持灵芝，单膝跪地在左，右边的羽人躬身相迎，右手似执有法器。主体部分由四神、异兽和瑞兽组成，前为相对嘶鸣的凤鸟，右边一只口衔丹药。正中部分为青龙白虎和两只异兽，龙虎分别由羽人驾驭。下为玄武和另一只瑞兽。主体纹饰之外间绘飞鸟、羽人、云气等。背面构图相对简单，画面主体为云气和一龟，云气之间绘羽人、飞鸟、龙、兔、鹿、牛等。

右下一只瑞兽很有特点，该兽双肩带翼，头上有双角，整理者命名为"带翼飞龙"。不确。该兽的原型显是猫科动物。除肩部外，该兽背部还有较为特殊的构造，但又显然不似羽翼，本文认为其表现的是尾部，细数恰为九尾。这个数字是较为敏感的，《山海经》中记有两种九尾的瑞兽，一为九尾狐，是我们比较熟知的，一为开明兽，也就是陆吾神。该书《西山经》上说："昆仑之丘，是实惟帝之下都，陆吾神司之。其神状虎身而九尾，人面而虎爪。"[61]又《海内西经》："昆仑南渊深三百仞。开明兽身大类虎而九首，皆人面，东向立昆仑上。"[62]开明兽是昆仑山的守门神，昆仑山是天地的中轴，也是通天的中心天柱，其上即是天极，登上昆仑即可登天成仙。从图像的升仙氛围和文献中的描述来看，该兽的确符合开明兽的一些特征，只是面部与《山海经》上所记不完全相符。值得一提的是，《山海经》中对开明兽的几处记载并不一致，一谓"九头"[63]，一谓"九尾"[64]。九头的开明兽多见于鲁南苏北汉画像石中，已有很多学者讨论过[65]。九尾的此前还未发现过。如果该兽确为目前所仅见的"九尾"开明兽的话，那就说明汉代有两种不同的开明兽形象，《山海经》中的记载并没有前后矛盾。其中原因，正如袁珂先生所言"以传闻不同而略异其辞也"[66]。

图七　近东翼狮与杨庄漆盾翼兽比较
1. 尼努尔塔神庙画像石　2. 波斯波利斯百柱厅宫门浮雕　3. 杨庄漆盾翼兽

另从该兽的整体形象看，与近东发现的翼狮有相似之处，如伊拉克尼姆鲁德的尼努尔塔神庙画像石和波斯波利斯百柱厅宫门浮雕上的翼狮，都作站立相，头上双角，双肩带翼，整体造型与仪征杨庄翼兽极为相似（图七）。它们的时代都比仪征杨庄汉墓早，尼努尔塔神庙年代大约在公元前883～前859年，波斯波利斯百柱厅的年代在公元前5～前4世纪，李零说后者是模仿前者，表达的是除凶辟邪的作用[67]。所以该翼兽形象也许是杂糅了表现神兽神力的各种突出要素，并借鉴近东翼狮艺术形象创作出来的，是比较难得的早期中西文化交流背景下的实例。同时期扬州地区不乏反映中西文化交流的出土物，如西湖镇蒋巷西汉墓中出土的白金三品，其中的龙币周沿铸有希腊字母铭文[68]，大云山汉墓出土的铜驯犀俑和犀牛、铜驯象俑和大象[69]，也都有域外的风格，尤其是大云山汉墓出土的凸瓣纹银盒和凸瓣纹银盘，有论者指出系源出于古波斯阿契美尼德王朝时代，尤其集中发现于保加利亚、土耳其等地中海地区的巴尔干半岛、小亚细亚半岛[70]。

再回过头来说九尾的问题。东汉时期在四川、河南、陕西和山东等地发现过一些神道石兽和铜兽，基本上都是双肩带翼的猛兽形象，与仪征杨庄漆画上的右下神兽很相似。据笔者观察，这些东汉神道石兽的尾部大多都有特殊的表现形式，目前还未见

论者注意到，仪征杨庄漆画的发现启发了笔者，这种尾部的线条表现的应该就是多尾的形象。如河南洛阳涧西出土的东汉石兽，就通过浅浮雕形式刻画出多尾，不过从线条的数量来看，加上主尾，似乎是十一尾的。可见东汉时期的这类神兽不只有九尾的。九尾的也有，如阜阳一座汉墓中出土的铜翼狮，尾前的两道凸起和两侧分开的六条，加上主尾，表现的应该就是九尾的形象[71]（图八）。

图八　阜阳汉墓铜翼狮

所以说，漆画上的这只瑞兽应该是以传统神兽形象为主，综合了双翼、双角和九尾等体现瑞兽神力的多种元素，可能还受到近东翼狮的图像"格套"的影响创作出来的。它与东汉时期在四川、河南、陕西和山东等地发现的一些神道石兽和铜兽应有渊源关系。李贤注《后汉书·孝灵帝纪》提到："今邓州南阳县北有宗资碑，旁有两石兽，镌其膊一曰天

禄，一曰辟邪。"[72]两兽现存于南阳汉画馆，如文献所说，两兽胳膊上确有铭文，一刻"天禄"，一刻"辟邪"。两兽均为兽身、有翼的形象，与杨庄漆画上的瑞兽极相似。"天禄"和"辟邪"是作为墓葬的守护者出现的，开明兽也是昆仑山的守护神，漆画上的这只瑞兽也应是起到镇墓的作用。

龙虎之前的两只异兽也很有特点。从画面的整体状态来看，除它们外，皆作飞升行进状，满面的云气、羽人、四灵，不难看出图像表现的是将死者引入仙界的动态过程。具体而言，画面正中的青龙白虎当是作为上天入地的坐骑，汉焦延寿撰《焦氏易林》上也说："（仙人）驾龙骑虎，周遍天下，为人所使。"[73]东晋葛洪《抱朴子》内十五中说："若能乘蹻者，可以周流天下，不拘山河。凡乘蹻道有三法，一曰龙蹻，二曰虎蹻，三曰鹿蹻。龙蹻行最远，其余者不过千里也。"[74]漆盾中的龙虎即为羽人所驱使，二灵无疑是承载墓主灵魂升天的助手；上面的凤鸟，右边一只口衔丹药，表现的是"凤鸟献药"场景[75]；顶端的两个羽人，一个手持灵芝单膝跪地在左，一个躬身相迎在右，当是表现接引的仙人，行进到这个位置，墓主的灵魂已与仙界近在咫尺。不过两兽的状态却与画面总体向上飞升的状态很不协调，左边一只异兽作匍匐状，右边一只则躬身向下，从表情上看，都作明显的惊恐状，似欲躲闪奔逃。他们的消极姿态与画面整体气氛全然不类，

应当不是瑞兽一类，所以暂称为"异兽"。笔者翻检《中国画像石全集》，发现这类异兽在鲁南、苏北、河南、安徽一带的汉代画像石中较为常见，它们一般是作为主体画像的配属存在的，常见的形式是与神兽——龙、虎或其他猛兽两两相争时组合，已经形成比较固定的"格套"。如河南唐河针织厂 M1 南主室南壁西端的一块画像石，右有一只翼兽怒目圆睁，低头张口欲食一人，左侧又有一虎奔来，张开大口相向，中间一只熊形兽意欲跳脱[76]（图九）。这幅画像石表现的是"虎食鬼魅"[77]，中间熊形兽的姿态与漆翣中右侧的异兽极为相似，都作双手上举的惊恐欲逃状，很是形象。本文理解，绘者应是利用他们的惊惧从侧面来表现主体神兽威猛的作用，以进一步达到镇墓的目的。

不过笔者没有找到关于它们的文献记载，作为瑞兽的对立面，不见于史载也是正常的，可以暂称其为"异兽"。在很多画像石中，该类异兽多是类熊的状貌，所以有学者将河南唐河针织厂 M1 画像石上的异兽视作"方相氏"，这是不妥的。据《周礼·夏官·方相氏》："方相氏掌：蒙熊皮，黄金四目，玄衣朱裳，执戈扬盾，帅百隶而时傩，以索室驱疫。大丧，先驱，及墓，入圹，以戈击四隅，驱方良。"[78]可见方相氏是身披熊皮的天神，并不全然是熊的形象，上面也提到，为了驱邪辟凶，方相氏往往要手持武器，汉画像中所见的方相氏也都是执戈

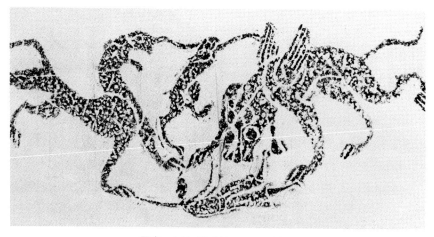

图九　河南唐河针织厂 M1 画像石

扬盾的威猛形象，该画像石中却没有体现。最重要的是，该画像石中的主角显然是两只猛虎，而且其中一只正怒张其口相对，熊形兽正处在次要的被动的境地，又怎会是驱邪辟凶的天神形象？

孙作云曾指出，汉代人"打鬼"与"求仙"思想，是一种迷信的两个对立面，消极的在打鬼，积极的在求仙，因此凡是表现求仙的地方也经常表现打鬼[79]。仪征杨庄汉墓所出漆画，就表现了升仙与镇墓双重主题。

（三）对马王堆汉墓帛画的一点启发

马王堆汉墓出土的两幅帛画，最下面的部分，也就是地下世界，时称幽都。如《楚辞·招魂》："魂兮归来，君无下此幽都些。"王逸注："幽都，地下后土所治也。地下幽冥，故称幽都。"[80]"幽都"又指北方，《山海经·海内经》上说："北海之内，有山，名曰幽都之山，黑水出焉。其上有玄鸟、玄蛇、玄豹、玄虎、玄狐蓬尾。有大玄之山。有玄丘之民。有大幽之国。有赤胫之民。"[81]《史记·五帝本纪》上也说："申命和叔，居北方，曰幽都。"《集解》孔安国曰：

"北称幽都，谓所聚也。"[82]地下世界与北冥是对应的关系。同理，极南之地与天界（昆仑山）构成对应关系，所以《庄子·逍遥游》上说："南冥者，天池也。"[83]

又按《礼记·曲礼》："行，前朱鸟而后玄武，左青龙而右白虎，招摇在上，急缮其怒，进退有度，左右有局，各司其局。"郑玄注曰："以此四兽为军阵，象天也。"[84]又《吴子·治兵》："左青龙，右白虎，前朱雀，后玄武，招摇在上，从事在下。"[85]前即上，即南，象天；后即下，即北，象地。马王堆汉墓出土的地图即为上南下北，这是汉人的世界观。

昆仑 — 前 — 南 — 上 — 天
幽都 — 后 — 北 — 下 — 地

马王堆汉墓帛画与仪征杨庄漆画，有繁简和载体的不同，但在世界观的描绘上是一致的（图一〇），只是前者向上至羽人时有戛然而止之感，没有描绘天界情形，还有墓主人的多种不同状态也没有描绘。但二者还是可以对比起来看，这样可以帮助我们理解马王堆帛画中的几处细节。

图一〇　马王堆汉墓出土帛画

杨庄漆画北冥有玄武，马王堆帛画对应的部分则有龟蛇。但或许是龟蛇在数量和位置上联系不大的原因，少有论者将三者放在一起考虑，只有孙作云、郭学仁径将二龟视作玄武[86]。现在多将鸱鸮与龟的组合视作"鸱龟曳衔"，与死而复生的思想有关[87]。这一典故原出《楚辞·天问》："鸱龟曳衔，鲧何听焉？"[88]不过关于其含义，历来已有四种不同说法，至今莫衷一是[89]。但可以基本确定的是，四说中都没有"死而复生"的含义。从字面上来看，"鸱龟曳衔"是鸱龟曳尾相衔的意思，与帛画中的图像并不相符。还有学者提出过第五种解释，将鸱龟视作晚上运送太阳的神灵，但不知理据何在，同文据称又找到三例汉代"鸱龟曳衔"的图例[90]，更不知是依据什么标准。附会典故，并脱离典故本身进行发挥，对于我们理解画面本身并无意义。如果立足图像本身，可以发现二龟与蛇的组合实际上就是玄武。

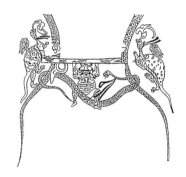

图一一　马王堆一号汉墓帛画中的玄武

细审帛画，蛇与龟的颈部都系有黑色丝带状物（图一一），这在其他灵兽中是不见的，暗示三者之间的联系。但我们都知道，玄武是龟蛇合体，这是我们首先需要解释的问题。据冯时先生研究，玄武作为四象中的北宫之象，最早只能追溯到西汉初年淮南王刘安所撰的《淮南子》，因此，龟蛇合体的玄武形象很可能是西汉初年或稍前的一段时间内完成的。而玄武的形象与虚、危两宿和螣蛇星官有关，虚、危组成龟，与螣蛇结合组成玄武[91]。玄武的原型便是龟蛇分开的。马王堆汉墓帛画中的玄武正处在龟蛇合体的玄武形成的最初阶段，其形象更接近其原型，是完全可以理解的。龟蛇分开的问题很好

解决，关键是两龟与一蛇的组合问题如何解释。笔者确实没有找到第二例二龟一蛇组合的玄武形象，但汉代图像中发现过只有龟而无蛇的玄武造型，还发现过一龟二蛇的组合[92]，后者的组合配置见于陕西西安北郊坑底寨村出土的汉代瓦当上[93]。这两种特殊的造型就说明，汉代的玄武形象并不完全是一龟一蛇，马王堆帛画上的二龟一蛇组合是其中一种特殊的样式。而且我们看帛画中红蛇游动回首的姿态，与螣蛇星官是完全一致的，这种形象还见于汉代其他的玄武图像中，如西安交通大学西汉墓中出土的星象图[94]（图一二），其中的玄武与螣蛇星官和帛画中的玄武也极为相似，他们都应是绘者以虚、危两宿与螣蛇星官组成的玄武形象为原型进行的创作（图一三）。两汉时期的玄武形象多有相似者，可见汉画中对玄武形象的描绘已形成了相对固定的范式，这为我们理解帛画中的龟蛇性质提供了较为直接的证据。

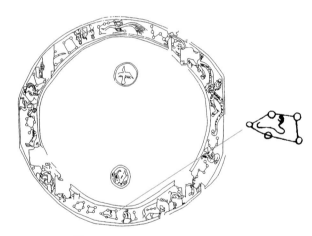

图一二　西安交通大学西汉墓星象图

幽都正中托举大地的力士，也可以综合北冥、幽都的角度考虑。商志覃认其作北海之神禺疆[95]，郭学仁考其为东海之神句芒[96]，孙作云视其作奴隶[97]，巫鸿则怀疑其为《楚辞·招魂》中的土伯[98]。三说中以"禺疆说"影响最大。不过我们看力士的形象，眼目深细，鼻翼宽大，下巴上有三绺胡子，身上似为鸟兽的皮毛。深目、高鼻、多胡须其实与史料中对北方胡人的描述正相符合，如《三

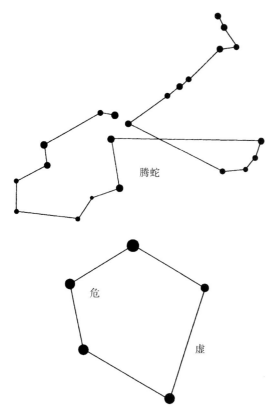

图一三　虚、危、腾蛇组成的龟、蛇形象
（采自冯时：《中国天文考古学》第432页）

胡赋》："莎车之胡，黄目深睛，员额狭颐。康居之胡，焦头折頞，高辅陷无，眼无黑眸，颊无余肉。罽宾之胡，面象炙猬，顶如持囊，限目赤眥，洞頞印鼻，额似貑皮，色象萎橘。"[99] 又如《汉书·西域传》："自宛以西至安息国，国虽颇异言，然大同俗，相知言。其人皆深目，多须髯。"[100] 上文已证此间对应北冥，方位上也是相合的。

在汉代画像砖石中，胡人力士向上托举的形象并不鲜见[101]。本文理解，该力士也许并不像"北海神"、"鲧"或"土伯"那样高贵，也不像"奴隶"那样低贱，将其理解为普通的胡人力士即可。帛画与画像砖石只是表现载体不同而已，其背后表达的对北方胡人的想象和身份上的定位是一致的。

---

[1] 扬州博物馆、邗江县图书馆：《江苏邗江胡场五号汉墓》，《文物》1981年第11期。

[2] a. 黄盛璋：《邗江胡场汉墓所谓"文告牍"与告地策谜再揭》，《文博》1996年第5期。b. 王冰：《扬州胡场汉墓群随葬品所反映的几个问题》，《东南文化》2000年第5期。c. 鲁西奇：《汉代买地券的实质、渊源与意义》，《中国史研究》2006年第1期。d. 梁勇：《江苏邗江胡场五号汉墓木牍、铜印及相关问题再考》，《东南文化》2011年第2期。e. 张文瀚：《告地策研究书述评》，《中国史研究动态》2013年第1期。以上几位学者都认同文告牍的性质为告地策，几成定论，不过后来田天又发表文章，只是将其归为"宽泛意义上的发往地下的文件"。见田天《江苏邗江胡场五号汉墓木牍的再认识》，《出土文献》第3辑，中西书局，2012年。

[3] 同[2] a。

[4] 连云港市博物馆、扬州博物馆等编：《江苏连云港·扬州新出土简牍选》第185页，每日新闻社、（财）每日道书会，2000年。

[5] a. 同[2] b。b. 连云港市博物馆、扬州博物馆等编：《江苏连云港·扬州新出土简牍选》第183页，每日新闻社、（财）每日道书会，2000年。

[6] 刘昭瑞：《记两件出土的刑狱木牍》，见《古文字研究》第二十四辑，中华书局，2002年。

[7] 鲁西奇：《汉代买地券的实质、渊源与意义》，《中国史研究》2006年第1期。

[8] 同[2] a。

[9] 同[2] d。

[10] 田天：《江苏邗江胡场五号汉墓木牍的再认识》，《出土文献》第三辑，中西书局，2012年。

[11] a. 湖南省博物馆、中国科学院考古研究所：《长沙马王堆二、三号墓发掘简报》，《文物》1974年第7期。b. 湖南省博物馆、湖南省文物考古所：《长沙马王堆二、三号汉墓（第一卷）》第238页，文物出版社，2004年。

[12] 同[2] a。

[13] 同[2] d。

[14] 宋杰：《秦汉国家统治机构中的"司空"》，《历史研究》2011年第4期。

[15] 《后汉书·礼仪志》第3144页，中华书局，2012年。

[16] 《太平经》卷四五第410页，《道藏》第二十四册，文物出版社、上海书店、天津古籍出版社，1988年。

[17] 黄盛璋认为告地策的基本作用是使死者至地下登报户籍。同[2] a。

［18］ 湖北省博物馆编：《书写历史——战国秦汉简牍》第 75 页，文物出版社，2007 年。

［19］ 金身佳： 《地理新书校理》，湘潭大学出版社，2012 年。

［20］ 鲁西奇：《汉代买地券的实质、渊源与意义》，《中国史研究》2006 年第 1 期。

［21］ ［汉］郑玄注，［唐］贾公彦疏：《仪礼注疏·士丧礼》第 713～716 页，北京大学出版社，1999 年。

［22］ ［汉］许慎撰，［清］段玉裁注：《说文解字》第 95 页，上海古籍出版社，1981 年。

［23］ "今人有过，教未施而刑已加焉，或欲改行为善，而道无由至，朕甚怜之。夫刑至断肢体，刻肌肤，终身不息，何其刑之痛而不德也！岂称为民父母之意哉？其除肉刑，有以易之，及令罪人各以轻重，不亡逃，有年而免，具为令。"《汉书·刑法志》第 1097 页，中华书局，2013 年。

［24］ 沈家本撰、邓经元、骈宇骞点校：《历代刑法考》第 91～206 页，中华书局，1985 年。

［25］ 郑曙斌等编：《湖南出土简牍选编》伍《长沙走马楼西汉简牍》第 273 页，岳麓书社，2013 年。

［26］ 张家山二四七号汉墓竹简整理小组：《张家山汉墓竹简（二四七号墓）》第 97 页，文物出版社，2006 年。

［27］ 同［2］a。

［28］ 湖北省荆州地区博物馆：《江陵高台 18 号墓发掘简报》，《文物》1993 年第 8 期。

［29］ 湖北省文物考古研究所、随州市考古队编：《随州孔家坡汉墓简牍》第 197 页，文物出版社，2006 年。

［30］ 《说文解字注》第 478 页。

［31］ 《历代刑法考》第 1158 页。

［32］ 《汉书·景帝纪》第 150 页。

［33］ 同［2］a

［34］ 同［2］b。

［35］ 同［16］。

［36］ 谢浩范、朱迎平译注：《管子全译》第 419 页，贵州人民出版社，1996 年。

［37］ 《汉书·食货志上》第 1132 页。

［38］ ［汉］郑玄注，［唐］孔颖达疏：《礼记正义》第 91 页，北京大学出版社，1999 年。

［39］ 仪征博物馆编：《仪征出土汉代漆木器》第 118～129 页，江苏美术出版社，2015 年。

［40］ 扬州博物馆编：《汉广陵国漆器》第 132 页，文物出版社，2004 年。

［41］ 仪征博物馆编：《仪征出土文物集粹》第 58 页，文物出版社，2008 年。

［42］ 《礼记正义》第 949～950 页。

［43］ ［汉］郑玄注，［唐］贾公彦疏：《周礼注疏》第 721 页，北京大学出版社，1999 年。

［44］ 《说文解字注》第 140 页。

［45］ 《周礼注疏》第 721 页。

［46］ 黄怀信：《小尔雅汇校集释》第 405 页，三秦出版社，2003 年。

［47］ 《礼记·檀弓上》正义曰："周人棺椁，又更于椁旁置柳、置翣扇，是后王之制。"见《礼记正义》第 179 页。

［48］ 《礼记正义》第 284 页。

［49］ 同［47］。

［50］ 荆州博物馆：《湖北荆州谢家桥一号汉墓发掘简报》，《文物》2009 年第 4 期。

［51］ 王龙正、倪爱武、张方涛：《周代丧葬礼器铜翣考》，《考古》2006 年第 9 期。

［52］ 扬州博物馆：《江苏邗江姚庄 101 号西汉墓》，《文物》1988 年第 2 期。

［53］ "仪征博物馆"微信公众号 2020 年 3 月 3 日推文。

［54］ 荆州博物馆：《江陵李家台楚墓清理简报》，《江汉考古》1985 年第 3 期。

［55］ 《仪征出土汉代漆木器》第 190 页。

［56］ 仪征市博物馆：《江苏仪征刘集联营 1～4 号西汉墓发掘简报》，《东南文化》2017 年第 4 期。

［57］ 印志华：《扬州邗江县郭庄汉墓》，《文物》1980 年第 3 期。

［58］ 安徽省文物考古研究所：《安徽淮南毛集胡台孜战国楚墓发掘简报》，《东南文化》2015 年第 3 期。

［59］ 《周礼注疏》第 826～827 页。

［60］ 如四川大邑县文管所藏三国曹魏时画像砖。见中国画像砖全集编辑委员会编：《中国画像砖全集》第一册《四川汉画像砖》第 140 页，四川美术出版社，2006 年。

［61］ 袁珂：《山海经校注》第 42 页，北京联合出版公司，2014 年。

［62］ 《山海经校注》第 261 页。

［63］ 同［62］。

［64］ 同［61］。

［65］ 李发林：《汉画像中的九头人面兽》，见《山东汉画像石研究》，齐鲁书社，1982 年。

[66] 《山海经校注》第 261 页。

[67] 李零：《"国际动物"：中国艺术中的狮虎形象》，见《万变——李零考古艺术史文集》，生活·读书·新知三联书店，2016 年。

[68] 扬州市文物考古研究所：《广陵遗珍：扬州出土文物选粹》第 46 页，江苏凤凰美术出版社，2018 年。

[69] 南京博物院、盱眙县文广新局：《江苏盱眙县大云山汉墓》，《考古》2012 年第 7 期。

[70] 单爱美：《江苏大云山江都王陵出土文物研究》第 6 页，西北师范大学硕士论文，2014 年。

[71] 同〔67〕。

[72] 《后汉书·孝灵帝纪》第 353 页。

[73] 〔汉〕焦延寿：《焦氏易林》卷二第 87 页，中华书局，1985 年。

[74] 王明：《抱朴子内篇校释》第 275 页，中华书局，1986 年。

[75] 庞政：《汉代"凤鸟献药"图像试探》，见《文物、文献与文化——历史考古青年论集》第一辑，上海古籍出版社，2017 年。

[76] 周到、李京华：《唐河针织厂汉画像石墓的发掘》，《文物》1973 年第 6 期。

[77] 王煜：《汉墓"虎食鬼魅"画像试探——兼谈汉代墓前石雕虎形翼兽的起源》，《考古》2010 年第 12 期。

[78] 《周礼注疏》第 826～827 页。

[79] 孙作云：《长沙马王堆一号汉墓出土画幡考释》，《考古》1973 年第 1 期。

[80] 〔宋〕朱熹撰，蒋立甫校点：《楚辞集注》第 132 页，上海古籍出版社、安徽教育出版社，2001 年。

[81] 《山海经校注》第 388 页。

[82] 《史记·五帝本纪》19 页，中华书局，2013 年。

[83] 〔清〕王先谦：《庄子集解·庄子集解内篇补正》第 1 页，中华书局，1987 年。

[84] 《礼记正义》第 95 页。

[85] 〔战国〕吴起撰，八三一一○部队里论组、江苏师范学院学报组：《吴子兵法注释》第 27 页，上海人民出版社，1977 年。

[86] a. 孙作云：《长沙马王堆一号汉墓出土画幡考释》，《考古》1973 年第 1 期。b. 郭学仁：《马王堆一号汉墓帛画内容新探》，《美术研究》1993 年第 2 期。

[87] 安志敏：《长沙新发现的西汉帛画试探》，《考古》1973 年第 1 期。

[88] 〔宋〕朱熹撰，蒋立甫校点：《楚辞集注》第 54 页，上海古籍出版社、安徽教育出版社，2001 年。

[89] 一说屈原是在讥讽鲧，二说认为鸱龟是破坏治水的角色，三说认为鸱是利于治水之物，四说是指鲧治水时的神异之事。详细的梳理参见金绍任《〈天问〉"鸱龟曳衔"段新解》，《求索》1988 年第 3 期。

[90] 曹柯平、王小盾、徐长青：《海昏侯墓地符号世界：当卢纹饰研究》，《江汉考古》2018 年第 2 期。

[91] 冯时：《中国天文考古学》第 432～433 页，中国社会科学出版社，2010 年。

[92] 程万里：《汉画四神图像》第 96～98 页，东南大学出版社，2012 年。

[93] 赵力光：《中国古代瓦当图典》第 119 页，文物出版社，1998 年。

[94] 《西安交通大学西汉壁画墓发掘简报》，《考古与文物》1990 年第 4 期。

[95] 商志覃：《马王堆一号汉墓"非衣"试释》，《文物》1972 年第 9 期。

[96] 郭学仁：马王堆一号汉墓帛画内容新探，《美术研究》1993 年第 2 期。

[97] 孙作云：《长沙马王堆一号汉墓出土画幡考释》，《考古》1973 年第 1 期。

[98] 巫鸿：《礼仪中的美术：马王堆再思》，收入《远方的时习》第 191、198 页，上海古籍出版社，2008 年。

[99] 费振刚、胡双宝、宗明华辑校：《全汉赋》第 642 页，北京大学出版社，1993 年。

[100] 《汉书·西域传》第 3896 页。

[101] a. 如杨孝军：《江苏徐州出土的汉代陵墓石雕》，《四川文物》2009 年第 1 期。b. 许新国：《青海平安县出土东汉画像砖图象考》，《青海社会科学》1991 年第 1 期。

西汉陈参考辨

秦宗林（扬州市文物考古研究所）

内容摘要：2012 年在扬州西湖镇发掘的一座新莽时期墓葬中出土"陈参私印"一枚，有学者推测其可能是汉代大儒、王莽恩师陈参，并将东汉名臣陈宠祖辈的事迹与之联系。查阅相关文献与方志，汉代载入史籍名为陈参、陈咸者各两人，《光绪宿州志》开始将酷吏陈咸与陈宠祖辈陈咸视为一人，这一说法影响至今。经过梳理，酷吏陈咸、王莽恩师陈参与陈宠祖辈陈咸及子陈参是没有关系的，而扬州发掘的陈参墓与这两位陈参也无法对应，这种说法实际上是将酷吏陈咸与陈宠祖辈陈咸混为一谈的升级版。

关键词：汉代 陈参 陈咸

一 前言

2012 年 8 月，扬州市文物考古研究所为配合某拆迁安置小区建设时清理了一座新莽时期墓葬。2012 年 8 月 10 日，《扬州时报》以《西湖镇出土珍贵的汉黑漆虎子、铜镇——从木印推测，墓主人很可能是汉代王莽老师陈参?》一文，对该墓葬的情况进行了简要介绍。2018 年扬州市文物考古研究所编《广陵遗珍》，介绍了该墓葬出土的部分文物[1]。

该墓葬位于扬州市邗江区西湖镇经圩村宗巷组，为土坑竖穴木椁墓，墓圹平面呈刀把型，规模较大，楠木质地，椁室结构为一椁双棺带三厢，椁室长

4.6、宽 2.8 米，虽然早期遭受盗扰，但是棺椁保存较好，出土了黑漆虎子、彩绘虎形铜镇等珍贵文物。在这座墓葬中，还出土了一枚"陈参私印"木印章（图一）。在汉代，私印是当时人们社会交往的信物，形式丰富，用途广泛。一般具有一定身份地位的人才会配备，纯木质地或许与其为官等级有关。关于这座墓葬的墓主人"陈参"，韦明铧先生介绍，陈参是王莽老师，通《礼经》，其父陈咸，字子康，《汉书》有传。王莽篡位后，陈氏父子拒不做官，表现出儒生的气节。"陈参是邳县人，会不会葬在扬州，最好要有其他出土文物来佐证。"韦明铧表示，史上陈参记载极少，邳县、广陵相距不远，同在苏北，不排除他来过广陵，但这只是推测。如果确系王莽时期，也是新莽时代的墓葬，则有可能是此人。

图一 "陈参私印""陈参"

二 汉代关于陈参的史料

《扬州晚报》的说法看似人物关系连贯，但是查阅汉代史料其中却无明确记载，而且也难以经得起推敲。《汉书》《后汉书》中提及"陈参"的记载有两处，一处为王莽少年的老师，一处为东汉名臣陈宠的祖辈。

《汉书·王莽传》[2]：

> 唯莽父曼蚤死，不侯……受《礼经》，师事沛郡陈参，勤身博学，被服如儒生。

《后汉书·陈宠传》[3]：

> 陈宠字昭公，沛国浚县人也。曾祖父咸，咸、哀间以律令为尚书。……及莽因吕宽事诛不附己者何武、鲍宣等……即乞骸骨去职。及莽篡位，召咸以为掌寇大夫，谢病不肯应。时，三子参、丰、钦皆在位，乃悉令解宫，……其后莽复征咸，遂称病笃……咸性仁恕……

从两处史料记载来看，陈参一为王莽少年时的老师，是当时的大儒；二为东汉名臣陈宠曾祖陈咸长子，为王莽中年时下属。两者是否为同一人，除了同名，从现有的史料来看难以确认。依照部分学者的说法，将二者串联起来的"陈咸"又能否找到相关信息。

关于陈咸，《汉书》有多处记载，其身份为西汉晚期陈万年之子酷吏陈咸，大致与翟方进为同时代的人，如《陈万年传》《翟方进传》都有提及，《陈万年传》[4]：

> 子咸字子康，年十八，以万年任为郎。其父为陈万年。陈万年字幼公，沛郡相人也。为郡吏，察举，至县令，迁广陵太守。

《后汉书·陈宠传》记载陈宠曾祖陈咸在王莽当政时期曾带子陈参辞官归隐。

三 相关人物关系梳理

《后汉书》记载的陈参乃陈咸之子，而《汉书》记载的陈咸又颇为详实，借此对《后汉书》《汉书》记载的陈咸是否为同一人进行考证，即陈宠曾祖陈咸是否为西汉酷吏陈咸，进而探究王莽老师陈参是否为酷吏陈咸之子。

酷吏陈咸之父陈万年原为沛郡相县（现安徽省淮北市相山区）人，后屡次升迁入长安，为太仆，典故"万年教子"即与之有关。陈咸生活于西汉晚期，历成帝、元帝，历任左曹、御史中丞、冀州刺史、北海太守、东郡太守等职，其任南阳太守时以酷刑树立权威，使得官员自危，豪强慑服。成帝时因丞相翟方进两次进谏而被免，"后数年，立有罪就国，方进奏归咸故郡，以忧死"[5]。

陈宠曾祖陈咸为沛国浚县（安徽省蚌埠市固镇县壕城镇）人，成帝、哀帝时因精于律令被任命为尚书。王莽辅政时，多改汉制，诛杀异己，陈咸便辞官。王莽篡位后招他为掌寇大夫，他称病不任，然后与三个儿子陈参、陈丰、陈钦回故乡，后来王莽再次召见他，依旧称病不出，在家整理律令。史料称其仁恕。

根据史料关于两人的介绍可以确定，酷吏陈咸与陈宠曾祖陈咸并非一人。酷吏陈咸是沛郡相县人，即当时沛郡郡置所在；陈宠曾祖为沛国浚县人。前者死于成帝时，后者无明确记载，但根据史料应该为王莽篡位之后。前者任左曹、御史中丞、冀州刺史、北海太守、东郡太守等要职，是有名的酷吏；后者因熟悉律令任过尚书，史书称其仁恕，且是拥护汉室的忠义之士。酷吏陈咸为翟方进弹劾被免发生在公元前13年，不久其便去世了；陈宠祖父陈咸于公元3年上书辞官归乡，其间相差15年，与《汉书》记载酷吏陈咸在被免回家后忧虑而终的时间跨度相差太大。

关于二者是否为同一人的争论早已有之，很多人认为应为两人。清代成书的《光绪宿州志》已经谈及酷吏陈咸与辞官的陈咸是否为一人：

按：汉陈咸一见于前汉书，乃沛郡相人陈万年之子。以贪酷躁进为翟方进劾免忧死。一见于后汉书，乃沛国洨人陈宠曾祖，新莽时去职，两征不起。识品向殊、籍贯亦异，后人遂疑汉有两陈咸，而不知非也！朱子《通鉴纲目》汉元帝建昭二年秋下御史中丞陈咸狱髡为城旦。质实注云：陈咸沛郡相人万年之子。又按纲目新莽建国三年陈咸不应莽征召，不曰洨人而曰沛国。质实亦不复注是明以为一人也，质实又云：陈宠沛郡相人，陈忠相人宠之子。是又明以咸本相人，故不以其裔孙宠、忠为洨人也。又按纲目陈咸下狱，以毁石显见共无罪于汉书咸传贪酷求进等语皆削而不书，且云石显专权结党附依者皆得宠位，则咸之忠直不党可知。又云翟方进用法深刻，在势立威挟私讯欺多所中伤，则咸为其劾免其忠直又可知。盖咸早达，年十八为郎，元帝时为御史中丞，下狱年方少壮，历成哀间为尚书，至新莽建国时守节不出。故陈咸本自一人而班史所纪纯疵不同者，乃两代传闻不一而要以纲目为断。[6]

《光绪宿州志》中关于两位陈咸籍贯问题，参考了《资治通鉴纲目》中后人的注释，而未依据历史文献原文，认为陈咸应该就是相县人。而关于两者品性差异，则是因时代不同，对其描述不同。史书中关于二者籍贯的记载已经十分明确，而且两者相距较远，《资治通鉴纲目》的注释乃是将两者笼统混淆的错误注解，而《光绪宿州志》则属于以讹传讹。他们认为《汉书》《后汉书》之中将陈咸描写为不同形象是因为当时的政治原因，编撰《汉书》时，陈咸是因为被翟方进上书被免的，其被描绘成一个酷吏，而没有表扬其正直、敢于进谏的特点。到了南北朝编撰《后汉书》时，编者对于敢于和王莽抗争的人给予极高的评价，而且因为陈宠是东汉时期的贤臣，所以在描写其曾祖时也只是表现了陈咸刚正的一面。清代学者为将两个陈咸联系在一起，认为陈咸于公元前13年被免，在翟方进自杀后又被任

命为尚书。这样便把《汉书》《后汉书》之中的两个陈咸混成一人。

这一观点影响至今，如陈宠先祖陈咸故里固镇县官网有关陈咸的介绍即为源于《光绪宿州志》的观点，部分学者也引用了这一观点。现在的安徽省固镇县尚存有陈咸墓，《光绪宿州志》载：汉尚书陈咸墓在州东南八十里故洨乾隆初土坍，见石门，有汉篆曰：陈公咸墓[7]。

关于汉代有记载的两位"陈咸"是否为同一人的争论，大部分人认为史书记载的两个人因品性、籍贯应为不同的两个人。而到清代乾嘉学派兴起后，一批安徽宿州的学者从《资治通鉴纲目》等历史文献资料考证，将两者认定为一人。这种观点此后便成为一种较为主流的观点。民国蔡东藩所著的长篇历史小说《后汉演义》中，特意指出二者非同一人[8]，但是其影响较小。分析方志的解释，这种说辞明显与历史事实不符。

《汉书》是班固于建初中（约公元80年）基本修成，记述了上起西汉的汉高祖元年（公元前206年），下至新朝的王莽地皇四年（公元23年），共230年的史事。陈宠曾祖陈咸辞官归乡的事件发生在《汉书》成书之前，若两者为同一人，为何不见于其中。而且陈宠与班固乃是生活于同一时期的人，陈宠当时已经是名吏，如果两者为同一人，班固在编撰《汉书》时为何不对酷吏陈咸如《光绪宿州志》所言，因其后的缘故得以粉饰一番。《汉书》记载了酷吏陈咸而未记载陈宠祖父，是因为酷吏陈咸乃汉代重臣，履任多地郡守又在长安任职多年，是西汉末期重要的人物，在史书中多次被提及。而反观陈宠祖父，其任职的尚书一职官位较低，还不足以被载入史册，实乃因其后人陈宠而被提及。

根据以上判断，酷吏陈咸并非陈宠曾祖，王莽老师陈参也肯定不是酷吏陈咸之子。据史料记载，王莽生于公元前45年，而酷吏陈咸之父陈万年死于公元前44年，彼时陈咸正当年少，其子又岂能为王莽师。由此可以肯定关于王莽老师陈参为酷吏陈咸之子的说法是错把二人混为一谈了。而王莽之师陈

参与《后汉书》记载陈咸之子陈参是否为一人,因关于二人的介绍不多,仅能从时间上进行推断。

王莽生于公元前 45 年,于公元前 22 年开始为官,文献记载其少年时师事陈参,其时间大概限定为公元前 35 到前 25 年。根据《后汉书》记载,陈宠曾祖陈咸于公元 3 年去职。两者相距超过 30 年。若两者为同一人,王莽求学之时陈参已经是当世大儒,其年龄应当不小,及公元 3 年去职时起码已是花甲之年,其父陈咸已经是耄耋之年,后来陈咸又被多次征召为官,其能以耄耋之年被王莽多次征召的可能性较小。另外据《后汉书》记载,陈宠父亲陈躬在建武初年早卒,虽然对"早卒"没有确切的判断标准,但参考汉代文献中其他例子,早卒一般指二十五至三十岁之间去世。据此推算陈躬出生于公元元年左右,若此时陈参已过花甲之年,其侄陈躬才出生,其可能性也同样较小。由此可见,从时间跨度来看,王莽的老师陈参与陈宠曾祖之子并非一人。而且若这二者为一人,为什么不见史料记载此事。大儒陈参能够成为王莽的老师是当时的名人,王莽后来称帝,如果陈宠曾祖之子是大儒陈参,《后汉书》又怎会一带而过。陈宠家族世代是以熟悉法令律条而著名,并非儒学大家。

四 结语

综合以上分析,酷吏陈咸、尚书陈咸、大儒陈参、尚书陈咸之子陈参是不同的四位西汉晚期人物。西汉晚期的官员有两位名叫陈咸,一为陈万年之子酷吏陈咸,一为陈宠曾祖尚书陈咸。酷吏陈咸因履任要职而见于《汉书》,是西汉晚期一位十分有影响力的官吏,涉及众多的事件和人物。尚书陈咸则是一位西汉末期到新莽时期掌管律令的中层官员,只因其后代陈宠而被《后汉书》提及。王莽之师陈参与尚书陈咸之子陈参也是不同的人,陈宠家族是以擅长律令而为官,而王莽的老师陈参是儒学大家,两人所擅长的领域也不同。据陈咸与王莽的年龄推

断,王莽之师陈参为西汉酷吏陈咸之子是不可能的,也不见史料记载。

由此可知,"酷吏陈咸在新莽时期辞官归乡,其子陈参是王莽老师"这个说法是不对的,这是在"酷吏陈咸与尚书陈咸混为一谈"这一错误的观点上以讹传讹的结果。

扬州境内发现的陈参墓,根据其出土文物、墓葬结构判断其为一座新莽到东汉初的夫妇合葬墓。根据近年扬州市文物部门在周边发现的一批同类型的"陈"姓墓葬判断,这一区域为汉代陈氏家族墓地[9],陈参墓为其中一座。王莽老师陈参为沛郡人,尚书陈咸之陈参为沛国洨县人,扬州在汉代属广陵郡,墓主人陈参并非文献记载的两位"陈参"中的一位,其身份等级尚待其他相关墓葬出土材料研究确认。

(本文系在原发表于《江淮文化论丛》第四辑的《两汉陈参、陈咸考》基础上,新增部分材料修改而成)

[1] 扬州市文物考古研究所编:《广陵遗珍——扬州出土文物选粹》第 97、98 页,江苏凤凰美术出版社,2018 年。

[2] 《汉书·王莽传》第 4039 页,中华书局,2013 年。

[3] 《后汉书·陈宠传》第 1547~1548 页,中华书局,2012 年。

[4] 《后汉书·陈万年传》第 2900 页。

[5] 《后汉书·陈万年传》第 2902 页。

[6] [清] 何庆钊主修:《光绪宿州志》第 295~296 页,江苏古籍出版社,1998 年。

[7] 《光绪宿州志》第 293 页。

[8] 蔡东藩:《后汉演义》第 45 页,文化艺术出版社,2004 年。

[9] 江苏省文物局编:《江苏考古(2015~2016)》第 121 页,南京出版社,2017 年。

扬州蚕桑出土东汉画像镜再研究

秦宗林（扬州市文物考古研究所）

内容摘要：扬州西湖镇蚕桑村 2012 年出土的东汉杜氏画像镜尺寸硕大，纹饰繁缛，铭文数量为目前发现之最。经识读，铜镜铭文与其中图像能两相对应。铜镜的纹饰与四川地区出土的摇钱树纹饰相似，表明汉代对于升仙的思想因地制宜通过不同材质来展现。

关键词：杜氏镜　升仙　画像镜

一　前言

2012 年 7 月，扬州市邗江区西湖镇蚕桑村发现一处东汉时期砖室墓群，其中时代最早的一座墓葬编号为 M46。M46 总长 16.5、宽 3.2 ~ 1.2、深 0 ~ 2.8 米，墓向 85°，分为墓道、甬道、墓室三部分，墓室分为前后室。其墓道形制为两壁直立的长斜坡状，长 7.8 米。墓室部分呈"中"字型，顶部为双层券，根据墓葬形制及随葬品初步判断该墓时代为东汉晚期，墓主人身份为比较富裕的地主。该墓曾多次被盗，墓室券顶坍塌，其他部分保存完整。前室出土铜镜 3 面、铜耳杯 2 件、铜带钩 2 件、玛瑙串饰 16 颗、青瓷罐 2 件，大量的五铢钱散落在墓室底部。其中一面神仙人物画像铭文镜，纹饰繁复，保存完好，在以往的考古发现中极为少见。这面铜镜与 16 颗串饰共同出土于一处朽烂的漆皮处，结合汉代墓葬特点，推测下葬时该铜镜应与串饰一同放置于一件漆奁之中。这面铜镜应当属于生活实用器具，而非辟邪或者装饰葬具之用。

二　铜镜简介

这面铜镜为圆形，镜面中心略凸，直径 24.5 厘米，重 1550 克。铜镜正面光滑，背面为繁复的浅浮雕纹饰，边缘因长期与铁质棺钉接触，产生一块长 3、宽 2 厘米的锈斑。背部略内凹，中心为直径 5 厘米的高圆纽，中间穿孔。圆纽外围两周水波纹。主纹区域被四乳分成四个区域，四乳形制与中心圆纽相同，外围各有一圈乳钉纹。自镜纽右侧按顺时针方向将四个区域依次编为一、二、三、四区，每一区有一组相对独立的纹饰（图一、二）。

一区主体纹饰为一跽坐的女子形象。女子头戴盛，面部用线条勾勒出眉毛、眼睛、鼻子、嘴巴等，背部向外伸出羽翅一对，身穿长裙，双线条勾勒出裙裾，长裙拖地，左手掌前张五指竖立向上，跽坐之物为椭圆形。背后一站立女子，帽子衣着与其相同，双手拱于胸前，插于袖中。正面四位女子跪立状，向前伸手举圆形物品，四人脸形各异，均长发后飘，身穿襦裙，衣袖下垂。该侧乳钉与中心圆纽之间为一蟾蜍形象，蟾蜍双目圆睁，趴伏状（图三）。

图一　蚕桑 M46 出土画像镜

图二　蚕桑 M46 出土画像镜拓片

图三　画像镜一区

二区主体纹饰为六骑。六骑形制相同，六人每人骑一马，马前腿牵伸，后腿后蹬作奔跑状。男子

坐于马背的方形马鞍之上，肩部扛一旌旗，头戴巾帻。最前面一人手部握一权杖。波云纹做底纹。该侧乳钉与中心圆纽之间为一带翅九尾狐，头部一双硕大的竖耳，抬首作奔跑状，背部一对羽翅上扬，尾部为后伸的九尾，尾巴下垂（图四）。

图四　画像镜二区

三区主体纹饰为一踞坐男子形象。男子头戴王冠，顶部有三个尖，脸颊及下颌有茂密胡须，背部向外伸出羽翅一对，身穿长袍，右衽。左手掌前伸向上，踞坐之物为方形。男子背后立一女子，衣着与一区立者相同，左手执团扇。男子面前地面置一碗状物品，碗内立一物似烛台，正面四位女子形象与一区相同，唯一的区别为手执之物，一区女子手中所执之物自中心向外增多，而三区正好相反（图五）。

图五　画像镜三区

四区主体纹饰为宴舞图。右下角一人上身赤裸，下身穿长裤单手倒立于一案上，另一只手执碗状物。

其上一人双腿向外下蹲，左手举一拨浪鼓形之物，右手弯曲上举。中间一女子半跪起舞，身穿长袍，挥舞长袖，侧身回望。近中心处一人跪坐双手举于口部作饮酒状，面前为一圆案，案上置物，应为食具。西侧三人跪坐面向中心舞者，身穿长裙，长裙拖地，作吹奏状。该侧乳钉与中心之间为一鸟雀，其下三足（图六）。

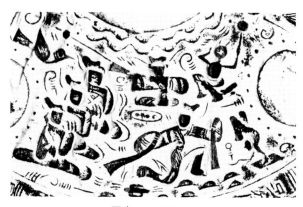

图六　画像镜四区

纹饰外侧为铭文一周，共81字，"尚"与"作"之间有横向的三个小乳钉，以示铭文的首尾：尚方作竟真大好上大仙兮神仙左东王公西王母人四仙侍左右后常侍名玉女云中作倡跳七桦坐中七人好且蔺连倚洛泽上华仙九尾之狐三足乌四起人上神儋除君服此竟女为夫人男公侯杜氏作。

铭文外为绚纹与三角锯齿纹一周，边缘为神兽纹饰一周，三角缘。铜镜外圈被四组变形神人分割成四组纹饰，与中心四乳相对应。每组神人为同向的两人，神人皆身体前倾，左手、左脚向前，右手右脚后伸做奔跑状，形态飘逸；身前上方有圆形物，或一个或多个。四乳依次对应白虎、豹子、蟾蜍、三足乌、青龙、神人、九尾狐四组图案，外圈条带区域内不规则的分布有多个圆形纹饰。白虎面向羽人，张口直须，身体弯曲，向前奔走状，尾巴下沉后卷。豹子面向羽人，张口直须，四肢下沉，匍匐前进状，尾巴下沉卷曲。蟾蜍背对羽人，面向三足鸟，做前行状，三足鸟与蟾蜍相对，翅膀上扬，青龙面向三足鸟尾部，张口直须，身体弯曲作前行形

状，尾部后伸弯曲。神人四肢朝下，头部前伸与九尾狐相对，九尾狐作前行状，尾部后伸，九条尾巴下垂。

三　铜镜铭文与图案释读

铜镜铭文断句为：

> 尚方作竟（镜）真大好。上大仙（山）兮，神仙左，东王公西王母，人四仙侍左右，后常侍名玉女云中作跳七桦。坐中七人好且蔺（闲）。连倚（骑）洛（络）泽（绎）上华仙（山），九尾之狐，三足乌，四起人，上神儋除（蟾蜍）。君服此竟（镜）女为夫人男公侯，杜氏作。

"尚方"是古代制办和掌管宫廷饮食器物的宫署，其制造的器物品质优良，后来随着私人造镜的发达，开始出现仿冒的尚方镜。"东王公""西王母"均为神话传说中的人物，分别领导男仙与女仙。"玉女"指仙女，上海博物馆藏柏氏吴王伍子胥画像镜中在两个站立女子侧榜题有"玉女"铭文[1]。"云中"一指古地名，在今山西内蒙古交接地区，一指尘世之外，即仙界。结合"玉女"的意思，此处应该是指仙界。"尘中"即尘世之中，指凡间人们生活的地方。"蔺"指兰花草，此处表示人拥有兰花一样的品质。"九毛之狐"即九尾狐，传说当狐狸拥有九条尾巴之后就会有不死之身，汉代遂将九尾狐作为祥瑞的象征。"三足乌"又称三足金乌，神话传说中的神鸟。汉代画像砖上常有三足乌，居于西王母座旁，为其取食。"儋除"应为蟾蜍的误书，汉代铜镜中常见此类现象，蟾蜍在汉代被视为神物，具有驱魔辟邪的作用。最后一句带有吉祥祝福的语言，表示用了这面镜子的人，女子都会成为夫人，男子会成为公侯。"杜氏作"指铜镜由杜姓人士铸造，这种带有私人姓名的铜镜应当为当时的私人铸镜，而第一句"尚方"则只是一句带有宣传性质的广告语。

一区人物应为铭文之中的西王母，在孔祥星、

刘一曼主编的《中国铜镜图典》一书中收录的 24 面神仙人物镜中均有该形象出现，有的在一旁标注"西王母""王母"铭文。西王母身后的侍女应当是铭文提及的"玉女"。在仪征龙河凌东大队高山生产队出土的东汉杜氏铭西王母玉女画像纹镜中，在西王母身后长跪一女子，其上有"玉女"的榜题[2]。西王母对面的四人应该就是铭文之中提及的"人四仙侍左右"。玉女身后的动物形象为铭文之中提到的"儋除"。二区之中的六骑形象不见于以往发现的铜镜，以往发现的同类铜镜纹饰均为马车形象。形似狗、有九条尾巴的神物应为铭文之中提及的"九毛之狐"。三区主题人物应为铭文之中"东王公"，在《中国铜镜图典》一书中也大量出现该形象，而且总是与西王母相对一同出现；再结合铭文内容，判定铜镜中心区两位神仙人物分别为"西王母""东王公"。东王公身后的侍女应该也是"玉女"，对面四人应该是"四仙"。四区纹饰内容有宴饮也有舞蹈、杂技表演。有学者认为是反映仙界生活的宴舞图，也有学者认为是反映神仙形象的杂技图[3]。王煜在考证四川地区出土的汉代摇钱树上的西王母杂技纹饰中，将四区所见挥舞长袖这一形象考证为汉代的杂技盘鼓舞。倒立形象根据王煜考证为杂技叠案。这类杂技魔术表演是东汉时期人们关于西方仙界的表现，这些人应称为幻人，是西王母派往凡间的神仙，充满了人们对于升仙的欲求[4]。三足鸟雀应为铭文中所讲"三足乌"。

外圈的纹饰中的青龙、白虎、豹子、三足乌、九尾狐、蟾蜍等神话动物形象都是比较明确的。其中四组神人形象的含义目前有两种解释，第一种为羲和捧日、常羲揽月，第二种为伏羲、女娲捧日[5]。

持第一种观点的依据是将画像镜上的形象与上古时期的羲和、常羲神话内涵联系起来，认为这类图像描绘的是神女羲和、常羲日月神话情节的场景。羲和神话，最早见于《山海经·大荒南经》："东海之外，甘水之间，有羲和之国。有女子名曰羲和，方浴日于甘渊。羲和者，帝俊之妻，生十日。"根据这个传说，羲和是帝俊的妻子，她为帝俊生下了十

个太阳。郭璞注云："羲和盖天地始生，主日月者也，故《归藏·启筮》曰：'空桑之苍苍，八极之既张，乃有夫羲和，是主日月，职出入，以为晦明。'"是说羲和为主日月之神。上古神话中的生日之羲和，后又传为日御，《楚辞·离骚》："吾令羲和弭节兮。"常羲的神话见于《山海经·大荒西经》："有女子方浴月，帝俊妻常羲，生月十有二，此始浴之。"[6]根据这个传说常羲也是帝俊的妻子，传说中的天上十二月轮，均为她所生。先秦文献记载的上古神话中，羲和是日神之母、常羲是月神之母，两者在神话世界里与天上日轮、月轮的关系最为密切。汉代铜镜花纹带缘中出现的两类神人捧圆球体飘飞图像，很容易使人联想到上述渊源古老、流播甚广的羲和、常羲的神话传说。例如《炼形神冶 莹质良工——上海博物馆藏铜镜精品》[7]、《镜涵春秋》[8]、《古镜今照》[9]等铜镜图录中均把此类纹饰定为羲和捧日、常羲揽月。

第二种观点以杨玉彬为代表，他首先从神话传说中考证羲和、常羲形象，认为此二神为先导神。其次他从汉代铜镜及画像石中相关形象判断，这类形象与传说中的不符。第三，利用部分发现有这类纹饰的画像镜铭文进行比对。最终他认为这类纹饰形象应该是上古三皇之中的伏羲、女娲。

这面铜镜之中的八位神人形象总体相似，仅是局部略有不同，这种形象与杨玉彬考证的扬州司徒庙出土的环列式神兽镜的伏羲、女娲形象相似。但是这类形象与传说中的人首蛇身的伏羲、女娲形象出入较大，加之这面铜镜中的圆形图样（太阳和月亮）形体较小，但是数量却不一。比如青龙身后的神人，前面的圆形形象多达四个，铜镜外圈内还有不规则分布的圆形图像，这种现象并非杨所列举的图像之中一人对应一个圆形图像的类型。因此，如果把外圈纹饰中的圆形图像理解为太阳和月亮，这四组共八位神人的身份还无法明确为羲和、常羲还是伏羲、女娲。根据青龙纹饰身后的一组神人形象，这面铜镜的四组神人是羲和、常羲的可能性更大一些。

四 学术价值

扬州境内出土的东汉神仙画像镜数量较少，且以往发现的铜镜尺寸不大。这面铜镜不但制作精美，而且尺寸较大。在《中国铜镜图典》一书中收录的神仙人物镜大多直径为 20 厘米，而这面铜镜直径近 25 厘米，尺寸上远大于以往发现的同类型铜镜。这面铜镜中反映出的各种神兽、人物种类较以往发现的铜镜均要复杂，其中出现的神仙人物有西王母、东王公、玉女、仙人、骑马者、羽人以及各类杂技幻人等，出现的各类神物有蟾蜍、九尾狐、三足乌、白虎、豹子以及马等。以往发现铜镜的铭文大多不超过 40 个字，而该面铜镜多达 81 字，其中不仅出现"尚方""东王公""西王母"等常见铭文，而且还出现了"三足乌""九毛之狐""四起人"等罕见的铭文。

扬州出土的这面神仙人物铭文镜主体纹饰为东王公、西王母、车马，周边的安徽阜阳、江苏苏州、浙江绍兴等地也曾大量发现此类东汉晚期画像镜。但是这面铜镜在人物纹饰、铭文内容等方面却与这些铜镜有所区别，能够体现出这面铜镜与周边铜镜的差异性，具有扬州地区铜镜的特点。苏州地区出土的神仙人物镜多以吴王、伍子胥、车马为主题纹饰，而浙江绍兴地区出土的铜镜多以神仙车马为主题纹饰，安徽阜阳地区出土的铜镜主题纹饰分为神仙车马和神仙神兽两类。扬州地区出土的这面铜镜与苏州、绍兴等地出土的画像镜差异最大，而与阜阳地区出土的所谓北方系人物画像镜较为相似，比如北方系画像镜铭文多用"尚方作镜"，因此有学者将阜阳及周边地区出土的铜镜称为北方系人物画像镜[10]。对于绍兴、苏州一带出土的画像镜，早有学者认为这类具有地方特色的铜镜应当是受本地文化影响，在本地区生产铸造的产品，并且这种观点已经被广泛接受，比如《中国铜镜图典》中就多次提及这一观点[11]。对于扬州地区的画像镜的特点，早已有学者进行了大量研究，认为扬州铸造的铜镜自西汉开始就形成了自身独特的体系与特点[12]。

扬州新出土的这面画像镜与仪征龙河乡出土的杜氏画像镜在铭文上均为"杜氏作"，在纹饰方面特别是外圈纹饰有很多相似之处，特别是三足乌、白虎等纹饰几乎一模一样。扬州出土的两面杜氏镜均呈现了自己独特的纹饰，仪征龙河杜氏镜的玉兔捣药与西王母组合类纹饰目前仅在扬州出土的几面铜镜上有发现[13]，而扬州新出土的这面铜镜中的六人骑马图像也是孤例，因此扬州新出土的这面画像镜为扬州地区生产的可能性较大，与仪征龙河出土的杜氏镜渊源深厚。这面铜镜是目前发现的少有的精品，体现了我国古代高超的铸镜水平，为研究汉代神话传说、铸造工艺等提供了不可多得的实物资料。

（本文系在本人《扬州出土的东汉杜氏神仙人物镜》（《文物鉴定与鉴赏》2016 年第 1 期）与扬州大学于森老师《扬州新出画像镜补释与相关题材铜镜研究》（《出土文献》第十四辑）的基础上修改补充而成）

———————

[1] 孔祥星、刘一曼：《中国铜镜图典》第 452 页，文物出版社，1992 年。

[2] 徐忠文、刘勤、周长源：《对扬州出土汉代西王母题材铜镜的研究》，《江淮文化论丛》（第 3 辑），文物出版社，2014 年。

[3] 同上。

[4] 王煜：《四川汉墓出土"西王母与杂技"摇钱树枝叶试探——兼论摇钱树的整体意义》，《考古》2013 年第 11 期。

[5] 杨玉彬：《汉镜神仙图像校释》，《中国美术研究》2014 年第 10 期。

[6] 袁珂：《山海经较注》第 323 页，北京联合出版公司，2012 年。

[7] 上海博物馆：《炼形神冶 莹质良工——上海博物馆藏铜镜精品》图 47，上海书画出版社，2005 年。

[8] 深圳博物馆：《镜涵春秋》图 114，文物出版社，2012 年。

[9] 浙江省博物馆：《古镜今照》图 127，文物出版社，

2012 年。

[10] 杨玉彬:《淮河流域东汉人物画像镜的初步研究》,《阜阳师范学院学报（社会科学版）》2012 年第 4 期。

[11] 同 [1]。

[12] a. 刘勤:《初探扬州出土的两汉西王母铜镜》,《艺术市场》2005 年第 8 期。b. 孔祥星:《汉广陵国铜镜》序,文物出版社,2013 年。

[13] 同 [12] a。

扬州出土骆潜墓志与相关问题

余国江（扬州城大遗址保护中心）

内容摘要： 扬州出土的骆潜墓志记录了骆潜的先世和生平，反映了骆氏起源与迁徙、庞勋叛乱、唐末淮南与中央朝廷关系等情况，可以与两唐书、《桂苑笔耕集》等记载相互印证、发明，具有很高的史料价值。本文补正了《唐代墓志汇编》的《骆潜墓志》释文，对骆潜生平事迹、会稽骆氏、高骈出兵东塘等问题进行了初步的考述。

关键词： 骆潜墓志　扬州　高骈　骆氏

1966 年 1 月，江苏扬州市邗江县陆洲村出土一方墓志，边长约 60 厘米，志主为唐末淮南节度使高骈的部将骆潜。墓志原石现藏扬州博物馆，一些单位和个人藏有拓片（图一）。《隋唐五代墓志汇编（江苏山东卷）》一书收有拓片[1]，《唐代墓志汇编》（编号"中和〇一三"）则据周绍良先生所藏拓片作了录文[2]。

骆潜墓志不但记录了其个人的世系、生平，而且反映了骆氏起源与迁徙、庞勋叛乱、唐末淮南与中央朝廷的关系等情况，可以与两唐书、崔致远《桂苑笔耕集》等文献相互印证、发明，具有很高的史料价值。故笔者不揣浅陋，先转录并补正《唐代墓志汇编》的录文，在此基础上，对骆潜生平事迹、会稽骆氏、高骈出兵东塘等问题略作探讨。

骆潜墓志释文如下：

唐故淮南进奉使检校尚书工部郎中兼御史中丞赐绯鱼袋会稽骆公墓志铭

朝议大夫检校左散骑常侍前大理寺卿兼御史大夫紫金鱼袋薛瞻撰

曾祖璧　皇武都郡司马

祖子卿　皇登州长史赠太子中允

父绍　皇处州司马兼监察御史

骆氏著姓，显于前史，与秦同祖，实帝颛顼高阳氏之裔也。祖伯翳，号大费，大费佐大禹理水有功。远孙季延，周孝王时牧正，养马蕃息，孝王赐以王父字，遂为骆氏焉。后汉御史大夫平避董卓之乱，过江居吴之余杭，时人号"余杭公"。后子孙散居浙江之东西郡县。南朝六代，代有英奇，峻节令名，文儒硕秀。家谍史册，耀彩腾辉，美荫清资，英规令望，承家者衮然不替，为儒者卓尔备详，非植丰碑，固难遍举。

公名潜，字晦中，先司马之长子也。幼而敏悟，长守谦贞，敦孔父之诗书，苞曹公之气量，已躅曾颜之孝行，将驰沈谢[3]之高名，贡律句于春官，合致身于华贯。无何，馈挽兴于梁宋，字彗起于奎娄，为副已知，舍其盛美，遂由弘文馆校书郎、徐州供军使判官。是时倾御府于关东，征蕃兵于北土，吏心伏慍，军养

图一 骆潜墓志拓片

丰饶，兵罢旌功，授卫尉寺主簿。蜀土阙其良宰，朝廷切以字人，既精选于台词，遂升名于甸服，授成都府灵池县令。今广陵渤海王承天休命，镇抚坤维，一睹风仪，再兴嘉奖[4]。辍强明于外邑，委纠正于都曹，式序化藤，察除苛弊，爰兴版筑，须督吏民，集春锸以先登，浚城池而最固，庭无诤讼，里有弦歌，虽考秩之未深，且攀留而预切[5]。渤海王节制淮浙，统摄[6]铜盐，长怀似鸦之姿，果召如鹰之吏，才无阻滞，术有变通，知可付于牢盆，仁来仗于铁瓮，署扬州海陵监事。监乃务之大者，公实处之暇焉[7]。财货充盈，课输集办，加侍御史内供奉，赐绯鱼袋，寻转检校尚书工部员外郎。渤海王亲鼓上军，将诛巨寇，征千群之突骑，拥万众之舟师，加检校尚书工部郎中、度支淮南军前粮料应接使。钦兹委任，实仗全才，系社稷之安危，定生

民之舒惨。虽干戈罢举，而供亿无亏。加御史中丞、剑南西川第一[8]班进奉使。公勤王志切，荷国恩深，涉万里之烟波，背九重之城阙，恨江山之绵邈，施犬马以迟留，棹涩瞿塘，水沿巴字[9]，欲并申[10]于前志，恨入贡于后时。因而遘疾，殁于通州之郡下，享年三十有七。公无儿侄以护丧，值西江之多盗，孤幡旅槥，涉历岁时，至中和五年八月八日，殡于扬州扬子县江滨乡风亭里。浙东杭郡，无状起兵，路绝行人，空无鸟逝。不获祔于先公之茔侧。公趣弘农杨氏，家传懿范，德被淑仪，百幸光昭，九族敦睦。有女三人：长曰珪娘，适前盐州兵曹参军王浚；次曰弘娘，小曰宪娘，皆柔顺自持，哀摧越礼。赡与公同受恩于渤海王门下，熟[11]公之令名懿德。公孟兄溱州良牧，含悲请志，勒于泉户。铭曰：

水镜澄心，寒松挺质。调雅薰弦，气融春律。

人仰宏规，官历清秩。命也奚言，秀而不实。才停薤唱，便掩松扃。寒暄暝色，旦暮潮声。知留万恨，不尽斯铭。

骆潜其人事迹，崔致远《桂苑笔耕集》中略稍提及，据之可知中和初年骆潜为供军应接使，受高骈派遣向唐朝廷进奉贡银[12]。以下根据墓志，对其生平等再加考述。

骆潜生于官宦世家，曾祖骆璧为武都郡司马，祖父骆子卿为登州长史，父骆绍为处州司马兼监察御史。他自己原本走的是文官路线，"敦孔父之诗书……将驰沈谢之高名，贡律句于春官"。"沈谢"是南朝刘宋谢灵运与萧梁沈约的并称，两人均为著名文学家。骆潜也想通过"律句"博取功名，从墓志下文言其曾任弘文馆校书郎、因"精选于台词"而任灵池县令来看，他的文化素养应当颇为可观。

但骆潜的这一文士宦途因庞勋之乱而打断。墓志言"馈挽兴于梁宋，孛彗起于奎娄"。"馈挽"指运送粮食。"孛彗"指孛星和彗星，多代指灾异，如《旧唐书·方伎传·孙思邈》："故五纬盈缩，星辰错行，日月薄蚀，孛彗飞流，此天地之危诊也。"[13]"奎娄"为二十八星宿名，据《史记·天官书》："奎、娄、胃，徐州"[14]，可指徐州等地之分野。唐懿宗咸通六年（公元 865 年）征南诏，在徐、泗地区（即"梁宋"）募兵，其中八百人戍守桂林，约定三年期满后即可调回。然而徐泗观察使崔彦曾一再食言，戍兵在桂林防守六年，仍还乡无望，遂推举粮科判官庞勋为首，起兵北还。庞勋率领数百人，由桂林跋涉数千里，最终攻下徐州，并以徐州为中心四处征伐。咸通十年（公元 869 年）九月，庞勋战死，起义方才失败。在镇压庞勋的过程中，唐朝廷曾征用沙陀朱邪赤心和吐谷浑等兵，墓志所言"征蕃兵于北土"即指此。骆潜在镇压庞勋之乱中任徐州供军使判官，因"军养丰饶"而论功行赏，被授予卫尉寺主簿，为从七品上之官。

其后骆潜又任成都府灵池县令之职，在这里，他遇到了可称为贵人的高骈，也就是墓志中所言的"今广陵渤海王"。高骈镇抚西南，移治西川，事在僖宗乾符二年（公元 875 年），灵池为其治下一县。高骈在任上修成都府城，筑罗城，加强防御。《资治通鉴》载：乾符三年（公元 876 年），"西川节度使高骈筑成都罗城，使僧景仙规度，周二十五里，……自八月癸丑筑之，至十一月戊子毕功。"[15]骆潜在修城时，"爰兴版筑，须督吏民，集畚锸以先登，浚城池而最固"，故得到高骈的嘉奖。

乾符五年（公元 878 年），为镇压转战江南的黄巢起义军，朝廷任高骈为镇海军节度使、诸道兵马都统、江淮盐铁转运使，次年，又迁淮南节度副大使知节度事，仍充都统、盐铁使，主管江淮军政财赋。这就是墓志所说的"渤海王节制淮浙，统摄铜盐"。骆潜也随着高骈来到淮南的治所扬州，从"付于牢盆"、"署扬州海陵监事"来看，他显然受到高骈的极大信任。因为"财货充盈，课输集办"，又获得加官"侍御史内供奉，赐绯鱼袋，寻转检校尚书工部员外郎"。

志文说："渤海王亲鼓上军，将诛巨寇，征千群之突骑，拥万众之舟师……虽干戈罢举，而供亿无亏。"此是中和元年（公元 881 年）夏，高骈出兵扬州东塘，欲挥师北上勤王，经百日而罢之事。此事使得高骈的威信大损，朝廷认为他无心勤王，于次年罢去其诸道兵马都统、盐铁转运使等职。不过，高骈这时仍在向僖宗"进奉"，任骆潜为"剑南西川第一班进奉使"。当时黄巢军攻破都城长安，僖宗等避难逃到了成都，所以骆潜沿着长江水路，"涉万里之烟波，背九重之城阙……棹涩瞿塘，水沿巴字"，向成都进发。墓志言骆潜死于通州，通州在山南道（治所在襄州，今湖北襄阳）。《桂苑笔耕集》中有《谢诏奖饰进奏状》："右臣伏奉诏旨，以臣先□供军应接使骆潜等进奉银事，特赐奖饰者。"[16]结合《骆潜墓志》"棹涩瞿塘，水沿巴字"，骆潜当是死于返回扬州的途中。《谢诏奖饰进奏状》又言："但属敌滋邻境，寇阻道途，运纲而既阙之先登，赞礼而仅俾锡贡"，也与志文相合，故骆潜的灵柩才会"涉历岁时，至中和五年"于扬州下葬。

骆潜墓志还涉及骆氏起源与迁徙江南、高骈与唐朝廷之关系等问题，体现出较高的史料价值。以下分述之。

骆潜墓志较为详细地述及了骆氏的先祖，志文中说："骆氏著姓，显于前史，与秦同祖，实帝颛顼高阳氏之裔也。祖伯翳，号大费，大费佐大禹理水有功。远孙季延，周孝王时牧正，养马蕃息，孝王赐以王父字，遂为骆氏焉。"这一说法亦见于《史记·秦本纪》："秦之先，帝颛顼之苗裔孙，曰女修。女修织，玄鸟陨卵，女修吞之，生子大业。大业取少典之子，曰女华。女华生大费，与禹平水土。已成，帝锡玄圭。禹受曰：'非予能成，亦大费为辅。'帝舜曰：'咨尔费，赞禹功，其赐尔皂游。尔后嗣将大出。'乃妻之姚姓之玉女。大费拜受，佐舜调驯鸟兽，鸟兽多驯服，是为柏翳。舜赐姓嬴氏。"伯翳后代"大骆生非子。……非子居犬丘，好马及畜，善养息之。犬丘人言之周孝王，孝王召使主马于汧渭之闲，马大蕃息。孝王……邑之秦，使复续嬴氏祀，号曰秦嬴。"[17]骆潜墓志中所说的骆氏先祖事迹与《史记》记载高度一致，或许就是源于骆氏"家谍"和《史记》等"史册"。

骆氏郡望之一为会稽郡。两汉三国时期的会稽骆氏名人有骆俊、骆统父子。《三国志》载："骆统字公绪，会稽乌伤人也。父俊，官至陈相，为袁术所害。"谢承《后汉书》载："俊字孝远，有文武才干，少为郡吏，察孝廉，补尚书郎，擢拜陈相。值袁术僭号，兄弟忿争，天下鼎沸，群贼并起，陈与比界，奸慝四布，俊厉威武，保疆境，贼不敢犯。养济百姓，灾害不生，岁获丰稔。后术军众饥困，就俊求粮。俊疾恶术，初不应答。术怒，密使人杀俊。"[18]袁术建安二年（公元197年）称帝，建号仲氏，但不被承认，不久就众叛亲离，"军众饥困"。骆俊为其所杀，应该就在建安二年后不久。反推之，骆俊应该主要生活在汉桓帝、灵帝、献帝之时，属于会稽乌伤骆氏。

大约与骆俊时代相同，骆潜的祖先"后汉御史大夫平避董卓之乱，过江居吴之余杭"。骆平，现存

的文献资料都没有记载他的姓名事迹。汉灵帝中平六年（公元189年）董卓受大将军何进、司隶校尉袁绍所召，率军入京讨伐宦官。入京后，董卓废除少帝，改立献帝，一时间权倾朝野。但是董卓生性残暴，诛杀忠良，很快受到各路诸侯的讨伐，中原陷入混乱，骆平就是在这种情况下避乱来到了江南，居住在余杭。

从史籍、骆潜墓志等记载来看，东汉末期的献帝之时，会稽境内应该有两支骆氏，骆俊、骆统一支是东汉尚书郎骆雍临之后，在乌伤已经居住数代；另一支则是新从中原避乱而来的骆平，居住在余杭，离乌伤大约一百余公里。

骆潜墓志又说："后子孙散居浙江之东西郡县。南朝六代，代有英奇。"但是遍查文献，我们已经几乎看不到余杭骆氏在历史上留下的痕迹。骆潜曾祖以下数代，都不是特别显赫的人物。骆潜有女三人，而没有儿子为嗣。在他之后，余杭骆氏就隐入到历史的深处去了。

骆潜墓志中还提到淮南节度使高骈出兵东塘之事。此次出兵史籍多有记载，《资治通鉴》认为是"有双雉集广陵府舍，占者以为野鸟来集，城邑将空之兆。高骈恶之，乃移檄四方。"[19]但若只为禳灾，高骈并无"移檄四方"的必要，传檄而又不实际出兵，则其谎言必将破灭，威望亦将受损。而且从骆潜墓志和《桂苑笔耕集》收录的表状文书来看，当时高骈有一系列的人事任命，如以骆潜为度支淮南军前粮料应接使，显然是准备有所实际行动的。出兵东塘之所以最终罢兵，高骈解释是奉旨行事，且又受制于浙东周宝、浙东刘汉宏等周边藩镇势力。关于前者，《桂苑笔耕集》卷十一《答襄阳郄将军书》载有唐僖宗先后下给高骈的两道诏书，其中有言："卿手下甲兵数少，眼前防虑处多，但保淮南之封疆，协和浙右之师旅，为朕全吴越之地，遣朕无东南之忧。言其垂功，固亦不朽……诸道师徒，四面攻讨，计度收克，且夕可期。卿宜式遏寇戎，馈挲粟帛，何必离任，则是勤王。"[20]高骈因此遵旨而回师。关于后者，从骆潜墓志也可以看出。志文言：

"浙东杭郡，无状起兵，路绝行人，空无鸟逝。不获祔于先公之茔侧。"骆潜家本会稽，落叶归根，葬于祖茔，乃是常理。但因浙东周宝"无状起兵"，淮南高骈与之关系紧张，竟至于骆潜死后不能返葬故乡。由此可见东南诸势力互相牵制，高骈因为受到周宝的掣肘而无法出兵，是完全可能的。

————————

[1] 王思礼等主编：《隋唐五代墓志汇编·山东江苏卷》第 140 页，天津古籍出版社，1991 年。

[2] 周绍良主编：《唐代墓志汇编》第 2515 页，上海古籍出版社，1992 年。下同，不一一出注。

[3] 《唐代墓志汇编》作"光谢"，误。

[4] "奖"字，《唐代墓志汇编》未能释读。

[5] 《唐代墓志汇编》作"忉"。似误。

[6] 《唐代墓志汇编》作"慢"，误。

[7] "焉"字，《唐代墓志汇编》未能释读。

[8] 《唐代墓志汇编》脱"一"字。

[9] 《唐代墓志汇编》作"字"，误。"巴字"谓巴江或巴峡，《文献通考·舆地七》："巴江……状如'巴'字，又曰字江。"唐徐凝《荆巫梦思》诗："相思合眼梦何处，十二峰高巴字遥。"

[10] 《唐代墓志汇编》作"忠"，误。

[11] 《唐代墓志汇编》作"孰"，误。

[12] ［新罗］崔致远撰，党银平校注：《桂苑笔耕集校注》卷三第 74 ~ 76 页，中华书局，2007 年。

[13] 《旧唐书·孙思邈传》第 5095 页，中华书局，1975 年。

[14] 《史记·天官书》第 1580 页，中华书局，2013 年。

[15] 《资治通鉴》卷二五二第 8185 页，中华书局，1956 年。

[16] 《桂苑笔耕集校注》第 74 ~ 75 页。

[17] 《史记·秦本纪》第 221 ~ 226 页。

[18] 《三国志·吴书·虞陆张骆陆吾朱传》第 1334 页，中华书局，1959 年。

[19] 《资治通鉴》卷二五四第 8151 页。

[20] 《桂苑笔耕集校注》第 349 页。

扬州采集的两方墓志释读与考略

刘　刚（扬州市文物考古研究所）

内容摘要：扬州市文物考古研究所采集两方墓志。明歙州郑氏佳城山向墓志未记载志主的名讳、家族世系及人生经历等基本信息，其可能为迁扬长龄郑氏一员。唐陇西郡彭敬全墓志记载志主葬于扬州江都县驯翟坊，葬地乃唐代扬州罗城外城西之坊，位于现扬州城西双桥乡念四桥一带。

关键词：墓志　明代　歙州　郑氏　陇西郡　彭敬全

2011 年 4 月，扬州市文物考古研究所在本市西湖镇经圩村司徒南路（现碧水栖庭西侧）采集到明代"歙州郑氏佳城山向墓志"一方；2015 年 5 月，在双桥乡翠岗中学（维扬路）西侧的农田里采集到唐代"陇西郡彭府君墓志铭"一方。两方墓志对古代葬俗、葬制、人口迁移以及里坊分布、地名变迁等方面具有一定的研究价值，现予以简单介绍、释读文字并略作考释。

一　明代郑氏墓志

墓志石质呈白灰色，志面略有风化，边缘略有残损。未发现志盖，志石平面方形，边长 48、厚 10 厘米，四边起沿，沿宽约 2 厘米；正面阴刻楷书志文，刻字工整清晰，共 8 行，满行 12 字，计 81 字（图一）。现将墓志铭文释读转录如下。

歙州郑氏佳城山向墓志|

于|维扬之西金柜山之后，迢迢兑|龙发脉，转天皇，天皇转辛，辛转|亥，亥转辛兮脉落清。辛龙转亥，|过癸峡中，抽亥脉，兑龙入首，扦|作亥山巳向，辛亥辛巳分经。|万历己酉年新安洪世俊书。|

志首标题除记载了志主的籍贯、姓氏，为歙州郑氏，还指出了墓志的性质。佳城代指墓地，山向指墓葬的方位，从正文可以看出是古人采用风水学理论占卜相地、分金定穴确定墓葬位置的地下文书。

志文没有记载志主的名讳、家族世系及人生经历等基本信息。落款"万历己酉年"，即万历三十七年（公元 1609 年），应为志主下葬的时间。歙州郑氏，《新安名族志》记载："自汉以前皆居江北，至讳庠者，仕吴车骑府长史、平难将军，晋永嘉元年过江，居丹阳秣陵。子讳平，敕戍浙之峥嵘镇，以功封开国功，卒葬衢州。孙五人，曰宠、望、碑、瑛、济，并显于时。传数世曰思，始迁新安郡北之律村。思十八世孙曰海，为纠弹；海之子曰再能生八子：顺之、惟简、惟礼、守成、惟戴、惟庆、惟轸、惟政。厥后蕃胤散居郡邑。"[1]分居郑村、律村、岩镇、琶村、诸郑、宋村清流、长龄里、丰口、

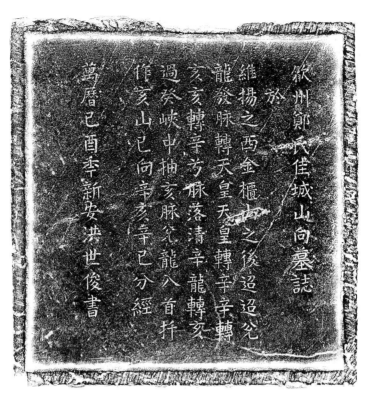

图一 郑氏墓志

跳石、碣田、休宁新屯、祁门奇岭、湘源、绩溪东街等地。有学者研究指出歙县长龄郑氏是晚明兴起的著名徽商家族，长龄郑氏命运的改变是从郑景濂开始的，其万历四年（公元 1575 年）到扬州从事盐业，是长龄郑氏在扬州盐商事业的开创者，迁居扬州的还有其弟郑宝国、郑景游等人[2]。"（长龄里）在邑西三十里。宋有讳元亨字珙辰者由官塘迁此。传一世曰显文…三世曰天麟…四世曰孟…五世曰绍…六世曰潜…曰晦…七世曰南…曰桓…八世曰志保…十一世曰普照"[3]。《扬州休园志》记载了长龄郑氏迁扬世系：一世郑良铎、二世郑景濂、三世郑之彦、四世郑侠如、五世郑为光、六世郑熙绩、七世郑玉珩、八世郑庆祐[4]。郑景濂的次子郑之彦"弱冠以商籍补广陵郡"，生有郑元嗣、郑元勋、郑元化、郑侠如四子[5]。四人在扬州筑有著名的郑氏四园，分别为长吉公五亩之宅两亩之间及王氏园、超宗公影园、赞可公嘉树园、士介公休园[6]。许承家在《重茸休园记》中说："当是时，郑氏为扬州最

著姓。"[7]志主郑氏可能为迁扬长龄郑氏一员。

书者为新安洪世俊，《读史方舆纪要》载："新都郡，晋改新安郡，宋齐因之。梁承圣中析置新宁郡，陈复并入新安郡。隋废郡置歙州，大业初改为新安郡。唐复曰歙州，天宝初曰新安郡，乾元初复故。宋宣和三年改曰歙州。元为歙州路。明初曰兴安府，吴元年复曰徽州府。领县六。今仍曰徽州府。"[8]由此可见，歙州、新安本指一地，两人其实同为歙县人。《江南通志》载："洪世俊，字用章，歙人，万历乙未进士，除礼部主事。"[9]又（乾隆）《歙县志》载："洪世俊，字用章，由进士授同安令升礼部主事。"[10]

志主葬于"维扬之西金柜山之后"，金柜（匮）山之名最早见于五代墓志和买地券，但出土地点位于扬州城东北。1998 年，城北乡三星砖瓦厂出土的《□赞墓志》，记载志主□赞于杨吴武义二年（公元 920 年）"葬于江都县同轨里金匮山之后"[11]（图二）。2014 年 10 月，江都北路（城北乡三星村境内）

图二　彭敬全墓志

小型砖室墓内出土的杨吴顺义三年（公元923年）《马氏七娘子买地券》一件，上墨书有"凿吴坎为莹，坟临金匮，墓倚蜀冈，用卜松丘，永安宅地"等券文[12]。由该区域出土的古代墓志和买地券，可以确定五代杨吴时期金柜（匮）山正位于原江都县同轨里，现扬州城东北城北乡三星村一带[13]。明清时期，扬州城西北为善应乡，现为西湖镇、杨庙乡，金柜（匮）山位于善应乡境内。除《郑氏墓志》外，在西湖镇刘家沟圈（位于司徒南路西侧约200米处）采集到明代《王沛墓志》一合，志主王沛"祔城西金柜山岳州公之墓"[14]；私人收藏的明代《马太孺人于氏墓志》，记载志主于氏辛酉年（公元1501年）"卜地金柜山西"[15]。明清方志中也记载了金柜（匮）山的位置，《明一统志》："金柜山，在

府城西七里，山多葬地，谚云'葬于此者如黄金入柜'，故名。"[16]又《嘉庆重修扬州府志》："金匮山，在城西七里善应乡，高十丈，周二里，地多宜葬，人谓如'黄金入匮'云。"[17]此外，清乾隆年间沈复夫人芸娘亡故后即"权葬芝于扬州西门外之金桂山，俗呼郝家宝塔"[18]。文中金桂山应为金柜（匮）山之误。继续考察相关的明代墓志有，出土于原西湖乡蜀冈村吕庄的明代《火金墓志》载"葬宾卿于马鞍山乐山公墓侧"，其夫人《葛氏墓志》载"启金城西七里之穸附焉"[19]；杨庙镇杨庙村泰和佳园小区出土的《严世茂墓志》，志主严世茂与其配李氏正德十五年（公元1520年）"祔于城西善应乡之新茔"[20]；西湖镇蜀冈村东杨庄组东侧的经九路工地上采集到明代《高母张氏墓志》记载志主嘉靖壬寅

年（公元 1542 年）"合葬敬斋墓于马鞍山之祖茔"[21]。《嘉靖惟扬志》卷五、卷六《山川志》已佚，但所绘"宋江都县图"上，很清楚地标注了金匮山的位置，正位于扬州城西的蜀冈之上、司徒庙西侧，其西北有马鞍山（图三）[22]，与出土墓志资料基本相符。

通过出土实物资料和文献记载，可以确定五代时期金匮山位于江都县同轨乡，现城北乡三星村一带；明清时期位于扬州府城西善应乡，现西湖镇经圩村、司徒村一带；马鞍山位于西湖镇蜀冈村吕庄、杨庄 带。另外需要提及的是，唐代江都县有善膺坊（里）[23]，属于扬州城外之坊，具体位置尚不清楚，善应乡可能来源于善膺坊。

二 唐代彭敬全墓志

墓志石质呈青色，边缘略有残损。志石平面方形，边长 33、厚 6.3 厘米；四周阴刻缠枝花卉，正面阴刻楷书志文，刻字清晰，共 16 行，满行 20 字，计 256 字（图四）。现将墓志铭文释读转录如下：

唐殁故陇西郡彭府君墓志铭并序」

公字敬全，其先陇西郡人也。累代不仕，云水」从游。寓居广陵，传芳井邑，贤扬淮泗，涉历」江闽。冀其积善，保守遐延。不意祸钟殊卿，」流逝不幸。于咸通七年九月十七日奄终于汴」州开丰县之旅馆，享年卌八。夫人河间邢氏，」寒闺昼哭，孀苦贞严，抚樣哀号，提携孤」幼。男一人，曰弘赏。女一人，字礬飒。缨幼偏孤，谁无」怨叹。宅地将卜，以赴凶仪。即以其年十二月廿六日卜穴于扬州江都县驯翟坊廖家园内宅」穸，礼也。伏恐年代革易，陵谷迁逾，刻石为」铭，以传后纪。其词曰：」

礼义立身，淑仁君子。秉洁孤贞，道高不仕。」

与朋有交，情无彼此。言行既彰，脩短若尔。」

玉碎荆川，珠沉汉水。孝子竭诚，继承宗嗣。」

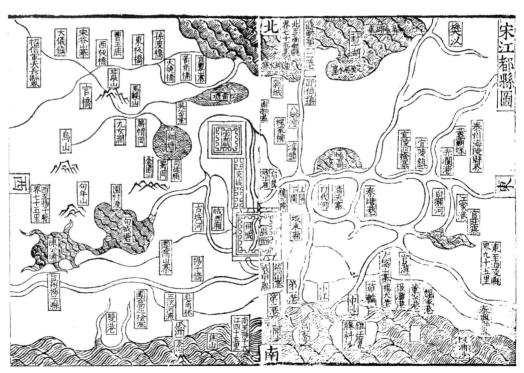

图三　明嘉靖《维扬志》"宋江都县图"

图四 □赟墓志

卜穴隋岗，松筠郁叠。一闭玄宫，千秋永矣。」

志主为陇西彭氏，其妻为河间邢氏。墓志简单记载了志主的字、籍贯、子嗣情况及人生经历，但出生年代不详。彭氏"累代不仕，云水从游。寓居广陵，传芳井邑，贤扬淮泗，涉历江闽"，育有一子一女，唐咸通七年（公元866年）九月卒于汴州开丰县，同年十二月"卜穴于扬州江都县驯翟坊廖家园内"。开丰县：即开封县，《元和郡县图志》载："本汉旧县，属河南郡。魏为秦所败，走保开封，即此城也。晋属荥阳郡。后魏天平元年，于此置开封郡，高齐天宝七年废。隋开皇六年，复置开封县，属汴州。大业二年废汴州，以县属郑州。武德四年，重置汴州，开封又属焉。贞观元年废。延和元年，于城内别置开封县，管东界。"[24]

驯翟坊属于唐代扬州罗城外城西之坊，位于现扬州城西双桥乡念四桥一带[25]，地处蜀冈下长江冲积平原，北临蜀冈。1992年，在扬州城西念四桥薛庄发掘一座唐代土坑墓，棺木已不存，出土青瓷褐彩牛车、青瓷小执壶、青瓷双耳罐、青釉葫芦瓶四件瓷器[26]，惜未出土墓志。1986年11月，双桥乡念四桥东出土唐贞元八年（公元792年）《贾瑜墓志》一合，墓主贾瑜为低级军吏，其先蒲州人，因官而迁，贯为蔡州海阳县人，贞元七年（公元791年）六月十九日卒于江都县赞贤坊之私舍，"其年七月二日权厝于县城西驯翟坊之平原"[27]。《唐代墓志汇编》收录有出土于扬州的《陈氏季女墓志》，记载颖川陈氏妹"自苏台至南兖"，因突发疾病，唐元和十年（公元815年）十二月廿二日卒于江都县赞贤里从父私室，其月廿七"权窆于芜城驯翟里孙奉礼之园、蜀冈之原"[28]。以往扬州城东古运河沿岸发现较多的唐代墓葬[29]，扬州城西墓葬、墓志的发现说明双桥一带也是唐人的葬地，彭敬全、贾瑜、陈氏妹均为外地人，后两人却因某种原因暂无法归葬，权葬于扬州。

三　结语

明代歙州郑氏墓志虽未记载志主名讳，但应为迁扬长龄郑氏一员，该墓志也是首次发现的采用古代风水学理论进行分金定穴以确定墓葬位置的实物资料，具有一定的研究价值。唐代彭敬全墓志的发现，说明唐代"安史之乱"后大量人口迁居江淮及扬州，驯翟坊可能作为城西权葬之地。

[1]　[明] 戴廷明、程尚宽等撰，朱万曙、王平、何庆善、于石点校，于国庆、万正中审订：《新安名族志》第 448 页，黄山书社，2007 年。

[2]　冯剑辉：《明清徽商"脱贾入儒"研究——以歙县长龄郑氏为中心》，《黄山学院学报》2008 年第 4 期。

[3]　同 [1] 第 454 页。

[4]　[清] 郑庆祜：《扬州休园志》卷首，《四库禁毁书丛刊》史部第 41 册第 484 页，北京出版社，2000 年。

[5]　明董其昌：《太学东里郑公墓志铭》，同 [4] 卷五第 566 页。

[6]　[清] 方象瑛：《重葺休园记》，同 [4] 卷一第 490 页。

[7]　[清] 许承家：《重葺休园记》，同 [4] 卷一第 492 页。

[8]　[清] 顾祖禹撰，贺次君、施和金点校：《读史方舆纪要》卷二八第 1365 页，中华书局，2005 年。

[9]　[清] 赵宏恩等监修，黄之隽等撰：《江南通志》卷一四七第 289 页，《景印文渊阁四库全书》第 511 册，台北商务印书馆，1983 年。

[10]　[清] 张佩芳等：（乾隆）《歙县志》卷十一，清乾隆三十六年刊本。

[11]　a. 周阿根：《五代墓志汇考》第 85～86 页，黄山书社，2012 年，标题为《陈赟墓志》。b. 扬州博物馆编：《扬州博物馆藏唐宋元墓志选辑》第 70～71 页，广陵书社，2018 年。

[12]　秦宗林：《扬州新出三方五代十国时期买地券考释》，见本书。

[13]　刘刚：《关于扬州五代墓葬的两个问题——以出土墓志、地券为中心》，《扬州城考古学术研讨会论文集》，科学出版社，2016 年。

[14]　扬州市文物考古研究所内部资料。

[15]　吴炜：《明代马太孺人于氏墓志铭简介》，《扬州文博研究集》，广陵书社，2009 年。

[16]　[明] 李贤等撰：《明一统志》卷十二第 281 页，《景印文渊阁四库全书》第 472 册，台北商务印书馆，1983 年。

[17]　[清] 阿克当阿修，姚文田等纂：（嘉庆重修）《扬州府志》卷八第 125 页，广陵书社，2006 年。

[18]　[清] 沈复：《浮生六记》卷三第 64～65 页，霜枫社，1923 年。

[19]　吴炜：《关于扬州城郊明墓的几个问题》，《扬州博物馆建馆五十周年纪念文集》，《东南文化》2001 年增刊 1。

[20]　秦宗林、朱超龙：《扬州新出土明代严世茂墓志考释》，《扬州职业大学学报》2016 年第 3 期。

[21]　周赟　秦宗林：《扬州新出土明代高门张氏墓志研究》，《黄河、黄土、黄种人：华夏文明》2019 年第 18 期。

[22]　[明] 盛仪撰：《嘉靖惟扬志》卷一，上海古籍书店据浙江宁波天一阁藏明嘉靖残本影印，1963 年。

[23]　a. 陈彝秋：《唐代扬州城坊乡里考略》，《扬州大学学报（人文社会科学版）》2000 年第 2 期。b. 余国江：《六朝隋唐时期的扬州城与坊市》，《历史地理》2015 年第 1 期。

[24]　[唐] 李吉甫：《元和郡县图志》卷七第 176 页，中华书局，1983 年。

[25]　同 [23]。

[26]　李则斌：《扬州出土唐青瓷褐彩牛车》，《文物》1999 年第 5 期。

[27]　周绍良、赵超主编：《唐代墓志汇编续集》第 747～748 页，上海古籍出版社，2001 年。扬州博物馆编：《扬州博物馆藏唐宋元墓志选辑》第 10～11 页，广陵书社，2018 年。

[28]　周绍良主编：《唐代墓志汇编》第 2010 页，上海古籍出版社，1992 年。

[29]　a. 吴炜：《江苏扬州五代山唐墓》，《考古》1964 年第 6 期。b. 江苏省文物管理委员会 南京博物院：《江苏扬州五台山唐、五代、宋墓发掘简报》，《考古》1964 年第 10 期。c. 扬州市文物考古研究所：《江苏扬州广陵区凯运天地商业广场唐代墓葬群发掘简报》，《东南文化》2020 年第 2 期。

试论扬州唐末五代墓葬出土石函

刘　刚（扬州市文物考古研究所）

庄志军（扬　州　博　物　馆）

王义旻（扬　州　博　物　馆）

内容摘要：扬州市江都县槐泗区（现邗江区槐泗镇）、西湖镇唐末五代墓葬出土或采集石函三合，盖面阴刻"券函"或"铁券函"文字，函内有浅槽。其他地区亦发现唐末五代石函6合（件），宋代石函至少12合（件）。有学者以唐墓内出土的石函为线索，对铁券的性质进行考察，提出隋唐墓葬中出土的铁券实为买地券。扬州考古发现或采集的实物资料，加深了对石函作用及性质的认识，石函内原放置有铁质买地券。

关键词：唐末五代　石函　铁函　铁券函　铁券　买地券

扬州市发现唐末五代时期石函3合，其中一合出土于原江都县槐泗区，已发表相关简讯[1]；另外两合为近十年新发现的资料，皆出土于现邗江区西湖镇。这3合石函均方形盝顶，盖面阴刻"券函"或"铁券函"文字，函内有浅槽，槽内原均应放置有铁券等物。其他地区亦发现唐末五代石函6合（件），宋代石函至少12合（件）。厘清墓葬内出土此类石函的性质，对于深入考察唐宋时期的葬俗、葬制、葬仪的变化具有重要的意义。

一　扬州石函的考古发现

1956年2月，原江都县槐泗区（现邗江区槐泗镇）永胜村发现唐墓一座，墓室全长5、宽2.5米，采用长32、宽16、厚6厘米素面砖砌筑，出土墓志铭1副，约50厘米见方，底与盖相合，中间夹铅、铜合制薄板1块，字迹除盖面有"亟善"两字，及部分忍冬花纹可见外，余均风化。何月馨注意到这里提到的"墓志"应正是一合石函，而"亟善"两字也应为"券函"两字反读的讹误[2]。根据发表资料，结合扬州考古发掘实际情况，判断墓葬时代可能为唐末五代。墓主人具体身份不明。

2011年7月，邗江区西湖镇司徒庙村新庄组发掘一座五代砖室墓，编号11YHSM14。墓室全长9.2、宽3.7米，由墓道、墓门、前室、甬道、后室组成。前室近弧方形，四边券进式穹隆顶，左右墓壁上装饰有砖砌的直棂窗。后室呈腰鼓形，叠涩拱形顶，东、西、北三面各有3个壁龛。此墓早年被盗掘，后室葬具无存。出土动物俑、神怪俑（仪鱼、镇墓兽）、伏听俑、人物俑等，包括5件解除木人。此外，后室出土石函1合[3]。石函青石质，盖呈方形盝顶式，中部阴刻古体篆书"券函"二字，四周及四刹面阴刻牡丹纹图案（图一）。盖横宽43、纵长44厘米，盝顶横宽28、纵长29、厚8~8.5厘米。函四周及侧面阴刻牡丹纹，内有浅槽，放置有铁券及薄木板。函横宽43、纵长44、厚7厘米，铁券横宽25.2、纵长36.3厘米，木板横宽25、纵长35厘米。石函槽内铁券和木板锈蚀在一起，暂无法分离。墓葬时代为五代杨吴或南唐，墓主人具体身份不明，墓葬规格仅次于寻阳公主墓[4]。

图一 司徒庙五代墓出土石函盖拓片

2013年初，在邗江区西湖镇蜀冈村（润扬路西延）采集石函1合，青灰石质，盖呈长方形盝顶式，阴刻"铁券函"三字，四周及四刹面阴刻牡丹纹图案（图二）。盖横宽23、纵长34厘米，盝顶横宽15、纵长25、厚7厘米。函内有浅槽，槽内中空；横宽23、纵长34.5、厚7厘米，槽横宽16、纵长27、深1.2厘米。石函时代也应为唐末五代。

二 其他地区的考古发现

1. 唐、五代

除扬州发现的3合石函外，目前在其他地区发现唐、五代时期石函6合（件），分布于甘肃、河南、陕西等地，有甘肃平凉大中五年（公元851年）

图二 蜀冈村采集石函盖拓片

刘自政墓[5]，河南安阳刘家庄北地M68、大和二年（公元828年）及大和九年（公元835年）郭燧夫妇合葬墓M126（石函2件）[6]，陕西宝鸡开运二年（公元945年）李茂贞夫人刘氏墓[7]、彬县显德五年（公元958年）冯晖墓[8]。刘自政墓石函采用灰黄色细砂岩制成，长方形，长39、宽21、通高14厘米，盖为盝顶式，雕牡丹纹，中刻"铁券函"三字，函四边及函盖四刹均刻草叶纹图案。函内有浅槽，内装铁券残片，铁券厚0.3厘米。因锈蚀过重，文字无存。安阳刘家庄北地M68出土石函1合，青石质，盖盝顶长方形，顶面阴刻"券函"二字，饰四刹浅浮雕圆形花卉纹。盖边长32、宽20.2厘米。函四面浅浮雕有四神，中内凹呈盒状。M126出土2合石函，其中1合仅存长方形盝顶盖。发掘者认为M68与M126郭燧夫妇合葬墓相距甚近，二墓的墓葬形制、壁画布局、内容及风格极为相似，且M126郭燧墓志明确记载其葬于"先人之茔"。因此，M68应与M126时代相近，或同为郭氏家族墓。五代李茂贞夫人刘氏墓内石函尺寸略大，长48、宽35厘米，内放置铁板一件。五代冯晖墓石函尺寸最大，长 67、宽 47、通高 24 厘米。后面 4 件石函盖面均无铭刻。

2. 宋代

石函发现数量有所增多，至少有 12 合（件），分布于河南、陕西等地。刘未指出，北宋皇室及官员墓葬常有石函与墓志伴出[9]，据其统计有巩义咸平三年（公元 1000 年）元德李后陵（仅存石函盖）[10]、周王赵祐墓、嘉祐五年（公元 1060 年）赵宗鼎墓[11]，西安天禧三年（公元 1019 年）李保枢墓、天圣七年（公元 1029 年）李璹墓[12]、安阳熙宁八年（公元 1075 年）韩琦（夫妇合葬）墓、元祐五年（公元 1090 年）韩忠彦夫人吕氏墓、绍圣三年（公元 1096 年）及宣和七年（公元 1125 年）韩治夫妇墓（石函 3 合）[13]，密县元祐九年（公元 1091 年）冯京夫妇墓（石函 2 合）[14]。河南安阳韩琦家族墓地出土石函数量最多，内或中空，或仅存朽木、锈蚀的铁块，韩琦、韩忠彦、韩治三人为祖孙三代。以上石函盖面都没有铭刻。冯京墓出土墓志 4 合，可知分别为冯京本人、妻王氏、前夫人富氏、续夫人富氏。

我们可以确定的是，无论是唐、五代，还是宋代，有铭刻与没有铭刻的石函性质是相同的。

三 石函的性质

1. 学者的意见不同。

因石函内放置物（木、铁等）锈蚀殆尽，或锈蚀严重文字无存，不同的学者对墓葬内随葬石函的性质有不同的意见。刘自政墓出土铁券函，发掘者认为可能是作为地契券或祈祷亡灵的冥券[15]。赵超推测可能是装有唐代赐给功臣的免死铁券，并且认为铁券这一名词在唐宋期间，是专门用来称呼帝王颁发的免死铁券的[16]。洪海安认为刘自政墓中的铁券就是"免死金牌"铁券的观点和依据是难以成立的，唐刘自政墓中的铁券应为买地券[17]。何月馨在全面梳理并分析相关材料的基础上，以唐墓内出土的石函为线索，对铁券的性质进行考察，提出隋唐墓葬中出土的铁券实为买地券[18]。早至清代，洪亮吉已经指出："古人卜葬，必先作买地券，或镌于瓦石，或书作铁券。"[19]虽然上

述学者存有不同的看法，但石函内原放置有铁券等物品是肯定的。

2. 买地券与铁券。

在被大家所广泛引用的五代宋初陕西人陶谷所著笔记小说《清异录》云："葬家听术士说，例用朱书铁券，若人家契帖，标四界及主名，意谓亡者居室之执守，不知争地者谁耶？庵墓前甃石，若砖表之，面方，长高不登三尺，号曰'券台'。"[20]此处，"朱书铁券"无疑是买地券性质。成书于北宋中期，官方编纂刊行河南商丘王洙编撰的《地理新书》已明确记载祭官用铁为地券，并附有券文样式[21]。刘未认为成书以《玉海》所记嘉祐元年（1056 年）为确[22]。已入南宋，出生于杭州且生活于浙江的周密所著史料笔记《癸辛杂识》别集下"买地券"条提到："今人造墓，必用买地券，以梓木为之，朱书云：'用钱九万九千九百九十九文，买到某地若干'，云云。"[23]

买地券分为木、铁、石、陶、纸等不同材质，其随葬材质与地域相关，不同材质的地券因埋藏环境的影响保存状态也不尽相同。扬州出土的唐宋时期买地券基本都是木质的，不知是否采用梓木制作。需要提及的是，扬州博物馆征集有五代铁券 1 件，据称 1965 年出土于扬州湾头砖瓦厂工地。铁券横宽 38.5、纵长 32.4、厚 0.3 厘米，朱砂自左向右纵书，文字大多漫漶不清，但仍可辨识出"维唐保大□年岁……""壹穴东……白虎，南至丙丁朱雀，上至苍天，下至黄泉……"等字迹（图三），此铁券肯定是买地券性质。

图三　扬州博物馆藏铁券

目前，出土能辨识出字迹的铁券的墓葬，基本都是宋代的，有福建南安淳熙十三年（公元 1186 年）赵士琚妾蔡氏墓[24]、湖北孝感靖康元年（公元 1126 年）杜氏墓[25]、江苏扬州凤凰河宣和五年（公元 1123 年）墓[26]。蔡氏墓铁券横宽 32、纵长 39、厚 1 厘米，出土位置不明，文字尚清晰可辨。此铁券为买地券。券文格式与南方系统绝不相类，却与《地理新书》格式几无二致[27]。杜氏墓铁券出土于北室棺床西端（墓主头向西）长 31.5、宽 22、厚 1.5 厘米，朱砂书写，正文前题二字，只存半边且模糊，据字形判断应为"合同"。这是一件性质明确的买地券，券文格式与《地理新书》所记买地券的格式完全一致[28]。扬州凤凰河出土铁券长 58、宽 31 厘米，上有朱书"皇宋宣和五年"字样，其他字迹已模糊不清，也应为买地券。上述发现铁质买地券的墓葬并未随葬石函。

3. 券与石函的位置。《地理新书》云："凡斩草日，必丹书铁券埋地心。凡斩草，取茅或秆草九茎，三三之数也。斩三下者断三殃害也。更有众子各加三茎，用五色线三道束之，置于黄帝位前。先王用誓板，长一尺，阔七寸。公侯已下用祭板，长一尺，阔七寸，位板十九，各方五寸，已上各书神位。公侯以下皆须铁券二：长阔如祭板，朱书其文，置于黄帝位前。其一埋于明堂位心，其一置于穴中枢前埋之。"[29]《茔原总录》云："券立二本，一本奉付后土，一本乞付墓中，令亡父某人收把，准备付身，永远照用。今分券，背上又书'合同'二字。令故气伏尸，永不侵争。"[30]《茔原总录》卷首有司天监杨惟德的上表，所署日期为庆历元年（公元 1041 年），刘未认为《茔原总录》系元人人裒集宋代南北地理书及礼书并适当加以修订而成[31]。明隆庆二年（公元 1568 年）扬州府江都县宋秀（为先考宋公淳妣陶氏）地券分别给付死者和神祇，一石从左向右书写，右行"先考宋公淳妣陶氏所执收"；一石从右向左书写，左行"后土氏之神所执收"[32]。目前考古所见买地券绝大多数出土于墓中，放置于棺柩、棺床前或棺盖上前和处。明堂位心或者奉付后土神

的买地券也时有发现[33]。

安阳刘家庄北地 M68、M126 所出三合（件）石函应是目前所知出土时代最早者，均放置于墓室棺床前（M126 出土仅存函盖者略远，位于甬道内，墓志处于两函之间）；甘肃平凉刘自政墓发掘者未说明石函出土具体位置。扬州槐泗区永胜村唐墓文中没有说明石函的出土位置，原应放置于棺床或棺柩前；西湖镇司徒庙村五代墓后室北部两侧用砖叠隔成东西两个边厢，中间为棺柩所在，棺柩不存，石函放置于棺柩前；五代李茂贞夫人刘氏墓内石函与墓志均出土于墓葬前甬道内；冯晖墓石函出土于墓室东北，墓志和志盖分别位于墓室西南和东北两角，因该墓多次被盗，墓内淤积严重，且有人为翻动的痕迹，墓主的葬具、葬式都不清楚，只在墓室、东西侧室发现棺钉和棺板痕迹，石函与棺柩的位置关系并不清楚。李后陵石函出土于墓室底部 2 米厚的积土内，原应放置于石棺床前；李保枢墓石函出土于棺北侧小龛外、墓志置于墓道口，李寿墓石函放置于墓室口北壁小龛内、墓志置于南壁后端小龛内，李保枢为李寿之父；韩琦（夫妇合葬）墓石函与 2 合墓志一起出土于墓室北部填土中，韩忠彦及夫人吕氏石函出土于墓室棺床东侧，韩治墓出土 3 合石函分别放置于墓室外西侧 3 个小耳室内，2 合墓志分别放置于墓道北端的土台和平台上。冯京夫妇墓因墓室被盗，遗物扰乱极为严重，随葬品多非原来位置，文中未交代石函出土位置。由上述可知，石函多放置于棺柩或棺床前，少数放置于墓室特定的小龛内，基本与《地理新书》《茔原总录》记载买地券的埋藏位置相符。

4. 券被纳入丧葬体系。正如何月馨所述，我们在隋唐时期官方的丧葬文献和对明器制度的若干规定中，看不到关于铁券的记载，表明以铁券随葬并未被纳入唐代官方的丧葬体系[34]。但据《宋史·凶仪·诸臣丧葬等仪》记载："勋戚大臣薨卒，多命诏葬……入坟有当圹、当野、祖思、祖明、地轴、十二时神、志石、券石、铁券各一。"[35]可见，北宋时期券被正式纳入官方的丧葬体系。志石指墓志，券

石、铁券具体为何物并不明确。美国学者韩森认为墓内放入两个"券",简称买地券:一为石质,一为铁质[36]。吴越国钱元璀妃马氏康陵前室左耳室壁原嵌有石墓志一方,发掘前已被农民先期从墓内取出;后室棺床的前面放置铁板1件,其周围有小铁钉及铜饰件,推测当时可能用有机质容器装置此铁板[37]。现在看来,康陵内随葬的铁板应为铁券,墓志根据阴刻铭文实为买地券性质,除此外在考古发掘中尚未有铁券和石券同时出土。另一种可能是,《宋史》所记载的券石应指自铭为"(铁)券函"的石函,铁券指铁质买地券,是可以放入券石中的。上述明确出土宋代铁质买地券的墓葬内均未发现石函,说明铁券是可以脱离石函而单独随葬的。

四 结语

扬州发现的3合石函均有铭刻,时代明确,皆为唐末、五代杨吴、南唐时期。尤其是西湖镇司徒庙村五代砖室墓,虽被盗扰,但仍出土有五方解除木人(自铭"柏人、同人")、伏听俑等具有道教文化因素的器物。扬州博物馆藏五代铁券虽然具体出土情况不明,不知是否原放置于石函内,但却是目前所知性质明确、时代最早的铁质买地券。由此,扬州考古发现或采集的实物资料,加深了对石函性质的认识,具有重要的意义。唐宋时期,墓葬内随葬石函、铁券应与墓主人的身份等级相关,但关于石函的起源、传播以及流行阶层等问题仍需要深入研究。

[1] 王德庆、魏百龄:《江都县槐泗区发现唐墓一座》,《文物参考资料》1956年第4期。

[2] 何月馨:《隋唐墓葬出土铁券考》,《考古》2018年第2期。

[3] 程少轩、刘刚:《扬州新出土五代解除木人研究》,《简帛》第十九辑,上海古籍出版社,2019年。

[4] 扬州博物馆:《江苏邗江蔡庄五代墓清理简报》,《文物》1980年第8期。

[5] 刘玉林:《唐刘自政墓清理记》,《考古与文物》1983年第5期。

[6] 中国社会科学院考古研究所安阳工作队:《河南安阳刘家庄北地唐宋墓发掘报告》,《考古学报》2015年第1期。

[7] 宝鸡市考古研究所:《五代李茂贞夫妇墓》第84页,科学出版社,2008年。

[8] 咸阳市文物考古研究所:《五代冯晖墓》第48页,重庆出版社,2001年。

[9] 刘未:《鸡冠壶:历史考古札记》第187页,上海古籍出版社,2019年。

[10] 河南省文物考古研究所编:《北宋皇陵》第329页,中州古籍出版社,1997年。

[11] 河南省文物考古研究所发掘,此据刘未现场考察记录。见刘未:《鸡冠壶:历史考古札记》第191页注释2,上海古籍出版社,2019年。

[12] 西安市文物保护考古所:《西安长安区郭杜镇清理的三座宋代李唐王朝后裔家族墓》,《文物》2008年第6期。

[13] 河南省文物局:《安阳韩琦家族墓地》第28、33~34、43~44页,科学出版社,2012年。

[14] 河南省文物研究所、密县文物保管所:《密县五虎庙北宋冯京夫妇合葬墓》,《中原文物》1984年第4期。

[15] 同[5]。

[16] 赵超:《十将与铁券——读唐代墓志札记》,《考古与文物》1987年第1期。

[17] 洪海安:《唐代刘自政墓中铁券考辨——兼与赵超先生商榷》,《甘肃社会科学》2010年第3期。

[18] 同[2]。

[19] [清]洪亮吉:《北江诗话》卷六第70页,中华书局,1985年。

[20] [宋]陶谷:《清异录》卷下,收入《景印文渊阁四库全书》第1047册第929页,台北商务印书馆,1983年。

[21] [宋]王洙等撰:《图解校正地理新书》金明昌影抄本第455页,集文书局,1985年。

[22] 刘未:《宋元时期的五音地理书——〈地理新书〉与〈茔原总录〉》,《北方民族考古》第1辑,科学出版社,2014年。

[23] [宋]周密撰、吴企明点校:《癸辛杂识·别集下》第277页,中华书局,1988年。

[24] 王洪涛:《泉州、南安发现宋代火葬墓》,《文物》1975年第3期。

［25］ 孝感市文化馆：《湖北孝感大湾吉北宋墓》，《文物》1989 年第 5 期。

［26］ 屠思华：《江苏凤凰河汉、隋、宋、明墓的清理》，《考古通讯》1958 年第 2 期。

［27］ 同［9］。

［28］ 同［2］。

［29］ 同［21］第 453 页。

［30］ 《茔原总录》卷三，中国国家图书馆藏，元刻本。

［31］ 同［22］。

［32］ a. 钱祥保修、桂邦杰纂：（民国）《甘泉县续志》卷十五，收入《中国地方志集成·江苏府县志辑》第 480 ~ 481 页，江苏古籍出版社、上海书店、巴蜀书社，1991 年。b.［清］端方编：《陶斋藏石记》卷四十四，收入《石刻史料新编》第 1 辑第 11 册第 8428 ~ 8429 页，新文丰出版公司，1982 年。

［33］ a. 任林平：《宋金时期"明堂"浅议》，《中国文物报》2015 年 9 月 11 日。b. 翟鹏飞：《墓地明堂位心研究》，《西部考古》2019 年第 1 期。

［34］ 同［2］

［35］ ［元］脱脱等撰：《宋史》卷一二四《凶礼》第 2909 ~ 2910 页，中华书局，1977 年。

［36］ ［美］韩森：《宋代的买地券》，《国际宋史研讨会论文选集》第 133 页，河北大学出版社，1992 年。

［37］ 杭州市文物考古所、临安市文物馆：《浙江临安五代吴越国康陵发掘简报》，《文物》2000 年第 2 期。

扬州新出三方五代十国时期买地券考释

秦宗林（扬州市文物考古研究所）

内容摘要：买地券作为一种道士或者底层文人书写的丧葬文书，对研究古代的书法艺术、地方历史文化具有重要文献价值。近年扬州新发现 3 方五代十国时期的买地券，对其中内容进行识读、考证，为了解当时的丧葬习俗、民间信仰形成新的认识。买地券中提及扬州城相关地名及墓葬出土地点为研究扬州城市考古提供了直接而详细的资料。

关键词：买地券　道教　扬州城

买地券又称为冥契、幽契，最早见于东汉时期墓葬，由买地契约演变而来。其最初只是死者阴间土地的凭据，因此又被人们戏称为阴间的"房产证"，通常带有道教色彩文字，券文刻写或墨书在砖、铁、铅、石、木等坚硬的物品上，以便于在墓中久存。买地券在墓中多放置于墓室内，也有放在甬道或近墓门处的，土坑竖穴的墓葬中多放置于棺盖之上。扬州地区出土的东汉熹平五年刘元台买地券[1]应为国内最早的买地券之一，唐宋时期有较多发现，但因木质文物出土时保存状况较差，很多信息无法提取，在以往研究中并未引起重视。

唐宋时期的扬州城在中国历史进程中具有举足轻重的地位，自隋代以来，作为长江与大运河交汇点的扬州已经成为极其重要的政治、经济城市，"安

史之乱"时大量北方贵族、富商南迁至此，更让扬州繁荣一时。唐朝末年农民起义运动波及扬州，经过几年的战乱，扬州遭受巨大破坏。昭宗景福元年（公元 892 年）杨行密大败孙儒，被封为淮南节度使，昭宗天复二年（公元 902 年）又拜为东面行营都统、吴王，杨行密在这里建立起吴国，并以扬州为都城。杨行密建立吴国后停止战争，与相邻的割据势力保持互不侵犯的关系，并召回流亡、减轻赋税、提倡俭约，使得扬州地区的生产得到恢复。天祚三年（公元 937 年），李昇称帝，改元升元，国号齐，定都金陵。升元三年（公元 939 年），又改国号为唐，史称南唐。他在位期间，勤于政事，变更旧法，又与吴越和解，保境安民，与民休息[2]。

由于这一时期扬州地区经济恢复较好、社会环境稳定，并在一段时间内作为地方政权的政治中心，因此扬州地区发现的这一时期墓葬较多，但因多被盗掘几乎不见遗物。五代时期前后延续仅约五十年且期间战乱频繁，现存的历史文献记载相对简略。近年扬州文物部门配合扬州城市建设发掘出土的三件买地券保存完整、字迹清晰、年代相近，对研究这一时期扬州境内的丧葬习俗、历史文化具有重要价值。

一 谢府军买地券

谢府君买地券出土于扬州市邗江区西湖镇平山工业园内朱塘路东端，属于唐代扬州城北，南距唐子城 1 公里。该墓为土坑竖穴木棺墓，墓圹长 3、宽 1.05～0.92 米，墓向 145°[3]。买地券出土于棺盖前合上部，为方形木质，长 34、宽 32 厘米，墨书行体，自左向右竖书，14 行 159 字（图一）：

图一 谢府君买地券

维天祐十五年岁次戊寅四月癸卯」朔十九日辛酉，殁故亡人陈留郡谢府」君天命寿终。时用金银钱九千」九千九百九十九贯文买得扬州江都」县同轨地界墓地一所。具界至如」后：东至甲乙青龙，南至丙丁朱雀，」西至庚辛白虎，北至壬癸玄武，」上至天仓，下至黄泉，中安亡人」宅。山神土地不得□□，若止清者，」分付河伯知当，保安万岁。伏愿安」厝已后，子孙得大富贵吉昌。」保人岁月。」□今日直符使。」急急如律令敕。

"天祐"年号，先后有唐昭宗、金朝、元代张士诚等使用，根据戊寅判断为唐昭宗年号，朱温篡位后一些地方政权依旧沿用该年号，此处应为杨吴太祖杨行密沿用，"十五年"为公元 918 年。"陈留郡"，一指今开封，唐天宝元年（公元 742 年）改汴

州为陈留郡，乾元元年（公元 758 年）复为汴州。另有南朝陈永定二年（公元 558 年）改广梁郡为陈留郡，隋开皇九年（公元 589 年），隋平陈，废。此处应指前者。北京图书馆现藏有扬州出土的杨吴金紫光禄大夫、颍州刺史兼御史大夫王仁遇墓志拓片，墓志提及王仁遇的三女儿十三娘嫁给了陈留谢氏[4]。陈留谢氏应当是当时扬州地区有一定名望的家族，谢府君为避墓主人名讳，在唐五代时期是常见的称法。"金银钱九千九千九百九十九文"指阴间的货币，表示钱的数额巨大。"同轨"为扬州地名，大致位于当时扬州城北部一带，宋元时期出土墓志多次提及此处，应为当时墓葬密集埋葬区[5]。"青龙""朱雀""白虎""玄武"四神，表示墓地的四至范围。"河伯"等为神名。"安厝"指安葬。最后表示安葬墓主人后，希望他的子孙也受到庇护，能够大富大贵。"保人岁月"指作担保的人是"年"和"月"。"今日直符使""急急如律令敕"均为道家术语，道家认为每天都有相应的执符使者，而地券的内容会像律令一样能够被快速地执行。

二 马七娘子买地券

马七娘子买地券出土于扬州市邗江区城北乡三星村江都北路，为唐代扬州城东北部，西距唐扬州子城 1.7 公里。该墓为竖穴土坑砖室墓，墓室内置木棺，墓圹长 3.9、宽 1.55 米，墓向 246°。早期被盗，买地券出土于墓室西南角。为方形木质，断面呈弧形，墨书楷体，自左向右竖书，14 行 281 字。背部中央墨书"合同"二字（图二）：

维吴顺义三年岁次癸未八月壬申朔一日壬申。没故扶」风郡马氏七娘子，年卅七，丁未水命，十二月主，天命寿终。」伏惟：亡蒗生居城邑，死迁幽室。龟筮叶从，相地袭吉，谨」课葬律。宜用金银钱万万贯文、五方缯彩、信币生醪为契，」迁江都府江都县同轨北界庚首墓地一段。东西六步，南北」五步，东至甲乙青龙，南至丙丁朱雀，西至庚辛白虎，北至壬癸

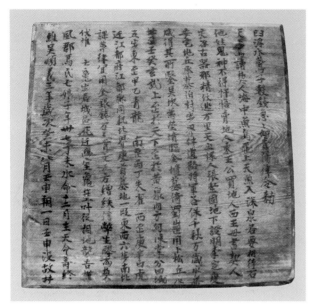

图二　马七娘子买地券

玄武,」上至于天,下至于黄泉,内方勾陈,掌
分四域,」咸得其所。凿吴坎为茔垟,临金壝,
墓倚蜀冈,用卜松丘,永」安宅地。丘承墓伯、
封步界伴、道路将军,各保千秋万岁,永无」
灾咎。古器邪精,伏逃万里。天上保人:张坚
固。地下证明:李定度。」他姓鬼神不得忤悟。
卖地人:东王公,买地人:西王母,书契人:」
天上鸟,读契人:海中鱼。鸟飞上天,鱼入深
泉,若要相待,石」臼浮水,燕子数钱。」急急
如青阳律令敕。

"顺义三年"为五代时期杨吴杨溥年号,即公元
923年。"扶风郡",《旧唐书·地理志》记载:"天
宝元年,改为扶风郡……至德二年,肃宗自顺化郡
幸扶风郡,置天兴县,改雍县为凤翔县,并治郭
下。"墓主人为马七娘子,死时三十七岁,依据五行
为水命。"生居城邑,死迁幽室"表达了古人事死如
事生的思想。"龟筮叶从,相地袭吉,谨课葬律"指
通过占卜的方式,看风水,查看墓地的吉凶,严格
遵循葬律。"金银钱万万"表示钱很多。"生醪"指
刚酿造的浊酒,"缯彩"为丝织品,表示用很多钱、
美酒、精美的丝织品等向阴间买下了这块墓地。"同

轨"为地名。"东西六步、南北五步",在唐代一步
约为1.5米,其范围为东西9米、南北7.5米左右,
并用四神表明四至范围。"金匮"为古人认为的风水
宝地。"蜀冈"为扬州城北部西南至东北向一条低山
丘陵,因地势较高,多墓葬。"丘承""墓伯""道
路将军"均为官名,比作阴间神祇,祈求在阴间得
到庇护。"张坚固""李定度"均为道家神仙,常见
于买地券中。"东王公""西王母"均为神话人物,
汉代已见,分别统领男仙与女仙。"天上鸟""海中
鱼"都是被神话了的动物,鸟飞上了天,鱼游入了
深水中,要是想要他们相遇就得石臼浮在水上,燕
子会数钱。"石臼浮水,燕子数钱"应是当时的一句
俗语,石臼是不可能浮在水上的,因此从字面意思
认识,应该是表示这个事情难以实现,如此这个契
约是不可能再修改了。"燕子数钱"为"含混敷衍
类"用语的变体,目的是敷衍查核的地下神灵,使
墓主人尽快进入地下世界[6]。最后一句为道家术语,
表示地券的内容会像法律律条一样被很快的执行。
"青阳"为传说中的上古人物,是黄帝与嫘祖的长
子,名玄嚣,号青阳。

三　田氏买地券

田氏买地券出土于扬州市西湖镇蜀冈村蜀冈体
育公园西侧,位于唐代扬州城西,东距唐扬州子城3
公里。该墓为土坑竖穴木棺墓,墓圹长2.9、宽1~
0.6米,方向125°[7]。买地券出土于棺盖前合处顶
部,俯面放置。买地券为木质,长40.5、宽33、厚
2~5厘米,正面为平面,背面为纵向弧面。买地券
背面中部纵向墨书4字:田氏地券,正面自左向右
纵向墨书11列165字(图三):

　　维升元元年岁次丁酉十二月庚辰朔,于」
十二月十八日辰及巳前巽时寿终。廿一日庚子」
安殡葬于大吴城江都县兴宁乡。」殁故田氏年廿
三乙亥火命,生居城邑,死迁」幽室。是以归
是叶从,相地袭吉,□□□□」安厝,东止甲
乙,西止庚辛,南止丙丁,」北至壬癸,上止仓

图三　田氏买地券

天，下止黄泉。内得四方勾」陈，分掌四域，咸得其所。安厝宅地，谨」用金银钱万万贯文买得墓地一段，作丙」首北及永。见券人：岁月、今日月直府是。」⿰万刀⿰刀司急急如律令敕。

"升元"为南唐烈祖李昪年号，升元元年即公元937年，墓主人于当年十二月十八日去世，并在该月二十一日下葬。"大吴城"即扬州城，"兴宁乡"为地名，表明墓葬所在区域当时属于江都县兴宁乡。墓主人田氏死时二十三岁，生于乙亥年（公元915年），五行属于火命。买地券其他内容与马七娘子买地券相似。"⿰万刀⿰刀司"为"合同"二字的一半，表示合同被一分为二，每人各执一份。

四　结语

三位墓主人均为五代扬州城内的平民，墓葬中随葬木质买地券而不见墓志。唐代晚期石质墓志已经十分盛行，而且很多普通人的墓葬也发现了墓志，这种现象反映了扬州地区五代时期丧葬习俗的一种变化，在这一时期往往是身份比较高的王公官吏才能使用墓志；比如本地发现的钱匡道墓[8]、李娀墓[9]的墓葬规模与马七娘子墓相当，葬具也类似，但是前两座墓葬均随葬了篆刻精美、内容详实的墓志，两人的身份均是当时贵族官宦。这种现象在同一时期的其他地区也有反映，并一直延续到了北宋时期。[10]

从买地券的摆放位置看，两座土坑木棺墓及以往发现的东风砖瓦厂发掘的南唐墓葬，买地券均放置在棺盖前合处。马七娘子墓，买地券放置在砖室墓前端的土坑中，这种现象与新发现的新邗沟中学88号墓[11]也一致。但是这两座墓葬均被盗扰，也不排除买地券是被盗墓者放在此处的可能。结合钱匡道墓、李娀墓墓志的摆放位置，马七娘子墓买地券应当是下葬时有意放在墓室前端的土坑之中，这一位置应该是专门放置墓志或者买地券一类证明墓主人身份的随葬品。由此可以看出，这一时期的买地券或者墓志都有专门的放置位置。

三座墓葬的下葬时间相隔近二十年，历经杨吴、南唐两个政权，买地券中分别提及扬州江都县同轨、江都府江都县同轨、大吴城江都县兴宁乡三个地名。谢俌军墓与马七娘子墓相距5公里，两墓同属同轨乡，表明当时同轨乡的范围极大，自现在的扬子江路一直向东到三星路一带均属于同轨乡境内。结合以往在这一地区发现的一些晚唐到宋元时期的墓志记载，"同轨乡"一名一直被沿用到元代，说明这一区域多有墓葬分布，且延续时间从唐到宋元时期。这一区域正好处于唐宋扬州城北郊，属于蜀冈丘陵地带，地势北高南低，因此同轨乡极有可能是扬州城外一处公共墓葬区。马七娘子墓东南为上方寺遗址，古称禅智寺，也从侧面印证了唐代著名诗人张祜在《纵游淮南》中提到的"人生只合扬州死，禅智山光好墓田"。

扶风郡与陈留郡皆为中原地区唐前中期地名，后皆更名。而扬州地区出土这两件买地券或与墓主人祖先唐朝时自中原地区南下有关。特别是陈留郡，为安史之乱前后的地名，或为墓主人祖先为躲避战乱南迁，其后人亦仅知祖地曾经的名称。这也印证了史书记载唐安史之乱时期北方及中原地区大量人员南迁的史实，而当时富庶、交通便利的扬州正是南迁人员的重要目的地之一。

这三方买地券均为自左向右竖向墨书，这与传统的纸质文本自右向左的书写模式完全相反。这种现象打破了书法自右向左的传统认识，表明最迟到五代初期，自左向右的书法形式已经出现，而且这种书法形式已经较为普遍，这为研究五代时期的地方底层文人书法具有重要的学术价值。

买地券中记录的买卖墓地的内容，其中的金钱数量应当是虚假的，但是曾有大批学者考证这种现象应当是受现实生活的影响[12]。因此买地券的出现和使用客观上反映了土地私有制的发展和土地买卖的盛行。扬州出土的地券上书写的"合同"表明"合同"二字早在一千多年前的五代时期就已经作为一个名词指代买卖的契约，仅书写半边的做法在安徽地区也有相同发现[13]。

这三方买地券的体例均是分为介绍墓主人状况、买地及六界、盟誓三部分，这种体例和其中涉及的神仙人物等与四川蒲江出土的后蜀广政二十五年墓券[14]以及湖北、安徽[15]等地同时期买地券格式内容相近。表明当时在整个长江中下游一带这类特殊的丧葬遗存具有高度的相似性，而且与中国本土产生的道教具有极大的关联。四川、江苏两地虽相隔一千余公里，当时又分属不同的政权，足见道教对这些地区人们的丧葬习俗有着极其深刻的影响。这一现象应与唐朝统治者推崇道教，唐朝时道教得到巨大发展有关。

[1] 蒋华：《扬州甘泉出土东汉刘元台买地砖券》，《文物》1980年第6期。

[2] 朱福烓：《扬州史述》第117页，苏州大学出版社，2001年。

[3] 扬州市文物考古研究所：《扬州五代谢俯军墓发掘简报》，《东方博物》2016年第2期。

[4] 吴炜：《江苏扬州唐五代墓志简介》第89页，2012年（自印本）。

[5] 据《扬州时报》报道，扬州目前发现有"同轨乡"字样的买地券有：宋崇宁元年（公元1102年）《宋故朱君墓志铭》："以崇宁元年十二月二十三日，葬于江都县同轨乡南王冈之原"；宋政和六年（公元1116年）木质墨书买地券记载了墓主人李遇葬地为扬州江都县同轨乡；元至正十一年（公元1351年）《故翊正司照磨曹君墓志》："至正十一年故人曹君伯卒于京师……以六月廿有九日葬于江都同轨乡先茔。"见《扬州时报》2012年9月4日。

[6] 朱超龙：《"东海""高山""青天""深泉"与神灵——关于买地券与衣物疏中含混敷衍类用语的讨论》，《中国典籍与文化》2019年第4期。

[7] 扬州市文物考古研究所：《江苏扬州南唐田氏纪年墓发掘简报》，《文物》2019年第5期。

[8] 刘刚、薛炳宏：《江苏扬州出土钱匡道墓志考释》，《东南文化》2014年第6期。

[9] 刘刚、池军、薛炳宏：《江苏扬州杨吴李娀墓的考古发掘及出土墓志研究》，《东南文化》2016年第3期。

[10] 金连玉：《江西宋墓研究》，中央民族大学硕士论文，2010年。

[11] 扬州市文物考古研究所：《扬州邗沟中学杨吴孙四娘子墓发掘简报》，见本书。

[12] 李裕群：《宋元买地券研究》，《文物季刊》1989年第2期。

[13] 汪炜等：《安徽合肥出土的买地券述略》，《文物春秋》2005年第3期。

[14] 曹岳森：《四川出土买地券的初步研究》，《四川文物》1999年第6期。

[15] 同[13]。

扬州宝祐城西城门外出土黑釉盏研究

林海南（福建省长泰县文庙管理处）

张　敏（扬州市文物考古研究所）

内容摘要：2013年在扬州宝祐城西城门外出土了3件黑釉盏。本文通过对出土黑釉盏进行对比分析，确定其属于福州地区窑口产品。通过对扬州历年发掘出土的黑釉器进行研究后发现，扬州出土的福州地区黑釉瓷器所占比例极低，而以吉州窑产品为主。这可能是由福州地区黑釉瓷窑以外销为主的特性造成的。

关键词：扬州　黑釉盏　福州地区　外销瓷

2013年11月至2014年3月，扬州唐城考古工作队在扬州南宋宝祐城西城门西侧清理出了始建于南宋时期的挡水坝遗迹[1]，出土了较为丰富的陶瓷器，主要窑口有吉州窑、景德镇窑、龙泉窑等。在出土的陶瓷器中有3件黑釉盏，发掘者认为其为广义建窑的产品[2]，笔者通过综合对比，进一步缩小其产地范围，并对相关贸易问题进行探讨。

一　黑釉盏基本信息

此三件黑釉盏出土于挡水坝遗迹第3C层中[3]，据发掘报告称出土于挡水墙北坡面和东边壁北摆手之间，处于挡水坝以北、城壕内水流最南端的回水湾，推测这些瓷器是被水流卷带至此的。与三件黑釉盏同出的陶瓷器以两宋时期为主，还有少量唐代及元明时期的产品，主要有吉州窑、建窑、景德镇

窑、龙泉窑等，因此确定第3层为元明时期堆积[4]。

该疑似建窑瓷器釉色有黑釉和茶叶末釉两种[5]，胎色呈灰黑色，器形均为盏。其中黑釉盏2件：束口，斜腹，腹下近底部斜削一周，圈足，挖足极浅，足底心微削成圆突状，内底部下凹，灰黑胎，内外施黑釉，口沿施釉较薄，呈铁锈色，外壁施釉不及底，有流釉现象。YSTG1F③C:1，口沿微残，口径10.7、底径3、高4.9厘米（图一，2；图二）。YSTG1F③C:84，残，已修复，口径9.8、底径3.2、高4.5厘米（图一，1；图三）。另一件则为茶叶末釉：YSTG1F③C:81，残存一半，束口，弧腹，腹下近底部斜削一周，矮圈足，挖足极浅，内底部下凹，灰黑胎，内外施茶叶末色釉，口部施釉较薄，外壁施釉不及底，口径9.8、底径3、高4.8厘米[6]（图一，3；图四）。

二　黑釉盏窑口的确定

宋元时期兼烧黑釉器的窑口较多，北方窑口如定窑、磁州窑、登封窑、介休窑、淄博窑等[7]，南方地区窑口则有吉州窑[8]、建窑[9]、磁灶窑、广西永福窑、湖南衡山窑[10]、赣州七里镇窑[11]、湖田窑[12]及重庆涂山窑[13]等。在诸多烧造黑釉瓷的窑口中，又以重庆涂山窑、江西吉州窑及福建地区窑口

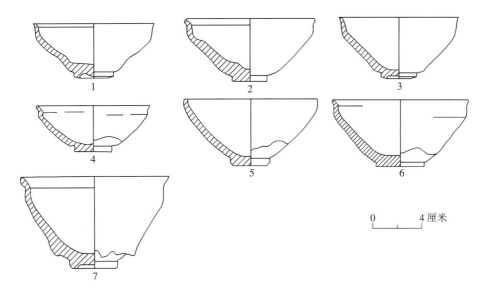

图一　黑釉盏

1~3. 扬州宝祐城出土黑釉盏（YSIG1F③C：84、YSIG1F③C：1、YSIG1F③C：81）　　4、5. 涂山窑出土黑釉盏（T0303②：11、T0401①：7）

6. 闽侯碗窑山出土黑釉盏（Y2：2）　7. 水吉窑出土黑釉盏（Y1②：1）（1~3 采自《江苏扬州南宋宝祐城西城门外出土陶瓷器》，4、5 采自《重庆涂山窑》，6 采自《闽侯县碗窑山窑址 Y2、Y3 发掘简报》，7 采自《福建建阳县北宋建窑遗址发掘简报》）

图二　扬州宝祐城出土黑釉盏（YSTG1F③C：1）

图四　扬州宝祐城出土黑釉盏（YSTG1F③C：81）

图三　扬州宝祐城出土黑釉盏（YSTG1F③C：84）

多见黑釉盏。而从器形方面来看，扬州出土的此三件盏与重庆涂山窑和福建地区窑口相似度较高，下文通过对比窑址出土黑釉盏确定扬州出土的三件黑釉盏的窑口归属。

扬州出土的此三件盏从釉色、胎土来看均与涂山窑差异较大。涂山窑是位于重庆境内以黄桷垭窑址群为中心分布，包括南岸黄楠娅、巴南清溪、荣昌瓷窑里、合川炉堆子、涪陵蔺市等数处规模较大的涂山窑系窑场，产品以黑釉瓷器为主，是古代中国西南部仿建窑的民间瓷窑[14]。通过对比涂山窑址出土的黑釉瓷器，涂山窑有生产与扬州宝祐城出土的三件黑釉盏类似的束口盏造型。如涂山窑酱园窑址T0303②:11，饼足，黑褐釉，灰白胎，口径10.4、底径5.8、通高3.6厘米[15]（图一，4；图五）。类似器形还有T0401①:7（图一，5）。瓷器的仿烧，器形是模仿的首要也是最容易模仿的因素，正如涂山窑发掘者所言，涂山窑"出土器物中的侈口束沿黑釉盏当属仿建窑器无疑"[16]。所以单凭器形的相似不足以说明扬州出土的三件盏是涂山窑的产品。而从釉色来看，涂山窑黑釉盏的釉色多为黑褐色釉，釉色黑中泛褐，釉面乳浊，与扬州出土的三件釉面结晶度较高，釉层较厚（其中尤以两件黑釉盏区别大），有流釉现象的区别较大。再从胎土上看，瓷土来源是决定古代瓷窑分布的重要因素，宋元时期制瓷业存在着仿制著名窑口产品的情况，器形特征很容易被模仿，而瓷土来源由于受开采使用半径的限制，带有较强的地域色彩，瓷土的差异集中体现于瓷器胎骨之上，因此胎土的区别是判定瓷器窑口区别最重要的因素。扬州出土的此三件盏胎土为黑灰色，与涂山窑灰白胎的胎骨有较大区别。因此可以确定此三件盏应非涂山窑的产品。

图五 涂山窑酱园窑址出土黑釉盏（T0303②:11）

上文描述的器物特征却与福建地区窑口生产的盏较接近。下面就把此三件盏与福建地区盏做对比研究。

关于"建窑"的名称，叶文程先生认为"建窑"有广义和狭义的区别，广义的"建"字是福建的简称，泛指古代福建陶瓷手工业作坊。狭义的"建窑"专指建阳水吉池中、后井附近所烧造的黑釉瓷器[17]。栗建安先生虽没有明确对"建窑"做具体定义，但是在《建窑考古研究之回顾》一文中罗列的建窑窑址仅包括芦花坪窑、大路后门山窑、源头坑窑、庵后山窑、营长墩窑等，甚至不包括茶洋窑[18]，可以确定栗建安先生关于狭义建窑的理解当与叶文程先生相同。关于"建窑系"，林忠干等先生在《建窑系黑釉碗类考》中虽亦未明确阐述"建窑系"的概念，但是其在"建窑系碗类典型器"的类型学排比中分为建窑及其他窑址，其他窑址为包括回场窑、南屿窑及磁灶窑等在内的福建其他地区黑釉窑址[19]。另外华锋林先生认为闽侯碗窑山烧造黑釉瓷的Y2及Y3属于建窑系的重要组成部分[20]。因此可以确定学界公认的"建窑系"就是指福建境内以烧制黑釉瓷器为主的窑场。

据栗建安先生研究，福建地区烧造黑釉盏的窑址遍布全省二十余个县市，闽江流域就有闽江上游（闽北地区）的光泽、顺昌、南平、邵武、浦城、松溪、武夷山、建阳、建瓯、泰宁、建宁等地；闽江下游的福州地区，有福清东张窑，闽侯南屿、鸿尾、青口、白沙等窑，还有闽清义窑以及福州宦溪、长柄窑等[21]。下文以器物特征为基础，进一步缩小其窑口范围。

扬州出土的这三件黑釉盏应非狭义建窑的产品，而是福州地区黑釉瓷窑口产品。为对比结论客观合理，笔者以窑址出土器物作为对比物，福州地区以闽侯碗窑山Y2出土器物为参照。通过对比发现扬州地区出土黑釉盏在器形、胎质及釉色上均与建窑区别较大却与碗窑山窑产品接近。具体体现在：器形上建窑盏器身较高，收口曲线自然，内外壁都没有因收口留下明显的凹槽及曲线[22]（图一，7；图六），而扬州出土的三件盏及碗窑山Y2黑釉盏器形较建窑低矮，为了束口的需要，腹壁出现了比较明显的折痕[23]（图一，6；图七）。胎质方面，建窑胎体厚重，质地较粗，颜色深灰褐或黑色，而扬州出土的三件盏及碗窑山Y2黑釉盏胎色为灰黑色，胎质较细。釉色方面，建窑绝大部分釉色乌黑，一般碗心积釉，外壁积釉及滴釉现象明显，而扬州出土的三件盏釉层较薄，与建窑差别较大，却与碗窑山 Y2 产品更接近。

图六 建窑兔毫盏

图七 碗窑山黑釉盏

正如上文所述，扬州出土黑釉盏与碗窑山 Y2 及福清东张窑器物特征接近，可以确定扬州出土的三件盏应非狭义建窑产品，而是属于福州地区窑口的产品，但是由于福州地区烧造黑釉盏的窑口众多，产品同质化严重，目前的证据只能证明其属于碗窑山或福清东张窑的产品的可能性大，但其属于福州地区的瓷窑产品是确定无疑的。

三 内陆型城市与外销型瓷业零星互动的证据

从考古资料看，福州地区窑口占扬州出土宋元时期黑釉瓷器的比例极低，占据主体的是吉州窑产品。考古发掘资料显示建窑系的发现仅有新华中学

遗址出土的建窑瓷片 43 片、建盏 2 件[24]、开明桥遗址出土的建窑碗和盏 3 件[25]。出土吉州窑瓷器的遗址有宋大城西门遗址宋元地层，出土包括碗、盏在内的吉州窑黑釉瓷器共计 298 件（片）[26]，文化宫遗址出土吉州窑瓷器碎片 197 片，其中完整器物 1 件，复原器物 33 件[27]，开明桥遗址出土宋元吉州窑碗 16 件[28]，南宋宝祐城西城门外出土吉州窑盏 13 件[29]，宋大城北门水门遗址明代地层中亦发现有吉州窑产品[30]，当为早期扰入所致，扬州三元路工地采集有吉州窑剪纸贴花盏[31]。以上资料显示扬州出土的福建地区黑釉瓷器的数量极少，其中可以确定为福州地区窑口产品的仅有宝祐城出土的三件盏。

同样是黑釉瓷，福州地区的黑釉瓷和吉州窑黑釉瓷并非简单经济学意义上的互为替代品关系，二者本来可以在市场上共存，然而却出现了福州地区黑釉瓷器所占比例极低，而吉州窑占据市场主导地位的情况。出现这种市场格局的一个重要原因是运输成本的高低。瓷器易碎的物理性质及宋元时期的生产力状况决定了大宗瓷器的远距离贩运以水路运输为主。南宋蒋祈《陶记》有"运器入河以凭商算谓之'非子'"[32]的记载，可见南宋瓷器亦是水路运输为主。邓宏文先生通过对与吉州窑有关的墓葬、窖藏及窑址分布情况进行梳理后归纳出吉州窑产品的输出以水路为主，包含三条路线，其中就有一条是吉安往北，经赣江干流至鄱阳湖，然后分两支，一支继续北行，经鄱阳湖沿岸至长江，再到长江上游及下游地区[33]。由此可见吉州窑产品到达扬州仅需顺赣江和长江而下，即可到达扬州。而福州地区如果要通过水路与扬州地区沟通，最便捷的方式是沿海岸线北上杭州，再沿京杭大运河到达扬州，但是其距离较吉州窑到扬州的距离远，并且海路航线也较江路航线复杂。因此瓷器从福州运到扬州的成本肯定高于从吉州到扬州的成本。

生产成本亦是商品成本的重要组成部分，但由于传统中国史学的经世致用的关注点，导致瓷器等百姓日用品的生产成本属于"百姓日用而不知"的状况。可以肯定的是瓷器作为商品，运输成本及生

产成本均是价格的重要组成部分，假如闽江下游地区窑场生产成本低于吉州窑的话，还是有可能弥补其运输环节成本高的问题，因此运输成本的高低是影响产品竞争力的最重要因素，但不是决定因素。影响产品销售市场格局还有一个重要的因素就是销售市场区域定位问题。下文就对此展开分析。

沉船遗址出水了较多的福州地区的瓷器。定海出水的青白瓷，其中的深腹碗与闽清义窑窑址调查采集的同类碗基本相同，可能即是该窑的产品[34]。福建连江东络岛沉船采集有闽清义窑白瓷碗，西沙群岛"华光礁一号"南宋沉船出水有闽清义窑白瓷碗，"南海一号"南宋沉船调查采集有闽清义窑白瓷。闽清义窑白瓷在日本的古遗址里屡见不鲜，它们存在于12～15世纪日本的港口、城市的民居地。据李榕青先生介绍，日本熊本大学考古研究室与福建博物院考古研究所已经合作三年，研究项目包括对琉球群岛出土的13～14世纪闽江流域窑口陶瓷器的研究，表明港口开放是推动这些窑场发展的最重要原因[35]。因此外销是福州地区瓷窑大规模出现的原因。

福州地区黑釉瓷器就是在外销性的瓷业背景下产生的，沉船等考古资料也证明了该区域黑釉瓷器具有极强的外销性。"白礁一号"沉船遗址出水的黑釉盏从胎质、釉色、器形等方面分析、比较，初步认为这批黑釉盏更接近于福州地区窑址的产品，尤其与亭江长柄窑及闽侯南屿、鸿尾等窑址的黑釉盏较相似[36]。漳浦"半洋礁一号"宋代沉船遗址位于龙海与漳浦交界海域的半洋礁北面，出水瓷器主要为黑釉碗[37]，据栗建安先生研究可能是福清东张窑的产品[38]。据叶文程先生研究，黑釉瓷外销地区主要是东亚及东南亚两大区域[39]，在日本的古代遗址中建窑和吉州窑盏出土极少，出土的茶盏几乎都是福建其他窑口的仿制品和日本古代濑户窑、美浓窑的仿制品[40]。在外销的黑釉瓷中福建窑口的黑釉瓷就占有很大比例，如东马来西亚沙捞越发现的黑釉瓷绝大部分来自福建窑口[41]。而羊泽林先生通过对福建陶瓷往南及东南方向外销的航线分析后认为，

装载着福州地区黑釉瓷器的"半洋礁一号"可能就是在前往东南亚的过程中不幸在漳州半洋礁海域触礁沉没的[42]。沉船出水及海外遗址出土的福州地区黑釉盏可以说明福州地区黑釉瓷器是具有较强外销性的。

与福州地区窑址外销性极强的风格不同的是，吉州窑虽在海外也常有发现[43]，但国内考古发现证明其还具有较强内销的一面。考古发现的吉州窑瓷器多集中在内陆地区，其中以江西地区及江苏地区为主[44]，扬州又是其在江苏地区的主要市场。扬州出土的黑釉瓷器多为吉州窑产品，而极少发现产量极大的福州地区窑场的产品，究其根本是市场选择的结果。方便的江路水运及内陆广大的市场给吉州窑带来了巨大的内销市场空间，而福州地区瓷窑背倚大陆，面向大洋，以外销为市场定位，甚至是因海外贸易而兴起的福州地区黑釉瓷器也由"善用舟楫"的闽商带向世界市场。

四 小结

本文以扬州出土的三件疑似福建窑口黑釉盏为基础，通过对狭义建窑、广义建窑及建窑系概念的梳理，结合器形、胎质及釉色等特征确定其属于福州地区瓷窑的产品。通过扬州出土福州地区与吉州窑黑釉瓷数量的悬殊对比，确定扬州市场不是福州地区黑釉瓷器的重要市场，其原因可能是由福州地区黑釉瓷器外销为主的市场定位造成的，而扬州出土的三件黑釉黑釉盏只是福州地区外销性瓷业与内地消费市场零星互动的体现。

（本文在写作过程中承蒙扬州市文物考古研究所所长王小迎提供宝祐城出土黑釉盏照片，福建博物院文物考古研究所羊泽林副所长提供碗窑山及福清东张窑瓷器照片，二位先生亦对窑口归属问题提供有益指导，谨致谢忱）

————————
[1] 中国社会科学院考古研究所、南京博物院、扬州市文

物考古研究所（合组）扬州唐城考古工作队：《江苏扬州市宋宝祐城西城门外挡水坝遗迹的发掘》，《考古》2014 年第 10 期。

[2] 王小迎、王睿：《江苏扬州南宋宝祐城西城门外出土陶瓷器》，《中国国家博物馆馆刊》2015 年第 9 期。

[3] 同〔2〕。

[4] 同〔1〕。

[5] 为论述方便，参照惯例，将茶叶末釉也归入黑釉类中论述。

[6] 同〔2〕。

[7] 冯先铭主编：《中国陶瓷》第 376～380、395～396 页，上海古籍出版社，2001 年。

[8] 余家栋：《中国古陶瓷标本——江西吉州窑》第 14 页，岭南美术出版社，2002 年。

[9] a. 福建省博物馆、厦门大学、建阳县文化馆：《福建建阳芦花坪窑址发掘简报》，见《中国古代窑址调查发掘报告集》，文物出版社，1984 年。b. 中国社会科学院考古研究所、福建省博物馆（合组）建窑考古队：《福建建阳县水吉建窑遗址 1991～1992 年度发掘简报》，《考古》1995 年第 2 期。

[10] 冯先铭主编：《中国陶瓷》第 417～419、421～424、430、432 页。

[11] 薛翘、唐昌朴：《江西赣州七里镇古瓷窑址调查》，见《中国古代窑址调查发掘报告集》，文物出版社，1984 年。

[12] 肖发标：《浅析黑釉瓷在湖田窑的兴起原因》，《福建文博》1996 年第 2 期。

[13] 重庆市文物考古研究所：《重庆涂山窑》第 236 页，科学出版社，2006 年。

[14] 《重庆涂山窑》第 1 页。

[15] 《重庆涂山窑》第 141 页，彩版七，5。

[16] 《重庆涂山窑》第 401 页。

[17] 叶文程：《"建窑"初探》，见《中国古代窑址调查发掘报告集》，文物出版社，1984 年。

[18] 栗建安：《建窑考古研究之回顾》，《福建文博》1993 年第 1、2 期合刊。

[19] 林忠干、谢道华、张文鉴：《建窑系黑釉碗类考》，《福建文博》1996 年第 2 期。

[20] 福建博物院：《闽侯县碗窑山窑址 Y2、Y3 发掘简报》，《福建文博》2011 年第 4 期。

[21] 栗建安：《从水下考古的发现看福建古代瓷器的外销》，《海交史研究》2001 年第 1 期。

[22] 中国社会科学院考古研究所、福建省博物馆（合组）建窑考古队：《福建建阳县水吉北宋建窑遗址发掘简报》，《考古》1990 年第 12 期。照片与线图器物并非同一件器物。

[23] 同〔20〕。照片与线图器物并非同一件器物。

[24] 中国社会科学院考古研究所、南京博物院、扬州市文物考古研究所编：《扬州城：1987～1998 年考古发掘报告》第 223 页，文物出版社，2010 年。

[25] 《扬州城：1987～1998 年考古发掘报告》第 235 页。

[26] 《扬州城：1987～1998 年考古发掘报告》第 117～130 页。

[27] 《扬州城：1987～1998 年考古发掘报告》第 190 页。

[28] 《扬州城：1987～1998 年考古发掘报告》第 235 页。

[29] 同〔2〕。

[30] 中国社会科学院考古研究所、南京博物院、扬州市文物考古研究所（合组）扬州唐城考古工作队：《江苏扬州宋大城北门水门遗址发掘简报》，《考古》2005 年第 12 期。

[31] 扬州博物馆：《扬州三元路工地考古调查》，《文物》1985 年 10 月。另有兔毫釉、油滴釉、玳瑁斑类瓷器，惜未提及窑口，亦未曾提供器物照片。

[32] 〔清〕康熙：《浮梁县志·陶政》，见刘新园：《蒋祈"陶记"著作时代考辨》，《文史》第十八、十九辑。

[33] 邓宏文：《吉州窑和建窑黑瓷的研究》，《湖南考古研究辑刊》第七辑，1999 年。

[34] 闽清县文化局、厦门大学历史系考古专业：《闽清县义窑和青窑调查报告》，《福建文博》1993 年第 1、2 期合刊。

[36] 李榕青：《新安沉船与福建陶瓷》，《南方文物》2010 年第 1 期。

[36] 栗建安：《碧落琼海共一色 珍瓷为媒传海外——海上丝绸之路上的中国古代外销瓷》，《东方收藏》2012 年第 6 期。需要说明的是有关单位曾对"白礁一号"所出部分黑釉盏做过胎釉化学成分分析，认为其胎釉成分比较接近南平茶洋窑，故认为其属于闽江上游某个窑口。但是更多学者认为个别标本所测得的数据存在局限性，综合各种因素认为"白礁一号"出水的黑釉盏来自福州地区窑口。见中澳联合定海水下考古队：《中国福建连江定海 1990 年度调查试掘报告》，《中国历史博物馆馆刊》1992 年总第 18～19 期；赵嘉斌、刘淼：《福建连江定海湾沉船陶瓷》，见《海洋遗产与考古》，科学出版社，2012 年。

［37］ 福建沿海水下考古调查队：《福建沿海水下考古调查》，《文物》2014 年第 4 期。

［38］ 栗建安：《闽海钩沉——福建水下考古发现与研究二十年》，见《水下考古学研究》第一卷，科学出版社，2012 年。

［39］ 叶文程：《中国黑釉瓷外销初探》，见《中国古外销瓷研究论文集》，紫禁城出版社，1988 年。

［40］ 叶文程、丁炯淳：《中国陶瓷畅销国外的原因》，《福建文博》1991 年第 1、2 期合刊。

［41］ 同［39］。

［42］ 羊泽林：《福建漳州半洋礁一号沉船遗址的内涵与性质》，见《海洋遗产与考古》，科学出版社，2012 年。

［43］ 同［39］。

［44］ 同［33］。

扬州太子岗遗址出土青花龙纹
玉壶春瓶研究

魏 旭 张 敏（扬州市文物考古研究所）

内容摘要：2012 年，扬州市文物考古研究所在太子岗遗址一座灰坑中发现了一件青花龙纹玉壶春瓶。本文从考古地层学及类型学的角度对此件青花龙纹玉壶春瓶的时代及其窑口进行分析，认为其可能是元末景德镇落马桥窑址烧造。并以此为契机，从元代壁画墓着手，佐证玉壶春瓶的功能，在此基础上分析玉壶春瓶的使用流程。

关键词：龙纹 玉壶春瓶 落马桥窑址

一 引言

2012 年，扬州市文物考古研究所在扬州长春路以东、宋夹城遗址公园西侧的太子岗遗址一座灰坑中发现一件青花龙纹玉壶春瓶（下文简称为"扬州玉壶春瓶"）。结合地层学及类型学，认为此件青花龙纹玉壶春瓶是元青花，可能是元末景德镇落马桥窑址烧造的，特论证。

扬州玉壶春瓶 2012YSJH2：1，残，已修复。尺寸为口径 7.1、腹径 13.8、底径 7.8、高 25.7 厘米（图一、二）。从造型上看，这件玉壶春瓶圆唇，撇口，束颈，垂腹，圈足。器身由颈、肩、上下腹四段拼接，颈部接痕尤为明显。瓶身口沿至颈部无纹饰，颈部以下装饰龙纹，龙身修长缠绕瓶体，双目

斜视上方，双股叉状龙角，无须，四爪，锯齿状背脊，网格状鳞片，四肢粗壮，饰飘带状毛发，龙尾部弯曲，腾伸至半空中。该瓶釉质光润，色泽淡雅，青花有少量的黑色铁结晶析出。整体造型圆润流畅，端庄大方。

图一 扬州出土青花龙纹玉壶春瓶

二 扬州玉壶春瓶的时代及窑口

（一）扬州玉壶春瓶的时代

对于扬州玉壶春瓶年代的确定，本文在地层学证据的基础上从两个方面进行分析，一是相同器形的类型学排比，二是纹饰、釉色及青花绘法等方面

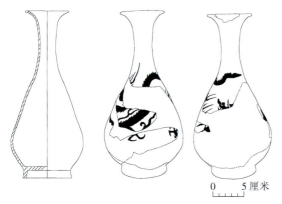

图二　扬州出土青花龙纹玉壶春瓶

的对比。

太子岗遗址发现有宋元时期的建筑基址，包含唐代至近现代文化层共8层。其中第3层为元代地层，深度1.2～2.55、厚0.15～0.7米，黄色黏土，出土瓷器碎片若干。第4层为唐代地层，深度2～2.55、厚度0.4～0.5米，黑色黏土夹黄色沙土。出土龙纹玉壶春瓶的二号灰坑开口于第2层下，打破第3层及第4层，填土中包含有大量的砖瓦碎片、元代瓷器碎片，还有兽骨及人骨。

扬州玉壶春瓶的器形符合元中晚期玉壶春瓶的器形特征。为了便于分析元代到明早期玉壶春瓶的器形演变情况，现挑选三件元代到明早期的玉壶春瓶典型器作为论证的标准器。第一件为1998年在颐和园昆明湖东岸的耶律铸夫妇墓中出土的青白瓷玉壶春瓶[1]，该玉壶春瓶样式为微撇口，长束颈，鼓腹，圈足（图三，1）[2]，据出土墓志"……至元元年八月加光禄大夫中书左丞相如故……二十二年四月十二日甲/寅以疾薨享年六十有五……是年七月十五日乙酉葬于瓮山之阳中"[3]，至元二十二年为公元1285年。第二件为河南省荥阳县楚村明周惠王墓出土的元青花云龙纹玉壶春瓶，根据林梅村先生的研究，其可能是陈友谅称帝时在落马桥订烧[4]，因此其时代为元末，该瓶的形制是撇口，束颈，斜曲腹，外撇式圈足，口径9.3、通高39.4厘米（图三，3）。第三件为北京故宫博物院藏明洪武青花缠枝莲纹玉壶春瓶，形制为外翻式撇口，短束颈，圆鼓腹，圈足，口径8.5、足径11.5、高32厘米（图三，4）[5]。

通过对上面三件不同时代的玉壶春瓶形制的类型学排比，可以总结出元代到明早期玉壶春瓶的演变序列，大致可以分成三式：Ⅰ式为微撇口，长束颈，鼓腹，圈足；Ⅱ式为撇口，束颈，斜曲腹，外撇式圈足；Ⅲ式为外翻式撇口，短束颈，圆鼓腹，圈足。扬州玉壶春瓶撇口、束颈的器形特征与明周惠王墓出土的元青花玉壶春瓶接近，仅是垂腹的特征较周惠王墓玉壶春瓶原始，年代可能稍早，但应该相距不远（图三，4）。

图三　元到明早期玉壶春瓶器形演变

纹饰、釉色与青花绘法等方面的对比研究以四件纪年元青花瓷器作为参照标准。所谓有明确纪年的器物体现为两种情况，第一种为器物本身是带有纪年的，如英国大维德基金会藏至正十一年（公元1351年）铭青花云龙纹象耳瓶，第二种情况为有明确纪年的遗迹里出土的器物，如九江市博物馆藏至正十一年（公元1351年）墓出土的青花菊纹双耳连座三足炉。目前所见的元青花带有明确纪年的器物不超过二十例，在此方面，吴水存先生做了较系统的梳理[6]。第一件为美国佛利尔艺术馆藏，被中国古陶瓷学者波普博士以为标准器，从而使元青花研究走向科学化的至正十一年云龙纹象耳瓶（图四）[7]。第二件为 1966 年江苏省金坛县洮西乡湖溪大队元代窖藏出土的青花云龙纹罐（图五），出土时该罐内装有各种银器五十余件，其中一件银盘底部刻有阿拉伯文的回历纪年铭文，经翻译，为回历七百一十四年一月，即元仁宗延祐元年（公元 1314 年）[8]。第三件为山东省邹城市中心店镇尚寨村北明正统六年（公元 1441 年）鲁荒王戈妃墓出土元末青花云龙纹铺首罐（图六）[9]。第四件为河南省荥阳县楚村明周惠王墓出土元青花云龙纹玉壶春瓶（图七）[10]。

图四 "至正十一年"铭青花云龙纹象耳瓶

图五 湖溪大队元代窖藏出土青花云龙纹罐

图六 鲁荒王戈妃墓出土元末青花云龙纹铺首耳罐

图七 元青花云龙纹玉壶春瓶

扬州玉壶春瓶的龙纹鳞片呈网格状，与至正十一年云龙纹象耳瓶及江苏省金坛县洮西乡出土的青花云龙纹罐两件器物上青花渲染的圆弧形龙纹鳞片区别较大，而与明鲁荒王戈妃墓出土的元末青花云龙纹铺首罐及河南省荥阳县楚村明周惠王墓出土元青花云龙纹玉壶春瓶的鳞片近似；从釉色方面看，扬州玉壶春瓶釉色稍显乳浊，与至正十一年云龙纹象耳瓶近于鸭蛋青的釉面有较大的区别，与明周惠王墓元青花玉壶春瓶相近；再从青花绘法方面看，至正十一年云龙纹象耳瓶青花绘法为勾勒渲染，扬州玉壶春瓶及明周惠王墓元青花玉壶春瓶却为双勾不填色（双勾线内的色彩是青料晕染所致），可以证明绘法也是有较大区别的。综合了纹饰、器形、釉色、青花绘法等诸方面的对比研究后，发现扬州玉壶春瓶与至正十一年龙纹象耳瓶及延祐元年青花龙纹罐有较大区别，与明周惠王墓元青花玉壶春瓶相比，上述方面皆相近。

（二）扬州玉壶春瓶的窑口

龙纹纹饰是确定窑口的重要根据之一。那么与明周惠王墓元青花玉壶春瓶相似的扬州玉壶春瓶是不是同一窑址烧造的产品？据曹建文先生研究，景德镇发现元青花的窑址多达十多处[11]，目前考古资料所见出土有元青花龙纹瓷片的窑址有湖田窑址[12]、落马桥窑址、珠山明御窑厂窑址[13]三处。湖田窑出土青花龙纹瓷片为青花渲染的圆弧形鳞片，珠山明御窑厂出土元青花龙纹鳞片为青花不渲染的圆弧形鳞片，而扬州玉壶春瓶龙纹鳞片为网格状，与湖田窑址及珠山明御窑厂出土元青花龙纹存在较大区别，与落马桥窑址出土的龙纹相似度最高。

扬州玉壶春瓶龙纹鳞片与落马桥窑址出土的龙纹鳞片风格高度吻合。落马桥窑址位于景德镇红光瓷厂内，1980年景德镇陶瓷考古研究所为配合基建进行了一次抢救性发掘清理，当时发现一些重要元代遗物，这个重要发现是解读所谓"至正型元青花"的关键材料，出土物主要有青花瓷、青白釉瓷和卵白釉瓷等，其中就包含有青花釉里红五爪龙纹瓷片[14]。2012年11月至2013年7月，江西省文物考古研究所、景德镇市陶瓷考古研究所和北京大学考古文博学院联合对景德镇市红光瓷厂落马桥古瓷窑址进行了抢救性发掘，清理了从南宋末到民国初年的地层，出土了丰富的元代器物，其中含有元青花龙纹瓷器碎片[15]，龙纹鳞片形状为网格状，与扬州玉壶春瓶类似。

五爪龙纹青花釉里红残片所绘卷草纹，采用双勾不填色方式，林梅村综合明周惠王墓元青花玉壶春瓶的器形特征及元末割据等情况，认为明周惠王墓元青花玉壶春瓶极有可能是落马桥在陈友谅割据时烧造的[16]。综上，扬州玉壶春瓶器形等方面与明周惠王墓元青花玉壶春瓶相近或年代稍早，且龙纹纹饰与景德镇落马桥窑址出土龙纹高度相似，因此扬州玉壶春瓶极有可能是元末落马桥窑烧造的。

三 玉壶春瓶的功能和使用方法

玉壶春瓶的造型是由唐代寺院里的净水瓶演变而来，唐代司空图的《诗品·典雅》中有"玉壶买春，赏雨茆屋；座中佳士，左右修竹"的记载[17]。关于玉壶春瓶的名称来源、形制源流的演变，已有诸多学人做过工作[18]，这里不再赘述。

中国丧葬习俗讲究"事死如事生"，而墓葬壁画就是在这种观念下绘制的，能够直观地反映一些真实的古人生活场景。

元人嗜酒，史卫民先生研究认为"影响蒙古皇室和贵族寿命的因素是很多的，水土不服和近亲繁殖应该是两个重要的客观原因，蒙古贵族的一些生活习俗，亦有损于身体健康，尤其是大量饮酒，对身体有极大损害"[19]。文献记载："帝（窝阔台）素嗜酒，日与大臣酣饮，楚材屡谏，不听，乃持酒槽铁口进曰：'曲蘖能腐物，铁尚如此，况人五脏！'帝悟，语近臣曰：'汝曹爱君忧国之心；岂有如吾图撒合里者耶？'赏以金帛，敕近臣日进酒三钟而止。"[20]1980年江西高安元代窖藏出土一件元青花菊纹诗文高足杯，内地心用青料草书"人生百年常在醉，算来三万六千场"的诗句[21]，既反映了元人豪迈的人生观，也是元人嗜酒的一个见证。

在元代墓葬壁画中出现了一些使用玉壶春瓶的场景，可以从侧面佐证玉壶春瓶酒器的功能。1998年陕西省蒲城县洞耳村发现一座元至元六年（公元1269年）墓葬，在该壁画中一位头戴翻沿帽的将军正伸手去接仆人敬的酒，另有一位身穿圆领红袍的仆人手持玉壶春瓶侍立一旁，随时准备倒酒。该墓葬另有一幅壁画反映醉归乐舞的场景，壁画中一位头戴折沿披帽，穿左衽青袍的宾客醉意惺忪，由他人搀扶，其身后一侍者手持玉壶春瓶和酒盏，显然宾客应是刚刚喝了这位侍者手中玉壶春瓶里的美酒[22]。2002年发掘的河北涿州市华阳路元代壁画墓有一个场景是反映元人备酒图的场面，图中右侧头梳包髻、簪花的侍女双手端托盘，盘内置玉壶春瓶和靶盏，为宴饮备酒备食。侍女背后的案台上摆放玉壶春瓶和盖罐等器物，托盘上的玉壶春瓶应该是刚刚从案头的盖罐中打满了美酒[23]。再看1991年发掘的河南登封市王上村元墓壁画奉酒图，画面右侧的侍女双手端托盘，盘内置靶盏，中间的侍女手上托盘内装的是一些宴饮用的食物，画面左侧的侍女手持玉壶春瓶，三人应该是刚刚离开庖厨，玉壶春瓶里的美酒也即将进入主人宴会的场所[24]。

进入宴会场所的玉壶春瓶是如何使用的呢？陕西省蒲城县洞耳村元至元六年墓给了我们一些线索。在该墓葬行别献酒图中，手持玉壶春瓶的男侍立于跪献美酒的男侍旁边，应该是刚刚才往其所托举的杯中斟入美酒[25]。

上述的壁画资料，刚好构成了使用玉壶春瓶的整个流程。元人把酒储于盖罐中，使用时再用玉壶春瓶来分装，实现斟酒入杯的过程。这一点也可以从玉壶春瓶的器形得到佐证，喇叭口的造型有利于酒频繁被倒入，却不容易密封，酒如果长期置于玉壶春瓶之中的话不利于保存，并且传世的瓷质玉壶春瓶都是没有盖子的[26]。已发现的玉壶春瓶尺寸都在 20～30 厘米之间，此尺寸适合持握，另外细颈的造型也有利于持握，因此进一步推断玉壶春瓶是作为分酒器使用的。

扬州太子岗遗址出土的青花龙纹玉壶春瓶，为元青花的研究提供了新的可靠实物资料，它与明周惠王墓元青花玉壶春瓶不论是器形、纹饰、釉色，还是青花绘法等方面皆相近，通过与纪年器物及窑口出土瓷器的对比，可以确定其为元末景德镇落马桥窑的产品。以此件青花龙纹玉壶春瓶的发现为契机，结合墓葬壁画材料可佐证玉壶春瓶的用途为分酒器。

[1] 文物出版社编：《新中国考古五十年》第 19 页，文物出版社，1999 年。

[2] 张柏主编：《中国出土瓷器全集 1·北京卷》第 90 页，科学出版社，2008 年。

[3] 孙勐：《北京出土耶律铸墓志及其世系、家族成员略考》，《中国国家博物馆馆刊》2012 年第 3 期。

[4] 林梅村：《最后的辉煌——落马桥型元青花》，《青花的世纪：元青花与元代的历史、艺术、考古》，北京大学出版社，2013 年。

[5] 王莉英主编：《中国陶瓷全集 12·明（上）》第 29 页，上海人民美术出版社，2000 年。

[6] 吴水存：《元代纪年青花瓷器及其相关问题的研究》，《江西文物》1990 年第 2 期。需要说明的是下文参照的四件标准器中，鲁荒王戈妃墓出土元末青花云龙纹铺首罐及周惠王墓出土元青花云龙纹玉壶春瓶未见于吴文。

[7] 陆明华：《乾元精粹、幽蓝神采——走进元青花》，《青花的世纪：元青花与元代的历史、艺术、考古》，北京大学出版社，2013 年。

[8] 《中国出土瓷器全集 7·江苏、上海卷》第 163 页。

[9] 《中国出土瓷器全集 6·山东卷》第 198 页。

[10] 同 [4]。

[11] 曹建文、徐华烽：《近年来景德镇元代青花窑址调查与研究》，《故宫博物院院刊》2009 年第 6 期。

[12] 江建新：《元青花与浮梁磁局及其窑场》，《中国国家博物馆馆刊》2013 年第 6 期。

[13] 《中国出土瓷器全集 14·江西卷》第 134 页。

[14] 同 [4]。

[15] 翁彦俊、江小民：《景德镇落马桥窑址部分新出土元瓷》，《中国文物报》2014 年 4 月 9 日。简报还未发表，出土龙纹瓷片图片来自《景德镇落马桥窑址出土大量珍贵枢府瓷和青花瓷》，中国新闻网 2014 年 1 月 3 日。网站链接 http：//cache.baiducontent.com/c？m = 9d78d513d9d706ef06e2ce384b54c0676a499d267992c7150896c415d13a0c120720a2ac27554158ce992b2240b2150bafb1217543002ab49ac39f4aaae1d47771&p = 882a961f82db1fb100be9b7c4c&newp = 882a965e87d80ef611be9b7c4753d8274e3983663bddcb44649bca01&user = baidu。

[16] 同 [4]。

[17] ［唐］司空图著，郭绍虞集解：《诗品集解·续诗品注》第 13 页，人民文学出版社，2005 年。

[18] a. 扬之水：《扬之水谈宋元金银酒器（十）：玉壶春瓶》，《紫禁城》2009 年第 12 期。b. 施嵘：《小议玉壶春瓶名称的由来》，《杭州文博》2012 年 02 期。C. 李仲谋：《元代景德镇窑青花瓷器的艺术特色》，《青花的世纪：元青花与元代的历史、艺术、考古》，北京大学出版社，2013 年。

[19] 史卫民：《元代社会生活史》第 266 页，中国社会科学出版社，1996 年。

[20] 《元史·耶律楚材传》第 3462 页，中华书局，1976 年。

[21] 《中国出土瓷器全集 14·江西卷》第 100 页。

［22］ 徐光冀主编：《中国出土壁画全集·陕西卷下》第 462 页，科学出版社，2011 年。

［23］ 《中国出土壁画全集·河北卷》第 209～210 页。

［24］ 《中国出土壁画全集·河南卷》第 208～209 页。

［25］ 同［22］。

［26］ 同［18］c。

隋唐扬州城的大遗址保护与隋炀帝墓

张　敏（扬州市文物考古研究所）

内容摘要：隋炀帝作为扬州历史上的关键人物，其墓葬的发现对扬州城的历史文化研究有着不言而喻的意义。在经过科学严谨的考古发掘之后，如何将隋炀帝墓作为扬州城大遗址的有机部分整合起来是摆在我们面前需要思考的问题。本文通过讨论隋炀帝与扬州城大遗址的内在文化关联和二者之间的文化遗产属性，希望建构一个和谐有机的扬州城大遗址生态圈。

关键词：大遗址　隋炀帝墓　扬州城　整合

一　前言

大遗址是近年来我国文物部门针对大型古遗址保护而使用的一个重要概念。在国家文物局与财政部联合发布的《大遗址保护专项经费管理办法》中对大遗址进行了界定："主要包括反映中国古代历史各个发展阶段涉及政治、宗教、军事、科技、工业、农业、建筑、交通、水利等方面的历史文化信息，具有规模宏大、价值重大、影响深远特点的大型聚落、城址、宫室、陵寝墓葬等遗址、遗址群及文化景观。"大遗址因其庞大的体量、丰富的历史内涵、极高的文化和艺术价值，是作为我们继承传统文化，创造新文化，提高民族品位、素质及自信心，凝聚民族情感，增进民族亲和力的物质文化遗产。

随着经济的发展，文化遗产保护的理念不断更新，对扬州这座古城的大遗址保护提出了更高的要求。特别是隋炀帝墓发现之后，如何在扬州大遗址保护的统一规划中去实现隋炀帝墓与扬州文化建设的完美整合就成为摆在我们面前必须解决的问题。凡事预则立，不预则废，本文拟通过对隋炀帝墓与扬州城在大遗址保护上的整合抛砖引玉，望引起更多有识之士的重视。

二　扬州城的大遗址保护

（一）大遗址保护的顶层设计

国家至地方制定的法律法规对于大遗址保护来说体现的是针对普遍规律的顶层设计。大遗址保护取得突破性进展的深层原因也在于中国文化遗产保护理论体系，包括大遗址保护理论体系的日渐成熟[1]。

我国文物工作的基本方针是"保护为主，抢救第一，合理利用，加强管理"。大遗址保护的基本方向是体现遗址区的整体性、综合性、可持续性，其保护工作必须与当地经济社会发展相适应[2]。正如在 1964 年历史古迹建筑师与技师国际会议上通过的《威尼斯宪章》对历史古迹保护所强调的："将它们真实地、完整地传下去。"2005 年 10 月国际古迹遗址理事会通过的《西安宣言》也再次强调："有必要充分应对由于生活方式、农业、发展、旅游或大规模天灾人祸所造成的城镇、景观河遗产线路的骤变或渐变，以减少这些变化进程对丰富的文化遗产的真实性、意义、价值、完整性和多样性所构成的威胁。"2007 年《城市文化北京宣言》再次强调文化建设是城市发展的重要内涵；2008 年颁布的《历史文化名城名镇名村保护条例》也明确保护历史文化名城、名镇、名村应当遵循科学规划、严格保护的原则；同年《大遗址保护西安共识》致力于促进大遗址保护与城市建设的和谐发展，形成了坚持政府主导与公众参与相结合，坚持整体保护，不断创新，积极探索保护和利用新模式，以人为本因地制宜，让全社会共享保护成果的共识；2009 年《关于建设考古遗址公园的良渚共识》重点探讨考古遗址公园建设在我国现阶段大遗址保护中的推广价值，以及考古遗址公园建设的基本原则[3]。国家文物局制订的《"十一五"期间大遗址保护总体规划》提出了"发挥专项保护资金的综合效益，促进城市建设和人民群众生活方式与质量的改善，谋取区域社会效益，生态效益的和谐与可持续发展"。在"十一五"的基础上，江苏省文物局编制了《江苏省文物事业发展"十二五"规划》，全面谋划今后五年江苏省文物保护工作[4]。2016 年，江苏省文物局又专门制定《江苏省"十三五"文物事业发展规划》，就遗址保护进行专项规划实施。

江苏地处中国东南，为南北文化交汇、中外交通发达地区，历史文化积淀深厚。加上近代以来经济发达，建设开发的力度较大，加大了文化遗产保护的压力。也正是在这样的背景下，我省对文化遗产保护的探索与尝试，始终走在全国前列。先后出台了《江苏省文物保护条例》《江苏省历史文化名城名镇保护条例》《江苏省非物质文化遗产保护条例》等，为江苏省文化遗产保护工作纳入法制轨道奠定了基础。目前省级文物保护单位以上的大遗址有数十处之多，尤以扬州城遗址、武进淹城遗址、徐州汉楚王陵等最具价值。这些遗址表现的突出特点是占地面积大、文化内涵丰富、受自然影响小、受人

为因素影响大[5]。如何让这些大遗址更有效地为广大人民群众提供丰富的文化食粮，为科研工作者提供研究内涵，为城市的经济建设提供助力，这都考验着大遗址保护工作者们的智慧。

（二）大遗址保护的多种模式

大遗址规划保护工作的涉及范围，不仅是物质文化遗产保护这一方面，在实际工作中还包括经济、文化和规划等方面，可以看成是一种关联文化的生产，也牵扯到文化的消费[6]。经过统计，目前国内提出的有关大遗址保护与利用的方式主要可分为整体保护利用和局部保护利用。整体保护利用主要有两种方式：①将整个遗址区建成遗址公园，将遗址整体与周边环境结合，将遗址融入所处的背景环境中规划建设。②局部保护利用主要是将大遗址中有代表性特点的局部建成博物馆或遗址展示区。而所有工作的最终目标就是要让这些文化遗产能够持续为人类造福。

目前国内的保护展示在很多遗址区已实施，取得了不错的效果，具体途径包括：①原址原样展示，在维持现状的前提下，对遗址进行加固后对外开放，如秦始皇兵马俑坑；②原址回填，地表建模拟建筑展示，如汉长安城内的桂宫遗址；③在原台基上重建，如大明宫含元殿遗址。

当然我国遗址数量较多，因地制宜进行保护实为明智之举。根据具体情况选择合适模式，或多重模式并存在大遗址保护中也是十分正常的。扬州城的保护就是多重模式并举的典范，为今后的大遗址保护提供了有益的借鉴。

（三）大遗址保护的扬州实践

1. 扬州城的大遗址保护经验

扬州是国务院 1982 年公布的首批 24 座国家历史文化名城之一，各类文化遗产丰富。扬州城遗址位于扬州城区，面积 18.25 平方公里。遗址主要分南、北两区，北部在扬州市北郊蜀冈上，南部则叠压在现扬州城区下。主要遗址年代从隋代至宋，主要遗存包括隋江都宫、唐子城、唐罗城、五代周小城、宋大城、宋夹城等，是我国保存最好的古代遗址之

一。现存地面的主要遗迹为唐子城和罗城的部分城墙、唐子城东华门、西华门、北门，唐罗城南门、西门及宋代一些遗迹[7]。目前仍在对唐子城进行发掘。

为应对不断加快的城镇化建设对扬州物质文化遗产造成的破坏，扬州市出台了《扬州市扬州古城保护管理办法》《扬州市历史文化名城保护规划》等，特别是扬州城遗址（隋至宋）作为全国重点文物保护单位在积极申报世界文化遗产。对扬州城遗址的保护必须站在全局的高度进行规划。在考古发掘的基础上，已建成扬州唐城遗址博物馆、宋大城西门遗址博物馆、南门遗址博物馆，对护城河进行综合治理，在子城、夹城建设遗址公园。对于城市繁华地段的遗址，为保护原状并向公众展示，扬州市文物部门颇下了一番苦心，建成了开放式的东门遗址广场，成为广大市民休闲、观景的重要场所。正是得益于扬州城在古城保护与城市人居改善方面体现出的人文关怀，扬州市于2006年获得了"联合国人居环境奖"，实现了文化遗产保护利用与社会的和谐发展。

2. 大运河与扬州的整体保护

大运河是人类历史上伟大的工程奇迹。随着国家保护专项的确立，大运河与扬州的世界遗产申报正在有条不紊地进行。吴王开邗沟到隋炀帝开运河都自扬州发端，在隋代大运河开通后，扬州城才开始沿运河发展，成为国际性大都市。这种与大运河不可分离的关系，是任何其他城市无法比拟的。对大运河的保护也是在城市总体规划下进行，从对运河现有的居住状况调查、保持沿线居民生活条件、古迹保护、考古发掘等等多方面综合规划。大运河及扬州城内的考古工作应当提前、主动进行，不能一味配合工程建设，当以文化遗产为导向，让城市的建设朝有利于保护的方向发展。

大运河之所以能够如此牵动国人的心弦，在于它贯穿了中国的大段历史，顺着它可以触摸中国历史的脉搏。中国人最引以为自豪的就是绵延不断的历史，大运河维系着这个特点，它是最能体现国

家、地区、行业兴亡盛衰的历史见证之一。大运河的遗产构成包括作为基干的主要航道，沿线的文物、建筑群、遗址、文化景观等。大运河绵延数省，作为大运河的"面"状遗产，包括多个遗产城市与地区，扬州就是运河的中心节点，因此扬州也被视作"历史中心"[8]。

3. 小结

扬州城与大运河在中国历史上留下了辉煌的印记，这些印记聚焦在隋炀帝一个人身上，这个人在历史上也是褒贬不一。但无论如何，他的影响已经印在扬州这座城市的文化血脉中，他对历史的贡献至今还在发挥作用。保护好这些文化遗产应当就从对他的保护开始。

三 隋炀帝墓与扬州城遗址整合的对策

（一）隋炀帝墓概况

扬州曹庄隋炀帝墓位于扬州市邗江区西湖镇司徒村曹庄组，东至蜀霞路、南至台扬路、西至邗江北路、北至西湖路。东侧为久扬小区，南侧为台扬路农民庄台，西侧为邗江路与碧水栖庭小区，北侧为华纺小区。在扬州中星紫郡房地产建设项目开展中发现。墓葬位于蜀冈西峰顶部，地势高于四周，其南侧为蜀冈西峰公园，北纬32°25′22″，东经119°23′32″，海拔24.7米，距唐子城遗址西南角1.8公里。

扬州曹庄隋炀帝墓由M1、M2两座墓构成。M1即隋炀帝墓，由墓道、甬道、东耳室、西耳室、主墓室五部分组成，墓道长19.5、墓道北端上宽6.42、南端上宽5.9、下宽4.3、残深2米。砖室南北长6.17米，东西连耳室宽8.22米，残高2.76米。甬道双层发券，墓门平砖封砌，席纹铺底。M1出土有4件鎏金铜铺首衔环，1套蹀躞金玉带，铜壶1件，"隨（隋）故炀帝墓志"1方，其他还出土陶罐、陶灯、文官俑、武官俑、骑马俑、骆驼俑等100余件随葬品，部分有彩绘，工艺精湛，刻画生动。M2为萧皇后墓，由墓道、甬道、东耳室、西耳室、主墓室五部分组成，墓葬通长13.67、宽5.9米，墓室

长 5.97 米，主墓室东、西、北壁各有 3 个小壁龛。随葬文物丰富，清理出陶器、瓷器、铜器、漆木器、玉器等 200 余件（套），其中执盾武士俑、双人首蛇身俑较为精美，铜器有编钟 1 套（16 件），铜编磬 1 套（20 件），凤冠 1 组，铜灯 10 件，另有青釉辟雍瓷砚 1 件，白玉璋 1 件。

（二）大遗址保护评价体系下对隋炀帝墓的观察

从大遗址的概念来看，所谓的大遗址需要满足在历史上和对于今天及未来发展都万分重要的以考古学及多学科研究为认知方法的遗址、遗址群及其他文化景观所组成的地区[9]。这个概念是制定保护规划时预研的基础，本文也是依据此概念对隋炀帝墓进行的价值评估。

1. 隋炀帝的文化符号意义：扬州古城和大运河是当下扬州的文化符号，这两个都与隋炀帝有着抹不开的联系。从某种意义上说，隋炀帝就是扬州文化的总代表。

扬州自春秋吴王夫差"开邗沟、筑邗城"开始，经历战国、汉、六朝、隋唐、明清，时至今日，已有 2500 多年历史，并在绝大部分历史时期内扮演了中国最重要的经济城市的角色。其最辉煌的时期莫过于唐代，其经济繁荣程度仅次于当时政治地位极高的西京长安和东京洛阳，其富号称天下第一，时以"扬一益二"为颂。这样的繁荣究其根源因有沟通南北的大运河，贯穿了原局限于一个小区域内的邗沟，这就使得扬州的地理优越性更为显见。隋炀帝还在此修建江都宫苑，使其政治级别如同京城。到了唐代则是沿用了隋江都宫城作为大都督府和淮南节度使等地方长官的府署，据《新唐书·五行志》所载："光启初扬州府署门屋自坏，故隋之行台门也，制度甚宏丽。"

唐代经济重心南移，江南贡赋经扬州通过运河源源不断的北上。运河成为支撑唐帝国的经济动脉，扬州自此也成为蜚声世界的国际大都市。饮水思源，扬州能有此契机，皆因为隋炀帝对扬州的偏爱，他对扬州的经营给后世留下了一笔宝贵的财富，可以说他就是扬州城的真正缔造者。隋炀帝墓的发现对于扬州这座城市而言，是找到了扬州历史发展中最为关键的人物的遗存，极大地充实了扬州隋唐史研究的考古学文化内涵。

2. 隋炀帝墓的社会文化价值：通过对隋炀帝墓的保护和利用，开展以隋唐城市发展、丧葬习俗、海外交通等为内容的考古研究和学术交流活动，并依托隋炀帝墓为公共考古发展基地，满足广大群众对历史文化知识的渴求，有利于传播正确的文化遗产知识，还能带动周边环境治理，促进现代旅游业的可持续发展。

隋炀帝墓位于蜀冈之巅，视野开阔，加之隋炀帝在中国历史上的独特地位，其社会价值是目前扬州其他墓葬无法比拟的，构成了以扬州城为中心的长江下游隋唐文化研究、保护和展示的基础。隋炀帝墓及周边环境的综合规划治理不仅是考古学研究发展的必须，亦是经济、政治、文化、环境等领域多学科交叉互补的结晶。因而是经济建设、社会进步和生态保护的重要借鉴，更是重要的环境遗产和观光旅游资源。

3. 隋炀帝墓的考古学观察：在隋炀帝墓葬遗址的 M1 中出土有隋炀帝的牙齿，M2 中发现了萧后的骨骸。两座墓葬还出土了大量珍贵的文物，包括墓志、装饰品、礼器、俑等，依据这些文物对当时社会的礼制、社会生活、政治制度都可以做出相应的解读，并能根据墓葬形制对扬州地区隋唐时期高等级墓葬的制度变化进行研究。

4. 艺术视角下的隋炀帝墓：隋代结束了魏晋南北朝以来的分裂局面，形成了统一的多民族国家。各区域的文化各有特点，扬州在当时又是最为开放的港口城市，是世界文化的汇聚之地。多种文化风格互相影响，是富丽堂皇的唐文化的基础。因此在隋炀帝墓出土的众多精美文物中，陶器、瓷器、玉器、漆器均有极高的艺术价值。M1 中出土的蹀躞金玉腰带，M2 萧后墓中出土的凤冠、辟雍砚等精品应属当时造型艺术的顶尖水准，反映了当时的工艺水平，也体现了当时上层社会的生活风貌和习俗。

（三）隋炀帝墓保护利用模式的建构

根据上述分析可以看出，在以隋唐文化为主要特点的扬州城遗址保护中，隋炀帝墓的发现为扬州隋唐时期历史文化重构提供了有力素材。要在整体上与扬州城在隋唐时期的深厚宏伟相映衬，隋炀帝墓进行规划保护较适合作为专门的遗址博物馆和公园。从区位角度看，隋炀帝墓位于扬州近郊，适合作为遗址公园、隋唐历史文化综合体；从类别角度看，该遗址为大型墓葬，适合作为大型遗址博物馆。

因此考虑到本地块面积较大，附近分布有较多住宅小区，又集结有扬州著名的唐子城、宋夹城遗址公园和汉广陵王墓博物馆，还有旅游景区瘦西湖、大明寺、蜀冈生态园等，笔者认为将隋炀帝墓建成遗址公园加遗址博物馆的综合模式更为有效。这个综合体外围依地形、环境作为遗址公园，内则将墓葬封土以内范围作为遗址博物馆，并专门开放区域制成公共考古区域供满怀好奇的观众了解真实的考古和文化遗产保护。

外围的设计应与扬州城的整体风格相符，与唐城遗址、宋夹城遗址等建筑遗迹相呼应，反映隋代扬州的风貌。内侧的绿化可以设置多种林木，以防护林、景观林、经济林相搭配，其中柳树与琼花这种极具象征意义的植物必不可少。

具体到遗址保护与展示方式，文化遗产的保护将始终放在第一位。因该区地下水位较高，墓葬主体结构的防潮防蚀显得尤为重要。考虑到文物的保存环境和墓葬砖室条件不同，进行展示时，文物将在专门的展示区内设展。总的来说，就是分成墓葬遗址展示区、文物展示区和公共考古展示区。

本文之所以一再强调公共考古的展示，有如下几个原因：

1. 考古学研究是大遗址保护的基础。隋炀帝墓的发现与清理都离不开考古一线人员科学严谨的田野工作，经考古发掘获得的材料为隋炀帝墓葬遗址规划提供了基础材料。公共考古展示区将对隋炀帝墓的发现、发掘、规划、保护等所有步骤进行展示，公众参观时才能知其所以然，从而在良好的氛围下

了解文化遗产保护的知识。

2. 科学的公共考古宣传有利于推广文化遗产保护的理念。在物质生活极其丰富的今天，人们越来越关注并强调自己的主体价值，追求人生更高的目标和意义，寻求更多彩的生活。因此作为社会科学之一的考古学也同样适合满足人们具体的情趣要求，适合表达更加抽象、多元化的文化内容，便很自然地被要求面向公众、走近公众，成为公众主体价值实现的一个绝佳的落脚点。进入21世纪，随着中国经济的高速发展，公共考古的话题逐步引起了中国考古学者的关注。公众对考古专业、考古行业多缺乏真正了解，他们对考古的认知基本都是来源于电视、书刊、网络中的非科学性描述[10]。因此公众需要接受正确的教育来理解考古学，而公共考古学的任务就是建立公众对专业考古工作者的信任[11]。隋炀帝作为皇帝的身份及其墓葬出土的大量珍贵文物最能引起大众对财富的遐想。根据以往研究的经验推测，在进入该遗址博物馆之前，观众会提出的问题："这个文物值多少钱""价值（应当是货币金额）是多少""考古就是挖坟掘墓吗"之类，而公共考古区的设立就是针对这种现象。考虑到这里潜在的旅游人口数量，在此遗址博物馆里设立公共考古展示区显得尤为必要。如果观众从这个具有重大历史文化价值的博物馆中走出时还有"考古就是挖宝""隋炀帝墓里的文物值多少钱"这样的想法的话，这无疑是对整个遗址保护工作的讽刺。

3. 公共考古展示区的互动环节可以成为本遗址博物馆的特色。扬州有众多历史文化古迹，博物馆众多。虽然在扬州双博馆也有公众考古的模拟展示，但在遗址边上进行模拟考古发掘的场馆却没有。这对于普及科学的考古知识、吸引游客等都有好处，在游、玩、学之间快乐的转换，无疑是诱人的。

四　结语

在大遗址保护的实践中，在贯彻"不改变文物原状""尽量减少干预""保持原有环境背景"等基本原则外，人们越来越多地认识到大遗址保护与经

济社会发展之间的共生关系。隋炀帝墓的发现轰动一时，吸引了众多关注。在有效保护遗址的前提下，根据遗址的功能和价值，从科学研究、文化教育、旅游等方面进行综合开发，使其融入整个扬州城大遗址保护当中，将隋炀帝墓葬遗址打造成一个文化旅游综合体，是一个共赢的局面。在发展社会生产力的高度审视文化遗产保护，这体现在文化遗产保护所产生的社会经济效益，有力地推动了生产力的发展。隋炀帝墓作为扬州的一张名片，在彰显城市特色、提升城市品位、改善人居环境和发展旅游经济带动第三产业发展方面的前景不可限量。在对隋炀帝墓进行保护规划时，扬州的大运河申遗项目也进入了最后的冲刺。作为这条贯穿南北的大运河的缔造者，隋炀帝终葬之处的发现，无疑为申遗提供了强有力的支持。

———————

［1］ 单霁翔：《让大遗址保护助推经济社会发展》，《中国文化遗产》2009 年第 4 期。

［2］ 张贺军：《河南省大遗址保护研究——以洛阳片区为中心》第 21 页，郑州大学博士论文，2012 年。

［3］ 同［1］。

［4］ 龚良：《保护遗产、留存记忆 共创江苏美好生活》，见《江苏省文博论文集 2011》，南京师范大学出版社，2012 年。

［5］ 龚良：《中国东南地区大遗址保护的可行性方法——以江苏为例》，《东南文化》2009 年第 1 期。

［6］ 王小迎：《扬州城遗址保护与利用中的几个问题》，见《江苏省文博论文集 2011》，南京师范大学出版社，2012 年。

［7］ 中国社会科学院考古研究所、南京博物院、扬州市文物考古研究所编：《扬州城：1987～1998 年考古发掘报告》，文物出版社，2010 年。

［8］ 孟宪民：《大运河与扬州的整体保护》，《中国名城》2008 年第 S1 期。

［9］ 孟宪民等：《大遗址保护理论与实践》第 49～53 页，科学出版社，2012 年。

［10］ 宋建忠：《走向公众的考古学》，《考古学研究（九）——庆祝严文明先生八十寿辰论文集》，文物出版社，2012 年。

［11］ ［美］尼克·麦瑞曼：《公共考古学的多样性与非调和性》，周晖译，《南方文物》2007 年第 2 期。

浅谈扬州曹庄隋炀帝墓的发现与研究

颜张奕（南京博物院）

内容摘要： 2013 年 4 月，一则"在扬州曹庄发现了隋炀帝墓"的消息震惊了考古界，也吸引了民众的目光，自那时起人们就开始讨论墓主人的身份是否真的是隋炀帝，有关争议一直持续了半年多。本文将对这一事件的起因、经过、结果进行讨论分析，并试着从中总结研究方法与原则。

关键词： 扬州　隋炀帝　墓志

2012 年 12 月，扬州市文物考古研究所工作人员在扬州中星海上紫郡建设工地发现一些古代青砖，便将周边地区保护起来。3 个月后，考古研究人员对暴露青砖的地方进行铲探，确认了 2 座砖室墓（编号 2013YCM1、2013YCM2）。2013 年 3 月，考古队开始进行抢救性发掘，4 月中旬，在 M1 发现一合墓志，有"随（隋）故炀帝墓志"等文字，国家文物局立即组织召开专家会议，对墓葬进行初步认定。根据会议讨论的结果，由南京博物院、扬州市文物考古研究所、苏州市考古研究所组成了扬州曹庄隋唐墓葬联合考古队，在之后的半年中对墓葬及周边进行考古勘探和发掘，取得了重大的考古成果。

隋炀帝作为一名极富争议的皇帝，一直是学术界的研究热点，所以隋炀帝墓出土的消息一经公布就引起了各方人士高度关注，不久之后，曹庄隋

帝墓的真实性就受到了质疑，这些质疑的源头，还要从隋炀帝死后一系列富有传奇色彩的经历开始说起。

一　隋炀帝曲折离奇的下葬

隋炀帝杨广，隋文帝杨坚的次子，是隋朝的第二位皇帝，也是末代皇帝，在位 14 年。《隋书》中对隋炀帝的评价是："淫荒无度，法令滋章，教绝四维，刑参五虐，锄诛骨肉，屠剿忠良，受赏者莫见其功，为戮者不知其罪。骄怒之兵屡动，土木之功不息。频出朔方，三驾辽左，旌旗万里，征税百端，猾吏侵渔，人不堪命。"可谓封建社会中暴君、昏君的典型代表。

但唐人魏征所编撰的《隋书》，不免要夸大前朝君主的恶行，抹杀其功绩，事实上，即使除去开凿运河、首创科举这样一些惠及万世的政策工程，隋炀帝在位期间，户口、人口和版图面积也都超越了著名的"贞观之治"时期，能在短期内造就这样的盛世，确为一位罕见的风流人物，所以今人评说他功过，应比魏征更实事求是。所幸随着社会的变迁，现代学者们对隋炀帝的看法客观了许多，中央民族大学的蒙曼教授对隋炀帝的评价"无德但有功，罪在当代，利在千秋"，可以说是对隋炀帝一生功过的

精辟总结。

1. 隋炀帝之死与初葬

不论隋炀帝生前是一位怎样的皇帝，他的死确实十分符合亡国之君的窘境。公元 618 年，在农民起义军和贵族割据势力的夹击下，隋王朝的势力已经土崩瓦解，控制区域只剩下洛阳和江都两地，隋炀帝无奈躲在江都，他极度恐惧，天天打卦问卜，以酒浇愁，甚至对着镜自言自语道："好头颅，谁当斫之？"而随炀帝一同南下的禁军都是关中人，他们"久客羁旅，见帝无西意，谋欲叛归"，随着时间的推移，叛逃的人数越来越多，几名有野心的禁军将领看谋反者众多，机会难得，便推举当时的屯卫将军宇文化及为首领，发动了著名的"江都兵变"，很快就俘虏了隋炀帝。炀帝看在劫难逃，倒也凛然了几分，他在死前对叛军将领说道："我实负百姓；至于尔辈，荣禄兼极，何乃如是！"随后解下自己身上的丝带，递给禁卫军头领，让他把自己缢死了，死时年仅 50 岁[1]。

由于这样特殊的死亡背景，导致隋炀帝的下葬过程变得十分复杂，从 618 年至 648 年，30 年间隋炀帝陵至少经历了 4 次迁徙和改造。隋炀帝死后，因为生前并未修建陵墓，也没有准备后事，而且史料记载，在江都兵变中，"隋代宗室、外戚、无少长皆死"，所以无人安葬他的遗体，隋炀帝的皇后萧氏无可奈何，只好用一副床板做成小棺材，把炀帝和他 12 岁的爱子杨杲一起葬于江都宫西院流珠堂下。一代极有作为的君主，死时连棺木也没有，更不要说能有帝王陵墓了。

2. 第一次改葬：隋炀帝与扬州的不解之缘

隋炀帝早年曾任扬州总管，对扬州城感情深厚，在他的偏爱下，扬州城"发展成为了南方的政治、经济、文化中心和对外贸易港口，沟通东西南北的水陆交通重镇和物质集散之地"[2]。因此，虽然隋炀帝生前在北方关陇士族中不得人心，但是在南方的江淮士族中却有很高的威望。

当时的扬州太守陈棱，十年来一直受隋炀帝器重，他深怀炀帝重用的旧恩，并在李渊的允许下

"求得炀帝之柩，取宇文化及所留辇辂鼓吹，粗备天子仪卫，改葬于江都宫西吴公台下，其王公以下，皆列瘗于帝茔之侧"[3]。

3. 唐王朝的优待

改葬吴公台后，隋炀帝总算是有了一座可以称为墓葬的长眠之地，然而，隋炀帝并未就此得到安眠，伴随着他的死，隋末群雄割据的局势发生了剧烈的变化，几个月后，李渊父子废掉了扶植的傀儡皇帝杨侑，并正式建立了唐朝，在随后的数年中，李唐王朝逐步消灭了其他割据势力，到 621 年基本统一了全国。

唐朝建立者李渊和杨广两人是表兄弟，他们的母亲是同父异母的亲姐妹，隋炀帝在任期间，李渊是他手下的一员大将，被委以重任，有知遇之恩。隋炀帝死后，他曾说："吾北面事人，失道不能救，敢忘哀乎！"伴随着政局日趋稳定，武德五年（公元 622 年）[4]，唐高祖李渊下令将隋炀帝迁葬至雷塘。这是隋炀帝的第三次下葬，他的前两次下葬都在 618 年，此次迁葬则时隔 5 年，三次葬礼，一次比一次待遇好，在某种程度上也说明了隋炀帝杨广并不是一个无德的君主。

隋炀帝死后，他的皇后萧氏被虏去了突厥，贞观四年（公元 630 年），唐将李靖攻入突厥，将萧后迎回国内，之后受到唐太宗李世民的优待，晚年在长安度过，病逝于公元 648 年，李世民将她与隋炀帝合葬在雷塘[5]。值得一提的是，萧后的亲弟是凌烟阁二十四功臣之一的萧瑀，位极人臣，家族势力很大，所以当萧后病逝，唐太宗便下诏"复其位号，谥曰愍，使三品护葬，备卤簿仪卫，送至江都与炀帝合葬"[6]。"三品护葬"，在唐朝是宰相级待遇，"卤簿仪卫"，就是皇帝的卫队仪仗，如此高规格的葬礼，在古代中国皇后中极为罕见，这样一次高规格的合葬，炀帝陵肯定又被扩修一番。从萧后拆床板造棺材草葬流珠堂开始，到陈棱改葬吴公台，再到 622 年唐高祖迁葬雷塘，最终 648 年唐太宗诏令，送萧后合葬于炀帝陵，这次合葬应是规模最大最完整的一次[7]，也是隋炀帝的终葬之处。

二　对曹庄隋炀帝墓的质疑与释疑

1. 大学士阮元的考证

首先，国内号称隋炀帝陵的遗址有多处，如陕西武功隋炀帝陵、河南洛宁隋炀帝陵等，由于隋炀帝四次改葬，曾葬多地，记载混乱，孰是孰非一直没有定论。即使按照史料记载把搜索范围缩小到扬州内部，在距离这次发掘现场 5 公里远的槐泗县也已经有一座"雷塘隋炀帝陵"，而且这座陵墓的墓址还是在清朝乾隆年间，由清代大学士阮元所考证，并广泛被世人接受。但是实际上，在了解了这位阮元大学士的考证过程后，就会发现，这次"考证"并不严密。

阮元对隋炀帝陵产生兴趣是事出偶然，嘉庆十年（公元 1805 年），阮元之父阮承信病逝，阮元从浙江巡抚任上辞官，回乡守孝三年。第二年，因为阮氏的墓庐在"雷塘"，阮元的书画上开始署名"雷塘庵主"，并自刻了"雷塘庵主"小印，阮元当时以学术水平天下闻名，自然知道史料中"雷塘"这个地名与隋炀帝的联系，以此为契机开始了对隋炀帝墓的研究，在他的《揅经室集》中记载了他的考证过程："嘉靖《维扬志》图于雷塘之北画一墓碑，碑刻'隋炀帝陵'四字，距今非久，不应迷失。乃问之城中人，绝无知者。嘉庆十二年，元住墓庐，偶遇北村老农，问以故址。老农言陵今故在，土人名为'皇墓墩'，由此正北行三里耳。乃从之行，至陵下，陵地约剩四五亩，多丛葬者，陵土高七八尺，周回二三亩许。老农言土下有隧道、铁门，西北向，童时掘土及见之。予乃坐陵下，呼村民担土来，委土一石与一钱，不数日，积土八千石，植松百五十株，而陵乃岿然。复告之太守伊君墨卿，以隶画碑，刊而树之。"[8]这样看来，阮元断定隋炀帝陵位置仅仅是根据"老农言"而已，今天我们所看到的高大陵土以及周围所植树木与碑文乃是阮元所为。

也就是说，这所谓的"考证"不过是道听途说，是对"雷塘"这个地名先入为主的产物。事实上，史料记载中的雷塘和现在的扬州市北部的雷塘村并不是同一地点，所谓雷塘，汉以前已有之，《资治通鉴》卷十九记载，武帝元狩二年"江都王建游雷陂"，并注明"雷陂即广陵雷塘，在今广陵城之北，平冈之上。"在唐太宗统治时期，雷塘是全国最著名的水利灌溉渠之一，分上雷塘和下雷塘，上雷塘方圆 6 里，下雷塘方圆 7 里，范围很大[9]。按照这个范围计算，阮元发现的地点和这次曹庄出土的墓葬虽然相距 5 公里多，但都属于雷塘这一地名的范畴中，另外，根据文献记载，扬州太守陈稜下葬隋炀帝的吴公台，距离本次发现的地点也很接近[10]，因此以地名为线索并不可靠。不过，最重要的一点是，这座"雷塘隋炀帝陵"自发现以来并没有进行过任何考古发掘，也就是说没有任何实物资料可以证明其真伪，相比之下，显然拥有众多出土文物进行佐证的曹庄隋炀帝墓更能令人信服。

2. 狭小的"帝墓"

其次，最明显也是最难以解释的疑点：作为生性好大喜功的隋炀帝的陵寝，这座墓葬的规格显得过于寒酸。此次发掘出土两座墓葬（M1 与 M2）占地面积都很小，M1 由墓道、甬道、东耳室、西耳室、主墓室五部分组成，墓室南北宽 4.92、东西长 4.88、残高 2.76 米，墓道长 19.5、宽 5.9 ~ 6.42、残深 2 米。M2 也由五部分组成，墓葬通长 13.67、宽 5.9 米，墓室长 5.97、残高 1.6 米。经过考古勘探与发掘，在墓葬周边地区没有发现陵垣、神道、兆沟等陵园迹象，也没有发现能证实与 M1、M2 相关的陪葬墓[11]。这样的规模很难被称为帝陵，考古人员只好称之为"隋炀帝墓"，这座"帝墓"相比于真正的大型隋代墓葬，如 2005 年在陕西省潼关税村发现的隋代壁画墓也确实有相当的差距，后者总长达到 63.8 米，深度 16.6 米，据推测，这座墓属于隋朝弘农杨氏也就是杨广一族的家族墓地，可以作为隋代高等级墓葬的代表[12]。之前提到过，648 年隋炀帝与萧后的合葬是由唐太宗一手包办，此时的唐王朝国力强盛，而唐太宗李世民将萧后与杨广合葬，无非是想要表示他的宽大胸襟，结果居然将这个合葬墓搞得如此寒酸，现在看来简直是匪夷所思。

有关这一问题，现存许多种不同的解释，南京大学历史系教授张学锋认为隋炀帝陵墓可能继承了六朝皇帝陵墓的规制，六朝名门望族的墓葬尺寸通常不过长 2~3 米，宽 1.5~2 米，因此隋炀帝墓的"寒酸"在当时仍属于可接受的程度。而扬州市文物考古研究所所长束家平指出，隋炀帝是亡国之君，墓规模小是正常的，死于乱世的隋炀帝本来就不太可能拥有豪华的墓葬，这也能印证该墓的真实性。中国社会科学院考古研究所研究员徐光冀先生则表示，这座墓葬是双墓室结构，在唐代双室墓只有皇族用，如陕西省乾县懿德太子墓，所以从墓葬规模来看，这座墓的等级较高，和文献记载也相一致[13]。总的来说，这种规模的贵族墓葬在北周到隋唐时期并不是孤例，如北周宇文俭墓主墓室南北长 3.6、东西宽 3.65 米，还有上述的懿德太子李重润墓、章怀太子李贤墓主墓室长、宽均在 5 米左右。况且南方地下水位高、土质疏松，墓葬挖掘原本就受到限制，不可能像陕西省潼关税村那样达到十几米的深度。也就是说，虽然以现在的目光来看，这座墓葬显得太过狭小配不上墓主的身份，然而按照当时的标准来算，已经能达到贵族墓葬的标准，处于正常范围之内，以墓葬规模为论据，并不足以证伪。

3. 墓志文字间的谜团

要论证明隋炀帝墓身份最重要也是最充分的证据，非"随（隋）故炀帝墓志"莫属，可以说墓志正是整个事件的起因，也是争议的中心所在。"墓志"一词起源于汉朝[14]，意指放在墓里刻有死者生平事迹的石刻，亦指石刻上的文字，一般由两块石板叠压组成，上方一块称为"盖"，下方一块称为"底"，底部刻有墓志铭，盖上刻有标题。

这篇《随（隋）故炀帝墓志》由于年代久远，大部分字迹已模糊不清，能够用肉眼辨认的文字仅有 50 字，即"随（隋）故炀帝墓志……惟随大业十四年太岁……一日帝崩于扬州江都县……拎流珠堂其年八月……西陵荆棘芜……永异苍悟……贞观元年……朔辛……葬炀……"[15]。墓志铭有其固定的格式，现有可识读部分均符合格式，而且这些文字透

露出大量重要的信息，包括隋炀帝的死亡时间"大业十四年"，死亡地点"帝崩于扬州江都县"和初葬地点"拎流珠堂其年八月"都符合史料记载，本该是一件证明隋炀帝墓身份的铁证，出乎意料的是，有学者从墓志本身的记载中发现了不合理之处，反而动摇了曹庄隋炀帝墓主的身份，目前主要存在以下三大质疑：

（1）"隋"与"随"之辩：质疑者指出，墓志中出现了"随"的字样，而隋朝的国号是"隋"字。隋文帝杨坚在北周的封号是"随国公"，在他建国后，认为带有"辶"的字作为国号很不吉利，因此改为"隋"，到隋炀帝死亡时这个字已经使用了 40 余年，那么到了刻墓志时怎么会使用早就废弃不用的"随"字呢？

（2）"大业十四年"与"义宁二年"之争：墓志中的"惟随大业十四年太岁"字样也是疑点之一，史料记载，大业十三年（公元 617 年），李渊已经在洛阳拥立隋恭帝杨侑作为傀儡，遥尊杨广为太上皇，改元义宁，次年隋炀帝死后又废杨侑，建立唐王朝称帝，改元武德，所以墓志中不可能还用杨广的大业年号，就算不写武德元年，起码也得写义宁二年。

（3）应出土金匮玉册而非墓志：质疑者还声称，隋炀帝陵会出土墓志本身就是不合理的，根据中国古代帝王陵寝制度的规定，皇帝陵墓不使用墓志铭，也不立功德碑，只有少数特例如：武则天乾陵的"述圣纪碑""无字碑"。这是因为封建等级制度中君权神授，皇帝的功绩之大，一般的语言文字不足以表述，所以皇帝陵墓不使用石刻的墓志，而用在玉上刻字填金的"金匮玉册"，以标明其皇位的合法性，或用来记录其功绩，因此，隋炀帝墓葬出土墓志铭，乃是不符合制度的反常现象[16]。

关于第一项疑问，"隋"的来源确实因是杨坚忌讳"辶"，可惜隋朝的国祚并未因此延长，这个"隋"字也成了人们嘲弄的对象，南宋学者王应麟的《困学纪闻·考史》中评价道："隋文帝恶'随'字为走，乃去之成'隋'字，隋，裂肉也，其不祥大焉。殊不知'随'从'辶'，'辶'安步也，而妄去

之，岂非不学之故？"杨坚怎么也想不到，苦心斟酌的国号，竟成了后人讽刺自己"不学"的把柄[17]。事实上，隋亡之后，人们在"随"和"隋"的使用上并没有什么严格的标准，而在初唐年间，民间和官方都普遍把"隋"写成"随"，揶揄隋朝短命，综上所述，如果墓志是出自唐人之手，写成"随"才是正常的。

第二项疑问主要质疑大业十四年这一年号的使用，为了回答这个问题，我们需要回顾一下隋炀帝死亡那一年也就是公元 618 年的具体情况：（1）隋炀帝 605 年即位以来一直使用大业年号，到 618 年为大业十四年。（2）傀儡皇帝隋恭帝杨侑 617 年 12 月 18 日被李渊拥立，到炀帝死亡 618 年 6 月 12 日被逼退位，年号义宁，618 年也是义宁二年。（3）618 年 6 月 12 日杨侑退位的同时，李渊接受其"禅让"称帝，建立唐朝，定都长安，改元武德，618 年又成了武德元年。（4）除了上述三个年号以外，根据《资治通鉴·唐高祖武德元年》的记载："隋炀帝凶问至东都，戊辰，留守官奉越王即皇帝位，大赦，改元皇泰。"618 年还有皇泰元年的年号。

根据上述史实，隋炀帝被弑杀的公元 618 年，既是隋大业十四年、义宁二年、皇泰元年，又是唐武德元年，那么隋炀帝的墓志应该写哪个年号呢？据《资治通鉴·唐纪一》的记载，隋炀帝死于 3 月 10 日夜，从墓志上的文字"惟随大业十四年太岁……一日帝崩于扬州江都县"看，这里的"大业十四年"显然是指隋炀帝死前的某段时间，而武德年号与皇泰年号都是之后才出现的，可以排除在外，那么问题就在于到底应书写义宁二年还是大业十四年。这牵涉到墓志究竟是哪一次下葬时放入墓中的，如果墓志是在陈棱为其改迁时所刻，作为隋炀帝的亲信旧臣，他肯定会沿用"大业十四年"的年号，但"炀"的谥号是唐朝的史臣所定，本身有很强的贬义，隋朝给杨广的谥号是"明"，陈棱不可能在墓志中写"随故炀帝"，而且在墓志上扫描出了"贞观元年……朔辛……葬炀……"字样，这一记载似乎可以理解为隋炀帝是在贞观元年（公元 627 年）时下

葬，与文献资料有些出入，具体原因尚待研究，但是由此可以肯定墓志的雕刻时间不早于贞观元年，是出自唐人之手。

关于隋末唐初的年号使用，质疑者认为，因隋恭帝杨侑是唐王朝所扶植的傀儡皇帝，唐人所写的墓志不会否认其合法性，所以应该用"义宁二年"年号，但也有专家指出，唐代确实比较忌讳大业年号，但并未禁止，目前出土的唐初墓志中，就有使用大业年号的例子，如唐贞观十八年的《卢月构夫人墓志铭》即出现"大业十四"，综上所述，以使用了"大业十四年"年号为由来怀疑墓志的真实性，是站不住脚的。那么选择哪一个年号才合理呢？清代文学家赵翼曾专门探讨过这个问题，他在《廿二史札记》一书中写道："隋炀帝江都之难，在大业十四年，而<隋书>及<北史>只书十三年者，缘十三年唐高祖起兵入长安，奉代王佑为帝，改元义宁，而炀帝大业之号，已从削除，修史者皆唐臣，自应遵本朝之制，以义宁纪年，而炀帝之被弑，转书于义宁二年之内。其实天下共主，一日尚存，终当称其年号，则大业十四年，不可没也。"[18]客观公正，合情合理，是我心目中的理想答案。

最后一项质疑中提到了"金匮玉册"，也就是在玉上刻字填金制作的哀册。所谓哀册，是指刻有哀悼死者祭文的册书，用于陪葬，只有等级、地位极高的皇室贵族如皇帝、皇后、太子等才有资格使用哀册，体现了严格的封建等级观念。唐以前以竹子、木片为材质的哀册，因易于腐烂，故出土实物甚少，自唐代开始使用玉哀册，目前出土的唐代哀册多达 38 件[19]。这样看来，唐代帝王陵寝中放置哀册、谥册而不放墓志的说法是确有其事，但是哀册是具有浓重政治意味的物品，虽说杨广与李渊是近亲，但由于政治上的需要，仍然被唐朝的史官们塑造成了反面典型，所谓"礼有经亦有权"，能够使用哀册者不一定有使用的资格，安史之乱的祸首之一史思明就在墓葬中使用了大量哀册，享受帝王待遇，其政治野心不言而喻[20]。同理，有资格但却没能用上哀册者也大有人在，南唐后主李煜就是其中之一，公

元 975 年南唐国灭，宋太祖将南唐后主李煜软禁在开封，公元 978 年被赐死，葬于洛阳邙山，宋太宗赵光义诏令南唐旧臣也是宋朝臣子的徐铉撰写了《大宋左千牛卫上将军追封吴王陇西公墓志铭》，这就是李煜的墓志，而南唐前两任君主李昪和李璟的哀册，已经从南唐二陵中被发现了。李煜与杨广同为废帝，也都是末代皇帝，两者的遭遇是相似的，可以进行横向对比，从这个角度思考，作为亡国之君的隋炀帝墓中，出土了墓志，而无玉哀册，也并不奇怪。

三 隋炀帝墓的正式确认

尽管扬州曹庄隋炀帝墓受到了多方质疑，但随着科技考古手段的运用和对墓葬及陪葬品的进一步的研究中，更多支持隋炀帝墓真实性的证据被挖掘出来。

在本次发掘中，M1、M2 各出土 200 余件随葬文物，包括陶器、瓷器、铜器、漆木器、铁器、玉器等等，虽然数量不是特别多，但是具有很高的研究价值，这些随葬品为墓葬性质的鉴定提供了重要线索，其中最具代表性的有以下几件。

1. 十三环蹀躞金玉带

出土于 M1 墓室中，蹀躞带是一种流行于北朝至盛唐的腰带制式，由玉质或石质牌饰、圆环和金属串联而成，特点是牌饰下方连着一个铰具，衔以金属小环，可以挂载物件，这个部分称为"蹀躞"。其诞生原本是为了适应游牧民族在马背上携带随身物品的需求，"蹀躞"一词原本是指艰难的小步行走，据此推测蹀躞带的名称由来就是因为佩带后徒步走受阻。这种腰带传入中原的年代最早可以追溯到战国，如赵武灵王胡服骑射时的一种带钩，到了隋唐时期蹀躞带成为男子常服的必备部分，不过隋与初唐时腰带上所系的蹀躞较多，盛唐以后渐少，同时至中晚唐时期，胡风渐没，腰带佩物功能消退，蹀躞和环先后被去除，仅保留有孔的銙饰[21]，因此，蹀躞带的出土本身就具有佐证墓葬年代的作用。不过，此次出土的十三环蹀躞金玉带的价值并不仅限

于此，南北朝以来，官服等级制度不断发展，腰带作为服饰的一部分也形成了一套独特的等级制度，一般以其质地和环饰数量辨别等级。此处考虑到炀帝最初下葬时的条件不太可能用得上这样贵重的陪葬品，该物多半是到了第三次改葬时唐人供奉的，所以以唐制为参考。《新唐书·车服志》中记载"高宗朝以紫为三品之服，金玉带銙十三；绯为四品之服，金带銙十一；浅绯为五品之服，金带銙十；深绿为六品之服，浅绿为七品之服，皆银带銙九；深青为八品之服，浅青为九品之服，皆鍮石带銙八；黄为流外官及庶人之服，铜铁带銙七。"论质地，此次出土的蹀躞带是金玉材质，也就是三品以上官员才能佩戴的最高级别材质，而其环饰数量则多达 13 环，从南北朝后期与隋代到唐代早期，13 环是最高级的蹀躞带，唐初开国功臣李靖就曾受赐 13 环玉带，《新唐书·李靖传》："靖破萧铣时，所赐于阗玉带十三胯，七方六刓，胯各附环，以金固之，所以佩物者"[22]。十三环加金镶玉质地这样的组合，使得这一件腰带成了目前国内发现的规格最高的蹀躞带，此前仅在北周武帝孝陵发现过十三环蹀躞带，为铜镶玉材质。同时，它也是古代带具等级系统中绝无仅有的实物，因为在唐朝建国后不久，唐人就将蹀躞带的环饰数量减少到了 9 个以内，《中华古今注》中提到"唐革隋政，天子有九环带，百官士庶皆同"。所以之后唐代出土的蹀躞带虽有精品，如陕西出土的玉梁金筐真珠蹀躞带，材质与工艺更胜于本次发现的这一件，但是最多 9 环。也就是说，只有从蹀躞带开始流行的北周年间，到唐初这段时间才存在 13 环的蹀躞带，其珍稀与贵重程度可想而知。

2. 编钟、编磬和白玉璋

均出土于 M2 墓。中国社会科学院考古研究所刘庆柱研究员曾指出，曹庄隋炀帝墓出土的编钟、编磬和玉璋等礼器非常重要，这实际上是一种复古性的做法，汉代以后很少出现这种情况，是非常值得注意的现象[23]。隋朝皇帝中，炀帝的父亲隋文帝杨坚对礼乐文化一直十分重视，曾举办了著名的"开

皇乐议"，在当时及后来的音乐实践中产生了重要的影响。此次出土了编磬 20 件，编钟 16 件，铜质，大小依次排列，根据《隋书·音乐志》记载"二曰编钟，小钟也，各应律吕，大小以此，编而悬之，上下皆八，合十六钟，悬于一簨虡。"《旧唐书·卷二十九》又有"高祖登极之后，享宴因隋旧制，用九部之乐，其后分为立坐二部。"由此可知，这组编钟、编磬的完整程度和等级之高都是十分罕见的，同时它也是目前国内出土的唯一一套唐代编钟、编磬的实物资料，具有极强的研究价值。再看另外一件出土文物：玉璋，也有很深的含义，"璋"是一种扁平狭长的"刀形端刃器"，最早见于新石器时代晚期龙山文化，史料中对玉璋的记载有《周礼·春官·大宗伯》："以玉作六器，以礼天地四方……以赤璋礼南方……"《周礼·考工记》："大璋，中璋九寸，边璋七寸，射四寸，天子以巡守。"在当时，玉璋不仅是最高等级的祭祀天地四方所用六器之一，而且天子巡狩时，也要用尺寸不同的玉璋来分别祭祀天地山川河流[24]。墓中出土的玉璋，长 27、宽 4 厘米，玉质莹润，这样的尺寸应当是符合上述记载中的"大璋，中璋九寸"，墓中出现这样高规格，具有复古性质的礼器作为随葬品，似乎可以肯定墓主人属于皇族，唐太宗曾下诏恢复萧氏皇后的身份并赐谥号这一事件也能从中体现出来，总的来说，这几件礼器可以作为证明墓主人身份的有力证据。

3. 骨骼与牙齿鉴定

由于两间墓室的墓砖质量较差，墓室渗水严重，导致墓主人遗骨保存状况欠佳。其中 M1 墓室中仅存 2 颗牙齿，经鉴定两颗牙齿属于同一个体，根据牙齿表面的磨损程度判断齿龄为 50 岁左右，符合隋炀帝的死亡年龄。M2 墓室保存状况比 M1 稍好，但也不乐观，人骨缺失部分较多，从遗骨摆放顺序上看出存在人为扰动，通过牙齿磨损与颅骨发育程度判断 M2 墓主人是一位年龄大于 56 岁的老年女性，基本符合萧后身份。总体来说，虽然线索不多，但是目前发现的所有信息都肯定了墓主人是隋炀帝与萧后的判断[25]。

4. 铜铺首

其他一些文物也都具有很高的规格，如：M1 墓室出土的 4 件直径 26 厘米的兽面鎏金铜铺首，与唐大明宫遗址出土的铜铺首大小相若；M2 墓室中出土的一套冠饰，工艺精细，组合复杂，具有很强的礼仪象征，说明墓主人是地位很高的女性。这些出土物都象征着墓主人非同寻常的身份，符合隋炀帝与萧后至高无上的地位，大大增加了曹庄隋炀帝墓的可信度。

四 结语

在经过了半年的争论之后，最终由国家文物局召开了专家论证会，确认扬州曹庄隋唐墓葬是隋炀帝杨广与夫人萧后最后的埋葬之地[26]，真假隋炀帝陵的风波也基本落下帷幕。

我们从这次争论的过程中可以看出，考古学是一门以实物资料为基础的学科，既然墓葬已经出土，那么没有切实证据就不能否认其真实性。尽管质疑者在墓志文字上找到了漏洞，尽管墓葬寒酸破旧到不合常理，尽管早已存在另一个隋炀帝陵，但并不能因此判断墓葬就是假的，忽视其研究价值，而应把这些问题作为研究课题，去思考，去研究，去考证，为什么会出现这样的问题，为什么这里的文字和那个时代的一般用法不同，为什么堂堂隋炀帝的陵寝如此狭小，为什么会出现两座隋炀帝陵。在解释这些疑虑的过程中，获得崭新的成果，提升我们本来的认识，也升华了这场争论，毕竟，考古发现本身就是一个不断打破成见的过程。

这一事件之所以能得到圆满的解决，还要归功于扬州曹庄隋唐墓葬联合考古队规范而细致的发掘工作，考古发掘的对象是遗迹、遗物，它们都是无法复制的人类遗产，任何一个步骤的疏忽都会导致无法挽回的损失，因此考古队从最初的工程监督、现场保护，到后来的发掘、清理，都严格按照《田野考古操作规程》来进行，最大限度地保护了墓葬。同时在这次的考古工作中灵活地运用了科技手段，使用 RTK、全站仪等测绘仪器对墓葬、封土墩、陵园等相关遗迹进行全面测绘，绘制了详细而准确的遗迹平、剖面图，并建立地形地貌、墓葬结构和出土文物的 3D 模型，为今后的研究打下了坚实的基础，也使得研究结论更加可靠。曹操墓的真假风波还声犹在耳，大环境下，科学是否被利益绑架而变得急躁和浮夸已经成了人们质疑的惯性思维，很多人第一时间就下意识地认为是造假。想要赢回公众对考古学界的信任，正需要用严谨的态度对待每一次发掘。

曹庄隋炀帝墓墓主的身份已经尘埃落定，但是后续的研究才刚刚开始，隋炀帝陵墓的发掘，为研究隋唐高等级墓葬形制提供了实证资料；出土的大批高等级文物，为研究隋唐时期历史、政治、经济、文化等提供了翔实的科学资料；对目前还不见踪影的陵园，陪葬墓还需要大规模的勘探、搜索；冠饰、墓志等修复难度高的文物更是对文物修复技术提出了考验；作为末代皇帝，其墓葬还有研究废帝墓葬规制的特殊意义，如果能通过对这座墓的研究，总结出废帝的下葬标准，也将是一项重要的成果。

----

[1] 武伯纶：《略论隋炀帝及其葬地》，《文博》1992 年第 5 期。

[2] 韩隆福：《论隋炀帝墓陵的变化及其价值》，《益阳师专学报》2001 年第 5 期。

[3] 《隋书·帝纪四》。

[4] 年代有争议，根据文献记载，公元 620 年、622 年、626 年均有改葬，此处采用《资治通鉴·唐纪六》："（武德五年八月）改葬隋炀帝于雷塘"。

[5] 《北史·后妃列传》。

[6] 《资治通鉴·唐纪十四》。

[7] 同 [2]。

[8] ［清］阮元：《揅经室集·修隋炀帝陵记》

[9] 同 [1]。

[10] 《资治通鉴》"今扬州城西北有雷塘，塘西有吴公台。"

[11] 束家平：《江苏扬州曹庄隋炀帝墓考古发掘成果》，《中国文物报》2014 年 2 月 28 日。

[12] 邵小莉：《陕西潼关税村隋代壁画墓研究》，《中央美术学院》硕士论文，2010 年。

[13] 束家平、薛炳宏、秦宗林：《江苏扬州曹庄隋炀帝墓考古成果专家论证会纪要》，《东南文化》2014 年第 1 期。

[14] 孟国栋：《墓志的起源与墓志文体的成立》，《浙江大学学报》（人文社会科学版）2013 年第 5 期。综合看来，笔者以为刻于元嘉元年的《缪宇墓志》可以看作是墓志起源的标志。

[15] 同 [11]。

[16] 胡阿祥：《有关扬州隋炀帝陵'质疑'的质疑》，《南京晓庄学院学报》2013 年 7 月。

[17] 胡阿祥：《伟哉斯名："中国"古今称谓研究》，湖北教育出版社，2000 年 1 月 1 日。

[18] 同 [16]。

[19] 王育龙：《唐代哀册发现述要》，《文博》1996 年第 6 期。

[20] 同 [16]。

[21] ［宋］沈括：《梦溪笔谈》卷一。

[22] 李怡：《唐代官员常服腰带制度考辨》，《服饰导刊》2013 年 1 月。

[23] 同 [13]。

[24] 方其：《玉璋和玉柄形器》，《收藏界》2014 年第 7 期。

[25] 扬州曹庄隋炀帝墓葬联合考古队：《扬州曹庄隋炀帝墓葬考古工作汇报》第 17 页，2013 年 11 月。

[26] 同 [13]。

扬州学派和画派探究

池　沁（扬州市图书馆）

内容摘要：扬州学派和扬州画派产生于清朝。文章分析了扬州文化学术发展和兴盛的原因，介绍了扬州学派和扬州画派的成就，研究了扬州学派发展内容和渊源，还对扬州画派中的"扬州八怪"进行了深入研究。

关键词：扬州学派　扬州画派　扬州八怪

扬州学派和扬州画派都产生于清朝。

康熙帝三次到扬州巡幸，乾隆帝五次到扬州巡幸，促使扬州出现空前的繁华。经济的勃兴对扬州文化学术的发展和兴盛起到了十分重要的作用。一批真才实学之士如浙江仁和（今杭州市）杭世骏、江西铅山蒋士铨、安徽桐城姚鼐、江苏阳湖（今常州市）赵翼、常熟陈祖范、通州胡长龄等先后来扬州讲学，外省、外府的诸生如浙江会稽（今绍兴市）梁国治、安徽歙县洪亮吉、江苏金坛段玉裁、阳湖孙星衍等人也风闻而来求学，扬州逐渐成为重要的文化、教育重镇，培养了一大批有用之才。许多外籍文人学者与本土文人学者共同切磋，推动了扬州文化艺术的兴盛，形成了扬州学派和扬州画派。

中国古代的学术是以儒学为主体的。乾嘉时期，在儒家经典的研究、语言文字的研究、古籍整理等方面都取得了突出的成就。此一时期的学术研究采用了汉代儒生注解、考订古籍的治学方法，与宋、明以来儒生以阐释义理的抽象议论有所不同，所以有"汉学"之称。又因"汉学"的文风朴实简洁，重证据罗列而少理论发挥，又有"朴学"之称。乾嘉汉学是一种时代文化，其内部并没有统一的派别和团体，然而如果从学术倾向与学术特征来分析，至少可分为两大学术系统，一是以苏州人惠栋为中心，以信古为标志的吴派；一是以徽州人戴震为中心，以求实为特征的皖派。在吴派和皖派两大系统之外，还有以焦循、汪中、高邮王氏和阮元为代表的扬州学派，以全祖望、章学诚为代表的浙江学派。这些学派均以考证实证为基本特征，被通称为乾嘉之学。当然它们又各具特色，具有不同的学术内涵和学术贡献。

扬州学派是因其学派主要成员都系扬州府籍而得名。当时扬州府下辖泰州、高邮州以及甘泉、江都、仪征、宝应、兴化、东台六县。现代学者张舜徽撰写的《清代扬州学记》，是研究扬州学派的经典著作。此书对扬州学派的一些基本问题进行了阐释，对扬州籍学者，从清初的王懋竑、朱泽云，到清末民初的刘师培等人，简要介绍了他们的生平事迹、学术成就和治学方法。

学术界认为，就学术源流而言，扬州学派是从皖派和吴派发展而来的。吴派的学术领袖惠栋、皖派的学术领袖戴震，都曾久居扬州，其学术思想和学术活动不能不在当地发生影响。另一方面，扬州学派的中心人物汪中、焦循、任大椿、王念孙、王引之、阮元、刘台拱、凌廷堪等都曾出入于吴、皖学术之门，和吴派学者王鸣盛、钱大昕以及皖派学者戴震等都有或深或浅的学术渊源。他们的学问，学术研究的范围和深度，对学术史的贡献，不亚于吴、皖两派的任何学者。张舜徽在《清代扬州学记》中对各个学术流派的特点做了分析，认为吴派最专，皖派最精，扬州之学最通。他的这一论断获得很多学者的认同。扬州学派继承了吴派和皖派的学术传统而又有所创新，并形成了自己独特的学术风格，具有相当浓厚的近代气息和地域特征。

扬州学派的著述极为丰富，学术成就是多方面的。在经学、小学、历史、地理、金石以及工具书、丛书、类书的研究和编纂方面，都留下可资借鉴的宝贵成果。

传统的学术研究以儒家经学为中心，因此，扬州学派的学术成就也集中反映在对儒家经典的整理和解读方面。对儒家经典的训诂和笺释，涉及《周易》《尚书》《诗经》《礼记》《春秋左氏传》《论语》《孟子》《尔雅》等。例如刘台拱《论语骈枝》，虽然只有寥寥十余条，但精深邃密，实能发千古所未发。刘宝楠所著《论语正义》，弥补了前人疏解《论语》的不足之处，且多所阐发，成为研究《论语》的顶尖著作。焦循《孟子正义》三十卷，也是清代群经新疏的代表作。此书以东汉赵岐注为主，博采数十家之说，又援引清代顾炎武以来百余学者考订校释的新成果，凡难解之处，均一一罗列各家之说，并酌加己注，内容最为详备。王引之的《经义述闻》，在纠正前人的误释方面，取得了空前的成就。阮元《经义述闻序》曰："凡古儒所误解者，无不旁徵曲喻，而得其本义之所在。使古圣贤见之，必解颐曰：'吾言固如是，数千年误解之，今得明矣。'"焦循的《易学三书》，阮元的《十三经注疏校勘记》等等，都是考释、训释儒家经书的重要成果。阮元和王先谦汇编清代学者训释儒家经书的成

果，编成《皇清经解》和《续皇清经解》，收录经学著作 194 家、389 种，大体反映了清代学者治经方面的成就。

扬州学派针对我国两千多年以来的文献典籍，进行了大规模的整理总结，使丰富的文化遗产得以保存，并为后人阅读、利用和整理提供了方便，奠定了基础。

他们中的许多学者，以考据见长。在吸收前人已有成果的基础上，通过训诂笺释、版本鉴定、文字校勘、辨伪辑佚等方法和手段，对两千多年流传下来的文化典籍，进行了大规模的、认真系统的整理和总结，做出了杰出的贡献。汪中、王念孙等精心校勘，把春秋以来的子书，诸如《管子》《墨子》《老子》《庄子》《韩非子》《荀子》《晏子春秋》《吕氏春秋》《淮南子》等，均予校订，厘正字句，使许多难读的古书，文从字顺，恢复了本来面目。例如王念孙的《读书杂志》是有名的校勘著作，其中校勘《淮南子内篇》，订正字句错误九百余条，用归纳法从这些误例中得出古书致误之由，凡得 62 例。这 62 例，总结出古书误例的规律性，是王念孙校勘古书字句错误的经验总结，被后人用作校勘其他古书的通例，具有广泛意义和深远影响。吴承仕评论说："清儒治《淮南》书者，以高邮王氏为最。"（《淮南旧注校理序》）后人研究《淮南子》，如俞樾《诸子平议》的《淮南子》部分，杨树达的《淮南子证闻》等等，大都借鉴了王念孙的方法和成果。就校订诸子的整体成就而言，无出王念孙之右者。

与整理经书相关联，为了搞清经书的字义与音读，扬州学者在文字学、音韵学和字典辞书的编纂方面也下了很大的功力。例如王念孙的《广雅疏证》，为三国魏张揖《广雅》作注，援引经传，旁采众说，详加考证，就古声以求古义，改正原书错字、漏字、衍字等讹误甚多。该书颇具创见，对训诂学的发展作出了巨大的贡献。王引之《经传释词》专为解释经传中的语词而作，自"九经""三传"以及周秦两汉之书，凡有虚词的文句，都一一搜讨，诠释虚词凡 160 个，做到了"揆之本文而协，验之

他卷而通"（《经传释词·自叙》），为后来研究虚词开辟了一条门径，影响极大。王引之于道光七年（公元1827年）充武英殿正总裁时，奏请校正《康熙字典》。当年纂辑此书诸臣迫于期限，未及详校，错误很多。王念孙先校数册，以为法式。王引之细检原书，手自校订。凡更正2581条，辑为《字典考证》十二卷，分条注明，各附案语。阮元主编的《经籍纂诂》，辑录唐以前经传子史的注释和字书、韵书、音义书的训解，搜罗极为丰富。这些著述，至今仍是研究文字、音韵、训诂方面的重要参考著述。扬州学派在这方面的成就，超过了历史上任何时代。

扬州学派治学的范围很广。焦循和焦廷琥父子、阮元、李惇、黄承吉都精于中西数学，研究领域涉及算术、几何、三角、微积分以及数学史等方面。焦循研究天算之学，有《天元一释》《开方通释》等专门著作。其《加减乘除释》，对算术运算理论作了开创性的研究。焦循又有《剧说》《花部农谭》《曲考》（佚）等戏剧理论。其平生所著散文，辑为《雕菰楼集》二十四卷。又如阮元组织编纂的《畴人传》四十六卷，成为我国历史上第一部科学技术方面的专著，突破了儒家只重经典、轻视科技的思想意识，具有不同凡响的意义。阮元所修志书，著名者有《广东通志》《云南通志》《扬州图经》等，其中《扬州图经》以图为经，可称创例。取自汪中所作骈文，在清代骈文中格调最高，《哀盐船文》是其代表作。乾隆三十五年（公元1770元）十二月，仪征江面上盐船失火，毁船百余艘，死伤上千人。汪中目睹了这幕人间惨剧，以极其沉痛的心情写了《哀盐船文》这篇哀悼性骈文。文中真实地再现了这场灾难的悲惨情状，对无辜罹难者深表悲哀和怜悯，进而对冥冥之中的莫测命运表达了惶惑和恐惧之情。文笔明丽自然，凄婉动人。当时著名学者杭世骏为此文作序，评之为"惊心动魄，一字千金"。

扬州画派是中国清代中期活动于扬州地区一批风格相近的书画家总称，或称"扬州八怪"。为什么会出现"扬州八怪"？当时的扬州，不仅是东南的经济中心，也是文化艺术的中心。富商大贾为了满足自己奢侈生活的需要，对物质和精神上的产品也有大量的需求，如精美的工艺品、珍宝珠玉、鲜衣美食，在书画方面更是着力搜求。流风所及，中产之家乃至平民中稍富有者，亦求书画悬之室中，以示风雅，民谚有"家中无字画，不是旧人家"之说。对字画的大量需求，吸引和产生了大量的画家。据《扬州画舫录》记载，本地画家及各地来扬州的画家稍具名气者就有一百数十人之多，其中不少是当时的名家，"扬州八怪"就是其中的声名显著者。中国绘画在明末清初以临摹抄照为主流，画坛缺乏生气。于是在扬州出现了力主创新的"扬州八怪"等一批具有创新精神的画家群体。

"扬州八怪"究竟指哪些画家，说法不尽一致。有人说是八个，有人说不止八个；有人说这八个，有人说另外八个。常见的说法是汪士慎、郑燮、高翔、金农、李鱓、黄慎、李方膺、罗聘。因为他们在作画时不守墨矩，离经叛道，奇奇怪怪，再加上大都个性很强，孤傲清高，行为狂放，所以称之为"八怪"。

如果你看到一幅"扬州八怪"的画，也许会觉得很好，可是好在哪里，可能说不出所以然来。欣赏"八怪"的画，形似不是很重要，最重要的是气韵。什么是气韵？譬如郑板桥画的竹，一幅画只寥寥几笔，并不十分像眼前真物，可是只要你看下去，你会觉到竹的秀挺飘逸气息如在目前。特别引人注目的是，郑板桥喜欢画兰、竹、石、松、菊等，而且讲究书与画的有机结合。书法综合草、隶、篆、楷四体，再加入兰竹笔意，写来大小不一，歪斜不整，别具一格，体现了书法艺术独特的形式美。其《题竹石》："咬定青山不放松，立根原在破岩中，千磨万击还坚劲，任尔东西南北风。"点出竹之处境艰难，经得起磨难考验，俨然是个顶天立地、昂然不屈的烈士，令人望之生敬。看惯西洋画的人，也许觉得一幅好好的画，写上许多字，很不自然，可是在看惯中国画的人，就觉得有那一片字有意思多了。如果画面上没有诗，你也许看不出作者想表达什么；

一念他的诗，就明白他的画了。又如金农画的梅花，千百年中无人可以比拟。他的画，吸收汉画像之长，古朴稚拙，笔墨极不求形似。正是这样笨拙的美，使金农的画在似与不似之间，别成一家画风。他的一幅《梅花图》题有七绝："野梅瘦得影如无，多谢山僧分一株。此刻闭门忙不了，酸香咽罢数花须。"另一幅《梅花图》题有七绝："密朵繁枝二色梅，墨池水养结胚胎，细看黑白分明甚，千万花须数不来。"书法融入了金石篆刻的韵味，画面与书法融为一体。题画诗和所画梅花之间有着微妙的对应关系，使梅花冷落的外表有了形外之音。可以说，金农将梅花的形式美与诗情美推向了极致。

汪曾祺写有一篇历史小说《金冬心》，讲的是金农（字冬心）在酒席上替扬州大盐商程雪门解围的故事，很有意思。程雪门宴请新放的两淮盐务道铁保珊，请冬心先生作陪。清时两淮盐务道相当于今天江苏、安徽两省盐业局长，是极肥的肥缺。扬州再大的盐商，在铁大人面前又算得了什么？所以这场宴请对于程雪门来说，意义非同小可。古时官员多靠苦读考取功名，走上仕途，文化底子比较厚实，对陪客的身份也是有要求的。因此程雪门邀请金冬心这样诗书画三绝的名士捧场作陪，宾主都有面子。

酒过三巡后，开始行酒令。酒令是文人雅士在宴席上常玩的文字游戏。铁保珊提出各人说一句或两句古人诗词，要有"飞、红"两字。轮到程雪门，程说了一句"柳絮飞来片片红"，众宾客愕然、哗然，柳絮怎么可能是红的呢？罚酒罚酒！金冬心见主人一副窘迫面孔，急忙站起来解围："诸位莫吵。雪翁此诗有出处。这是元人所咏平山堂的诗，用于今日，正好对景。"接着吟出全诗："廿四桥边廿四风，凭栏犹忆旧江东。夕阳返照桃花渡，柳絮飞来片片红。"众宾客听了，齐声喝彩。桃花盛开，夕阳返照，飞来的柳絮自然是"片片红"了。大家都为冬心先生的博闻强记所折服。其实哪里是什么元诗？不过是冬心先生的即席创作而已。程雪门免去了一场尴尬，第二天一清早，就差人送来一千两银子。

扬州八怪大胆创新之风，不断为后世画家所传承。近现代名画家对"扬州八怪"的作品作了高度评价。徐悲鸿曾在郑燮的一幅《兰竹》画上题云："板桥先生为中国近三百年最卓绝的人物之一。其思想奇，文奇，书画尤奇。观其诗文及书画，不但想见高致，而其寓仁悲于奇妙，尤为古今天才之难得者。"

征稿启事

  《扬州考古发现与研究》是由扬州市文物考古研究所主编、文物出版社出版的考古发现及相关研究性学术集刊。本书拟每两年出版一册，现设有以下栏目：考古新发现、扬州地域文明探索、其他研究等。现面向全国征集文稿，相关事宜说明如下：

  1. 稿件内容以扬州地域文明为主要特色，凡与扬州或江淮地区文物考古研究相关的简报、论文皆在本书征集之列。

  2. 稿件为作者独立取得的原创性学术研究成果，未在其他书刊发表。文章力求观点明确，条理清晰，论据可靠，篇幅以5000字左右为宜，优秀稿件和发掘简报可适当放宽，来稿请附200字左右的内容提要及3~5个关键词。文中所附插图要求质量清晰，符合出版要求；引文、数据务求准确无误，并注明出处，引文格式参照《考古》体例。如引用未公开资料，须先取得资料所有者授权。

  3. 来搞请投 kaoguzhu@163.com，并注明"投稿"字样。纸质稿件寄送：江苏省扬州市邗江区长征路15-1号扬州市文物考古研究所。请勿一稿多投，审稿期为三个月，在此之后未收到录用答复，作者可自行处理。若在审稿期内或出版前稿件另投他处，作者有义务告知主编单位，如因此产生的任何版权纠纷，由作者个人负责。

  4. 稿件一经录用，即进入组稿阶段。主编单位及出版单位有权修改拟用稿件，但仅限于不违背作者原意的技术性修改，必须进行重大改动的，主编单位会告知作者，或提出意见由作者自行修改。文集拟于年末出版，出版后即付稿酬。

  5. 来稿请附详细的作者信息，包括工作单位、联系电话、电子邮箱、通讯地址及邮政编码等，以便及时取得联系。

  未尽事宜，可通过电话或邮箱咨询。

联系地址：江苏省扬州市长征路15-1号扬州市文物考古研究所

邮政编码：225002

联系人：朱超龙

联系电话：0514-87366006

电子邮箱：kaoguzhu@163.com